Erfolg im Motorsport

Der Leitfaden zur optimalen Leistungsentwicklung

Werner Biro

Herausgeber: Werner Biro
Illustration & Umschlaggestaltung: Sabrina Rieß

Druck und Vertrieb im Auftrag des Autors Werner Biro:
Buchschmiede von Dataform Media GmbH, Wien
www.buchschmiede.at - Folge deinem Buchgefühl!

Besuche uns online!

ISBN:
978-3-99165-700-2 (Paperback)
978-3-99165-699-9 (E-Book)

PRINTED IN
AUSTRIA

Einleitende Worte

Optimale Leistungen sind nur dann möglich, wenn unser Gehirn hochwertige Informationen durch unsere Sinnesorgane, vor allem über die Augen, den kinästhetischen Rezeptoren und den Gleichgewichtsorganen, präzise und schnellstmöglich erhält.

Schnelligkeit ist ein entscheidender Faktor für die meisten sportlich erfolgreichen Aktionen und im Motorsport häufig der Schlüssel zum Erfolg. Die Schnelligkeit erscheint in dieser Sportart in unterschiedlichen Dimensionen. Es stellt sich daher nicht die Frage, OB Geschwindigkeit trainiert werden sollte, sondern WIE.

Beginnend mit der Analyse der Belastungsfaktoren und deren Auswirkungen auf den Organismus, bis hin zur Erklärung der einzelnen Trainingsfelder und dem methodischen Aufbau, sind alle entscheidende Faktoren zur optimalen Leistungsentwicklung anschaulich dargestellt.

Basierend auf bewährten trainingswissenschaftlichen Studien, werden neue Erkenntnisse der Neuroathletik in Verbindung mit den Erfahrungen von über 20 Jahren im Motorsport zur Leistungsoptimierung kombiniert.

Motorsport -spezifische Trainings-Anleitungen werden mit den wichtigen Themen optimale Ernährung und Flüssigkeitsaufnahme vervollständigt. In Summe war meine Idee, ein umfassendes, wissenschaftlich geleitetes Praxishandbuch für das optimale Training im Motorsport zu schaffen.

Vorwort

Zurückblickend auf meine Trainings in den 90er Jahren hat sich viel geändert. Meine praktischen Erfahrungen wurden permanent durch neue Methoden und aktuelle Studien erweitert. So habe ich über die Jahre ein System entwickelt, das Fahrern hilft, im Motorsport erfolgreich zu sein – nachweislich (!).

Die Coronazeit war hier ausnahmsweise nützlich. Ich fand endlich die nötige Zeit, meine Trainingsunterlagen zu erweitern und zu einem Ganzen zu formen.

Dieses Buch widmet sich der umfassenden Analyse und Methodik des Trainings im Motorsport, basierend auf biologischen und sportwissenschaftlichen Forschungen in Verbindung mit praktischen Erfahrungen. Es richtet sich an alle (!), die im Motorsport erfolgreich sein wollen.

Und das durch ein umfassendes, ganzheitliches Verständnis für alle relevanten Einflussfaktoren. Vom spezifischen Training im richtigen Rhythmus über optimale Ernährung, bis zur Rennvorbereitung, werden alle entscheidenden Felder zusammenhängend betrachtet.

Es sei mir verziehen, dass ich im Sinne der Vereinfachung das generische Maskulinum verwende. Mein persönliches Verständnis ist, das beide Geschlechter ***gleiche*** (!) Grundvoraussetzungen haben, um zu gewinnen. Es sollten sich alle Fahrerinnen - und die es vielleicht werden wollen – angesprochen fühlen.

-Werner Biro

Die Steigerung der Trainingsqualität ist entscheidend für den Erfolg im heutigen Hochleistungssport.

-Werner Biro

Inhaltsverzeichnis

Erfolg im Motorsport

Kapitel 1
Erfolg im Motorsport

1 Erfolg im Motorsport

Möchte ein Kind oder ein Jugendlicher eine der vielen typischen Sportarten gezielt betreiben, gibt es viele gute Einstiegsmöglichkeiten.

Vereine wie im Tennis, Handball, Leichtathletik etc. mit vielen engagierten Trainern zur Förderung der Jugend gibt es nicht. Am Beispiel Fußball wird ersichtlich, dass bereits im Kindesalter mit dem altersgerechten Training begonnen wird.

Diese Plattformen als Einstieg mit Förderprogrammen, altersgemäßen Gruppen und späteren unterschiedlichen Kader/Kaderausbildung mit diversen Verbandstrukturen und Leistungspools, fehlen im Motorsport. *
Es ist deshalb nicht einfach die richtigen Schritte zu setzen.

Eltern, welche diesen Weg mit ihrem Kind bestreiten möchten, stehen somit vor einer Herkulesaufgabe.

** Es gibt einige wenige Racingakademien. Diese Plätze sind rar und begehrt. Entscheidend ist zu wissen: Teams erwarten bereits einen gut entwickelten jungen Rennfahrer oder anders ausgedrückt: Nur bei gezieltem Training Jahre davor, können die strengen Auswahlkriterien erfüllt werden.*

Karriere im Motorsport? Wie starte ich …?

Kartfahren allein ist zu wenig.

1.1 Zielgruppen

Junge Einsteiger bzw. deren Eltern und Trainer finden die entscheidenden Eckpfeiler einer langfristigen Trainings-Planung für eine erfolgreiche Karriere im Motorsport. Das Alter von 6 bis 10 Jahren ist die prägendste aus Sicht der Trainingslehre. Bis zum Eintritt in die Rennakademie zeigt dieses Buch die vielfältigen Möglichkeiten zielgerecht zu trainieren, auf.

Profifahrer möchte ich neue Trainingsfelder darstellen, erklären, damit diese sie erfolgreich einsetzen können. Ein spezifischer Leistungstest sowie eine Trainingsanalyse kann ungenutztes Potential aufzeigen. Die unterschiedliche Erscheinungsform von Schnelligkeit in Verbindung mit Kraft, erfordert im Motorsport vielfältige Trainingsformen. Durch „Feintuning“ kann selbst auf höchstem Niveau das Potential gesteigert werden und ein paar Zehntel „rausgeholt“ werden.

Motorradrennfahrer benötigen von der Methodik und vom Aufbau ein sehr ähnliches Entwicklungsprogramm. Die kleineren Unterschiede können durch ein Individualtraining erweitert werden.

Einsteiger und *Quereinsteiger* können durch spezifisches Training die notwendigen Leistungsfelder gezielt verbessern und damit alle im Rennen auftretenden Anforderungen locker erfüllen. Durch Einsatz spezieller Trainingstools werden Druckfaktoren reduziert, freie Ressourcen geschaffen und die Performance gesteigert.

Mädchen und ***Frauen***: die sportmedizinischen und biologischen Unterschiede der Geschlechter sind in Summe nicht ausschlaggebend für eine „vermeintlich“ bessere Leistung. Im Motorsport sind alle notwendigen Fähigkeiten nicht angeboren, sondern müssen erworben werden. Die gezielte Trainingssteuerung der konditionellen, motorischen und kognitiven Fähigkeiten entscheidet letztendlich über die Leistung. Das heißt bei entsprechendem Training sind Frauen (mindestens) so leistungsfähig wie Männer.

Teamverantwortlichen möchte ich die vielfältigen Anforderungen dieses Sports mit meiner Betrachtungsweise näherbringen. Viele der heutigen Verantwortlichen sind selbst ehemalige Rennfahrer – vergleichen Sie damals wie heute – mit all ihren persönlichen Erfahrungen! Nützliches ist in jeder Teamstruktur willkommen.

Trainern und *Instruktoren* werden neue Trainingsmethoden zur Leistungssteigerung präsentiert. Diese Ansätze können leicht in bestehende Programme als Spezialtraining oder als Teil der Langzeitplanung genutzt werden.

Trainingskonzepte – von den späten 90er Jahren bis heute

In all den Jahren der Betreuung wurde mir klar, dass es keine einheitlichen oder vergleichbare Trainingskonzepte gibt. Der eine setzt mehr auf Ausdauertraining, der andere forciert mehr das Kraftausdauertraining, manche setzten verstärkt auf die mentale Stärke oder kombinieren diese genannten Bereiche in deren Workout. Essen & Trinken finden selten Beachtung.

Was ist die richtige Orientierung?

Ab und an mal im Fitnesscenter ein Workout durchzuführen, 2 - 3 x die Woche Laufen oder Radfahren gehen, Seilspringen, ein paar Reaktionsübungen mit dem Ball und dazu noch Simulator Fahren, ist zu wenig.

1000 km mehr am Mountainbike machen keinen schnelleren Rennfahrer aus.

Aus Sicht der Trainings- und Ernährungslehre wurde Motorsport von den Akademien für Sport als "nicht klassifizierbar" eingestuft. In den letzten Jahren wurde in der Bundesakademie und in andere Fachkreisen das Thema "Training im Motorsport" behandelt. Hochleistungs-Trainer aus den Bereichen Triathlon, Leichtathletik, Schisport, Eishockey, Klettern, Schießsport, Fußball und der Ernährungswissenschaft, wurden mit den Anforderungen im Motorsport vertraut gemacht, um damit die Diskussion um den optimalen Trainingsplan für diesen Sport zu führen.

Die unterschiedlichen Blickwinkel führen - manchmal recht "hitzig" durch die kontroversiellen Standpunkte - zu einem spannenden Wissensaustausch als Grundlage für Analyse, Anforderungsprofil und damit zur optimalen Trainingsplanung für den Motorsport.

30 Jahre Berufserfahrung, viele Diskussionen mit Insidern - Praktikern als auch mit Sportwissenschaftler - und anschließend die strukturierte Analyse, waren für mich ein wichtiger Input für dieses Buch. Altbewährtes wird mit neuen Methoden und Trainingsformen verbunden.

Junge Einsteiger benötigen ein Langzeitkonzept

Aussagen über Siegfahrer wie „Der reagiert einfach besser als andere.“, oder „Er spürt es einfach besser.“, „Der ist eben talentierter als die Anderen.“, oder umgekehrt genauso wie „Ist talentiert, aber ...“, „Ein ewiges Talent“ , habe ich schon öfters gehört.

Was war damit gemeint bzw. was steckt hinter diesen Botschaften?

Was macht mich schneller?
Was machen bessere Reflexe aus?
Wie erkenne ich eine Situation schneller?
Was macht „spüren“ aus?
Was ist Talent?
Sind bestimmte Fähigkeiten in die Wiege gelegt oder gibt es faktenbasierende Daten, welche gut trainierbar sind?

Bevor ich mit dieser spannenden Materie starte, möchte ich als Einführung ein paar Zeilen zum Thema Talent schreiben.

1.2 Talent

Das Wort Talent ist jedem ein Begriff, doch die Erklärungen dazu sind recht unterschiedlich oder werden teils nur mit vagen Formulierungen ohne spezifische Aspekte ausgeführt.

Ein Begriff bzw. eine Bestimmung der nicht nur Trainer in der Vergangenheit beschäftigt hat, sondern auch in unserer Fachgruppe für einige Diskussionen gesorgt hat.

Der Talentforscher B. Bloom hatte in seinem Werk „developing talent in young people" besonders die Komponenten der frühen Förderung durch Eltern und frühes intensives und hochwertiges Üben hervorgehoben.

Die meisten Experten sprechen von mehr als 10000 Stunden hochkonzentrierter Arbeit in einem leistungsfördernden Umfeld, um in einem spezifischen Gebiet herausragendes leisten zu können.

Nachforschungen von Superstars weisen darauf hin, dass Genetik nur einen kleinen Teil des Erfolgs ausmacht. Vielmehr die frühzeitige Talenterkennung, die frühzeitige Förderung und das entsprechende leistungsfördernde Umfeld, sind die entscheidenden Parameter.

Eine charakteristische Aufteilung für den Begriff Talent wäre:

Können
(Disposition)

Wollen
(Bereitschaft)

Möglichkeiten
(soziales Umfeld)

Leistungsergebnis
(Resultate)

DAS Talent gibt es nicht, es ist ein hochkomplexer, dynamischer Prozess.

Die Ausnahme ist bei EINER spezifischen Anpassung als Hauptleistung wie zum Beispiel beim 100 m Sprinter. Hier werden die Genetik und biometrische Daten die Basis sein, sozusagen in die „Wiege gelegt". Bei Sportarten mit vielfältigen Anforderungen und spezifischen Anpassungen wie beim Motorsport, wird die Genetik nicht ***DER Faktor*** sein.

Die Sportwissenschaft stellt sich die spannende Frage:
Wie viel Einfluss hat ein individuelles Neurotraining? Wie kann über das Gehirn, dem zentralen Nervensystem in Kombination mit der Motorik Einfluss auf eine optimale Potentialentfaltung junger Sportler genommen werden?

Das Buch setzt sich in verschiedenen Kapiteln genau mit dieser Thematik auseinander. Die „Wege" vom Talent zum Champion sind nicht in „Stein gemeißelt", offen und vielfältig sollen sie sein.

Ich möchte den Abschnitt Talent mit den Worten eines x-fachen Weltfußballers auf die Frage seines Talents beenden:
„I worked 14 years to become an overnight superstar."

Analyse Motorsport

die Belastungsfelder

die Auswirkungen auf den Organismus

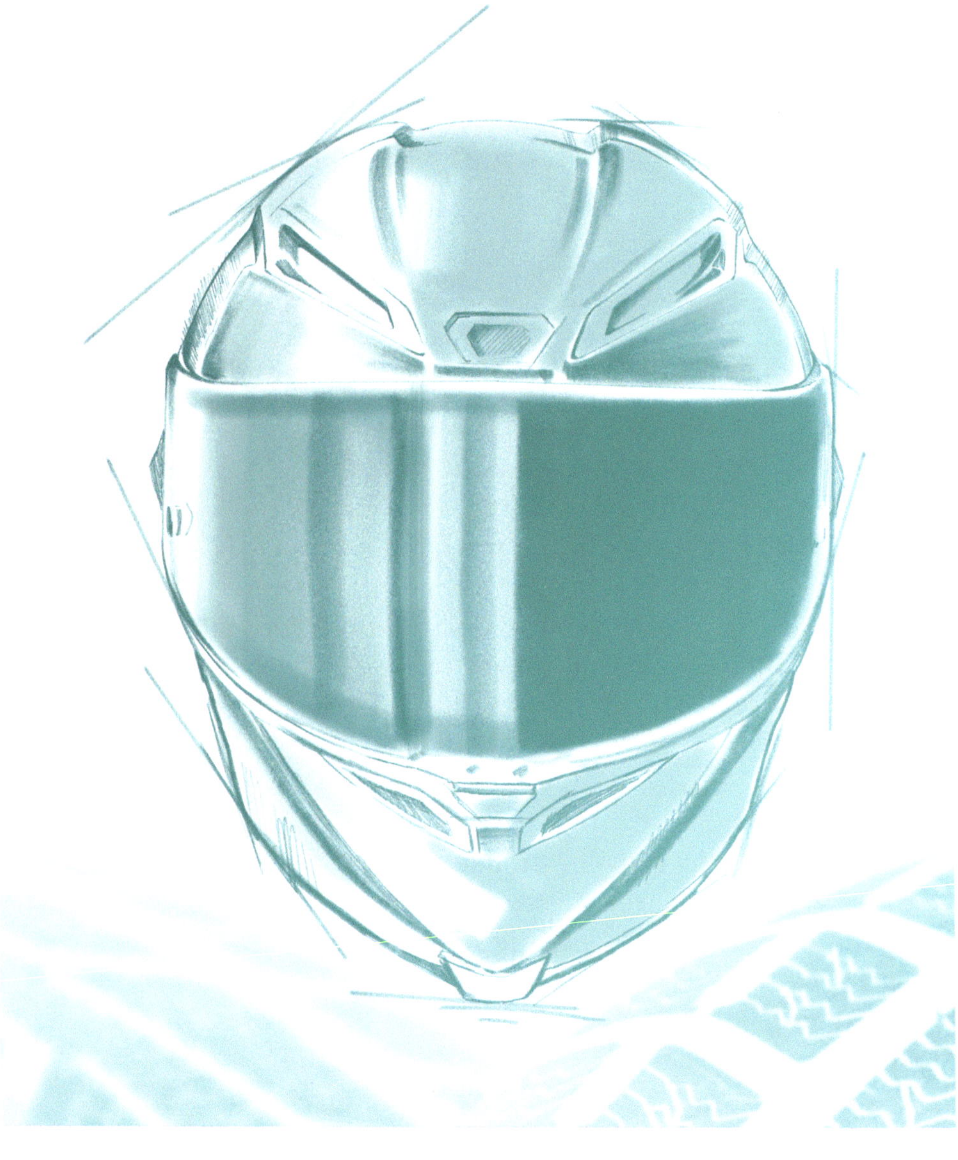

Kapitel 2
Belastungen im Motorsport
Analyse

2 Belastung im Motorsport

Maximal schnell Lenkung, Bremse, Gaspedal, der Situation entsprechend, zu bedienen und doch wieder fein abgestimmt zu agieren, ist eine Mischung aus teils koordinierten Bewegungen von Armen, Beinen und das am Limit der physikalischen Grenzen.

Aus der Sicht des Anforderungsprofils im Vergleich zu anderen Sportarten, ist Motorsport eine „Komposition“ aus vielen unterschiedlichen Faktoren. Diese enthalten Teile aus klassischem Ausdauersport, Kraft- und Kraftausdauersport, Schnellkraftsport, technische, taktische Komponenten sowie Präzisions- und Konzentrationssportarten.

Bei genauer Betrachtung wird deutlich, dass die Anforderungen an Körper und Geist beträchtlich und sehr vielfältig sind.

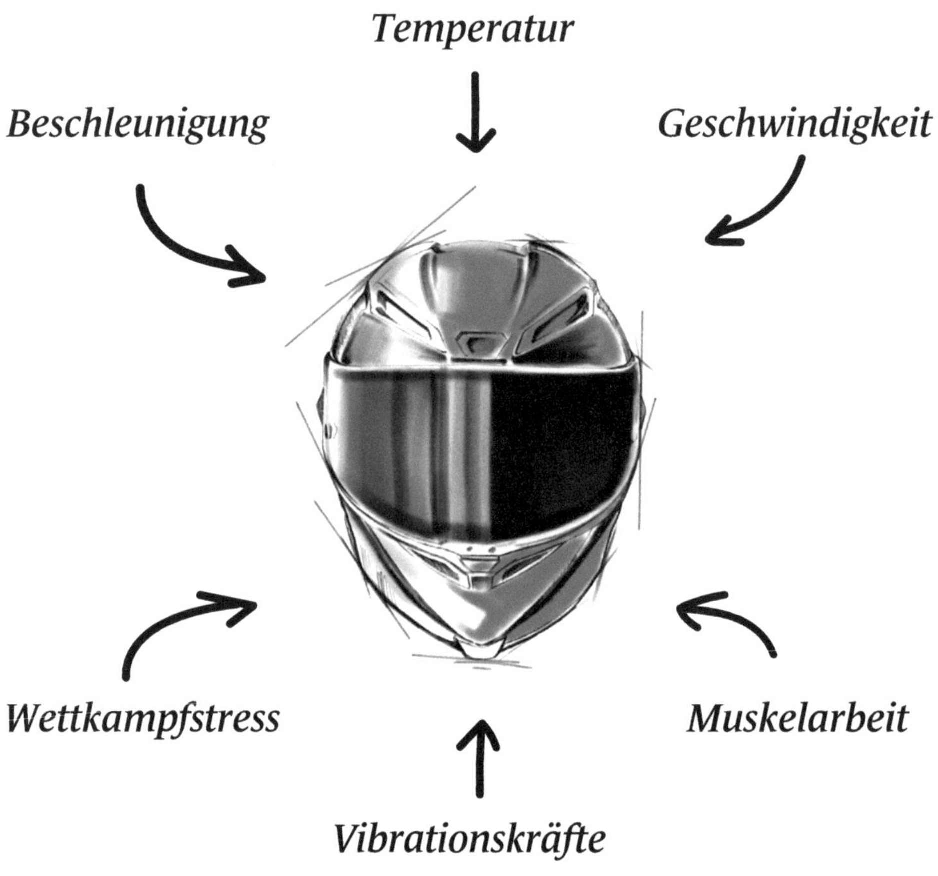

2.1 Belastungsfelder und deren Auswirkungen

Überblick

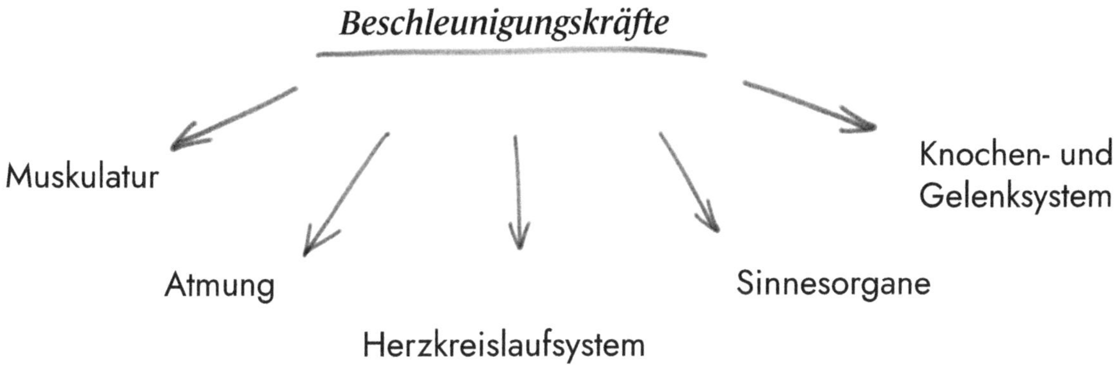

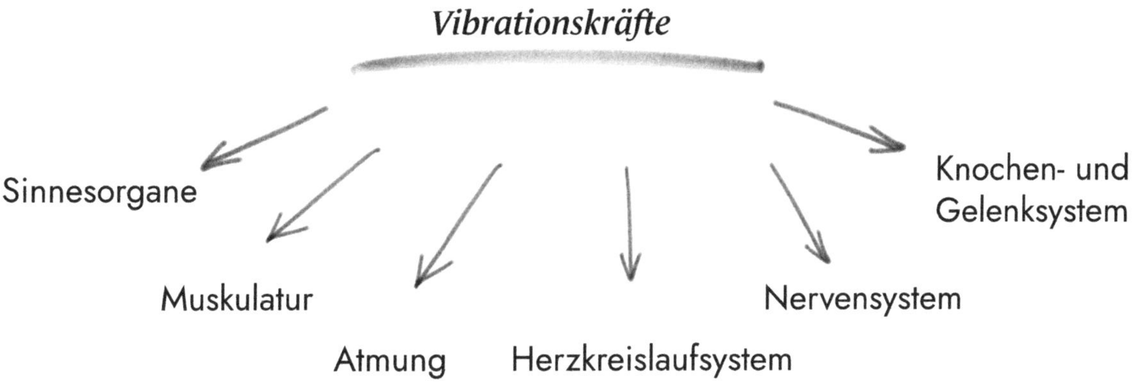

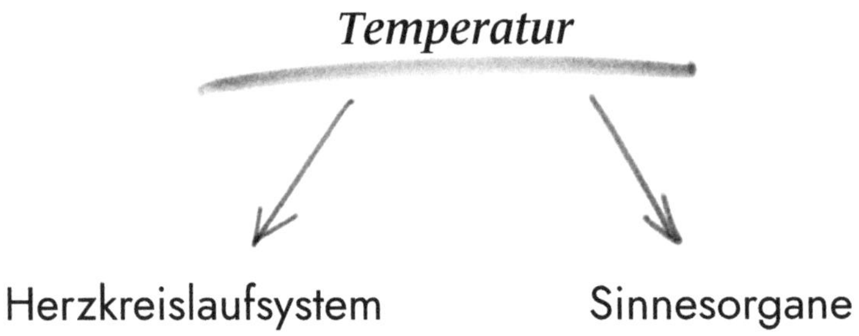
Temperatur
Herzkreislaufsystem
Sinnesorgane

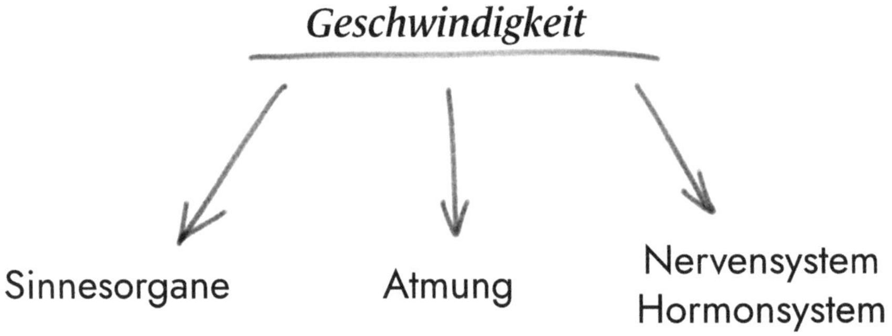
Geschwindigkeit
Sinnesorgane
Atmung
Nervensystem
Hormonsystem

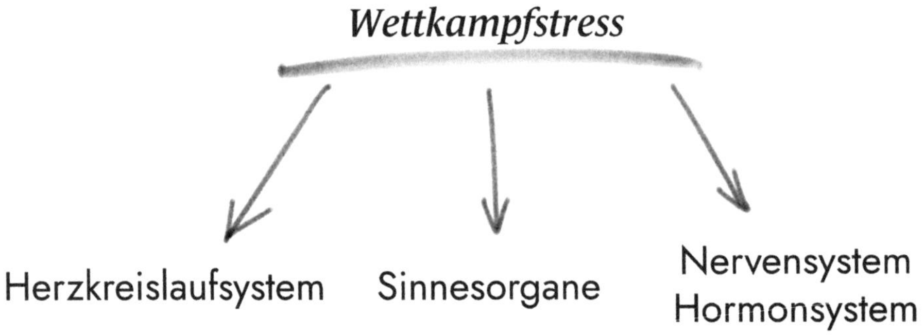
Wettkampfstress
Herzkreislaufsystem
Sinnesorgane
Nervensystem
Hormonsystem

2.2 Belastung Muskulatur

Die muskuläre Anforderung kann je nach Rennserie unterschiedlich sein. Ebenso sind die Belastungen abhängig von der Getriebeart unterschiedlich.

Bei Handschaltung (neuerer Zeit eher selten) sind höhere Belastungen im Bereich der stabilisierenden Schultermuskeln, Oberarm- und auch Unterarmmuskeln mit einseitigen Belastungen beim Schaltvorgang zu erwarten. Die Unterschenkelmuskulatur wird durch das zusätzliche Kuppeln vermehrt aktiviert, was bei sequenziellem Getriebe wegfällt. Häufig wird über die Lenkradschaltung (Schaltwippen) geschalten. Bewegungen welche verstärkt Finger- und Unterarmmuskeln beanspruchen.

Starke Rumpfmuskeln sind wichtige Indikatoren zur Fixierung und Stabilisierung des Schultergürtels. Nur so können die Arme ihre Arbeit stabilisierend in den Kurven und dynamisch bei Lenkbewegungen durchführen. Weiters werden durch den stabilen Rumpf die Bewegungsausführungen der Beine beim Bremsen, Kuppeln und Gas geben unterstützt. In Verbindung mit kräftigen Halsmuskeln ist der Kopf gut fixiert.

Weiters sind ein konstantes Sehfenster sowie die Stabilität für den Gleichgewichtssinn im Innenohr gegeben. Die Muskelarbeit beim Rennfahren ist somit eine Mischform aus statischer Haltearbeit und zyklischen[1] wie azyklischen[2] Bewegungen eine Anforderung aus Kraft, Kraftausdauer, aber auch von Bewegungsschnelligkeit bei schnellen Aktionen (Reaktionen).

[1] zyklische Bewegungen sind gleichartige Teilbewegungen welche sich wiederholen (sich wiederholende Bewegungsabläufe)

[2] bei einer azyklischen Bewegung wird das Bewegungsziel durch eine einmalige Aktion erreicht (z.B. eine unmittelbare Lenkausweichbewegung)

2.3 Belastung Beschleunigungskräfte

Die Beschleunigungskräfte wirken auf den gesamten Körper und das in einer nicht „**optimalen Position**".

Die athletische Ausgangsposition, aus welcher die sportlichen Anforderungen optimal erfüllt werden können, ist im Motorsport eine sitzende. Ein Beispiel: der Sprinter kennt seine exakte Winkelposition aus dem Startblock oder der Biathlet seine perfekte Position vor der Schussabgabe. Diese athletische Ausgangsposition findet im Motorsport im Sitzen bzw. je nach Rennserie in einer halb liegenden Position statt.

Genau diese spezielle „Arbeitshaltung" muss im Training berücksichtigt werden.

Die Beschleunigungskräfte wirken aus sämtlichen Richtungen. Beim Beschleunigen die positiven, beim Bremsen die negativen, in Kurven die seitlichen und beim Durchfahren von Senken die horizontalen Kräfte. Der Rumpf sollte während dieser einwirkenden Kräfte möglichst stabil gehalten werden. Eine Voraussetzung, um unterschiedliche aktive Bewegungen, wie am Lenkrad und an den Pedalen bzw. der Schaltung situationsgerecht, zyklische als auch azyklische, durchführen zu können. Eine gute Rumpfstabilität ist die Basis, um mit den fixierenden Schultermuskeln, die Arm- und Fingerarbeit optimal durchführen zu können.

Die Schulter- und Halsmuskulatur stabilisieren den Kopf für ein konstantes Gesichtsfeld. Das Gewicht des Kopfes mit Helm beträgt bei Erwachsenen knapp 7 kg, bei „nur" 3 G in Kurven sind dies immerhin 21 kg, welche an den Halsmuskeln zerren. Die Zahl mag auf den ersten Blick nicht so hoch erscheinen, doch auf die Dauer einer Renndistanz, mit all den Beschleunigungskräften zusammen, bedarf es starker Haltemuskeln. Solche Werte sind bereits in Kartserien bei Jugendlichen gemessen worden. Es ist deshalb ab dem Einstieg in den Motorsport wichtig, die Belastungsverträglichkeit zu prüfen und das Training auch diesen Anforderungen zu widmen.

Hohe seitliche Beschleunigungskräfte pressen das Blut in die Beine und auf eine Körperseite, dort länger gehalten, kann es zu einer Sauerstoffunterversorgung des Gehirns kommen. Die Folgen können Sehfehler, Wahrnehmungsbeeinträchtigungen oder Koordinationsfehler sein.

Harte Bremsmanöver wiederum wirken sich negativ auf die Atmung aus. Erfahrene Fahrer haben sich meist eine spezielle Atemtechnik angeeignet.

Nicht nur ein konstantes Gesichtsfeld ist von Bedeutung, unsere Gleichgewichtsorgane im Innenohr benötigen stabile Verhältnisse, um hohe Geschwindigkeiten zuzulassen (***s. Kapitel 5 das Gehirn unser CEO***).

Dort wo hohe Kräfte auftreten, die wir nicht vermeiden können, leiten wir sie auf Strukturen ab, die sie aushalten (***s. Kapitel 4.4 Coretraining***).

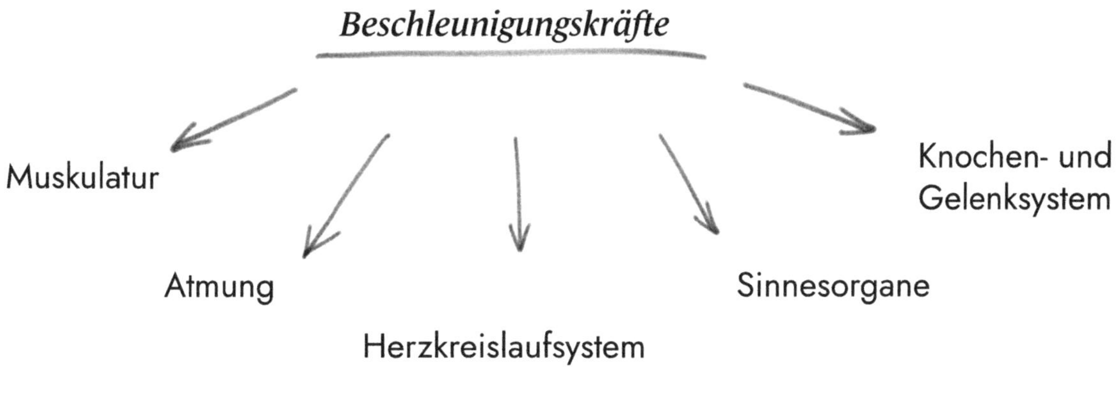

2.4 Belastung Vibrationskräfte

Fahrer sind diesen Kräften schon durch die Eigenschwingung (Motor, Chassis) ständig ausgesetzt. Diese verstärken sich beim Fahren durch weitere Umfeldbelastungen wie die Rauigkeit des Belags, der Streckenführung und Streckenbeschaffenheit (offroad) oder der Reifen und können sich durch technische Gegebenheiten oder bei weiteren technischen Problemen (bouncing, Bremsplatten etc.) noch weiter auf den Fahrer verstärken. Die Präzision des Rennfahrens in all seinen Facetten wird negativ beeinflusst.

Im Kapitel 4.4 und Kapitel 18 werden Gegenmaßahmen zum Kompensieren behandelt.

2.5 Belastung Temperatur

Die erhöhten Temperaturen, können vor allem bei längeren Renneinsätzen zu Problemen führen. Abhängig von der Autoklasse - Formel Fahrzeuge haben „Temperaturvorteile“ gegenüber geschlossenen Rennfahrzeugen - sind Klimaanlagen nicht erlaubt, bzw. würden einen Leistungs- und Gewichtsnachteil mit sich bringen und werden deshalb nicht verwendet (ausgenommen amerikanische Rennserien).
Der Luftaustausch im Fahrzeug bei geschlossenen Rennfahrzeugen ist wegen aerodynamischer Gründe mangelhaft. Der Organismus versucht sich dagegen mit Verdunstungskälte zu widersetzen, eine verstärkte Schweißproduktion tritt ein. Ein gut Ausdauer trainierter Athlet kann das gut kompensieren – zumindest über eine bestimmte Zeitspanne. Wichtig ist dabei die Flüssigkeitsaufnahme nicht nur erst unmittelbar vor dem Rennen und während des Rennens, sondern auch am Rennwochenende bzw. über die gesamte Wettkampfdauer. Flüssigkeit muss regelmäßig in kleinen Mengen zugeführt werden (Prähydration).

Bei Defiziten derer Art kann es zum Anstieg der Körperkerntemperatur mit erhöhter Herzfrequenz kommen. Wahrnehmungsfehler, koordinative Mängel und Konzentrationsdefizite sind weitere Erscheinungsformen. Alles „Störfaktoren“, welche ein Rennfahrer unbedingt meiden muss.

Siehe Kapitel 17 Ernährung

2.6 Belastung Wettkampfstress

Die „Einstufung" des Stressaufkommens unmittelbar vor und während des Rennens auf Fahrer ist sehr individuell zu sehen. Bekannt ist die Ausschüttung des Hormons Kortisol. Dieses Stresshormon verlangsamt die Handlungsfähigkeit.

Es hängt aber von vielen Faktoren ab wie Genetik, Alter, kognitive-psychische Entwicklung, sensomotorische Einflussgrößen (Reflexe, Technik) und muskuläre Ausprägung. Die Erfahrung ist mit Sicherheit auch ein Einflussfaktor. Sind bestimmte Abläufe schon wiederholt passiert, werden diese besser reguliert. Durch Training unter Druckbedingungen können Einsteiger diesen Nachteil kompensieren

Siehe Kapitel 4.7 Schnelligkeit, Kapitel 8 Konzentration, Kapitel 6 allgemeine Methodik Schnelligkeitstraining, Kapitel 7 Sehtraining.

Umfeldbelastungen

Sind individuelle Faktoren wie: Schulstress, Studium, Arbeit, Beziehungsstress, Verletzungen, unzureichende regenerative Maßnahmen, Fehlernährung, Flüssigkeitsdefizit etc.

Belastungsverträglichkeiten

Sind die von Athleten zur Verfügung stehenden Ressourcen wie:

- ***Genetische Konstitution***
- ***Stütz- und Bewegungsapparat***
- ***Herz-Kreislaufsystem***
- ***Mentale und psychische Voraussetzungen***

Trainingsreiz und Leistungssteigerung

Anpassungsreserven

die motorischen und kognitiven Leistungskomponenten

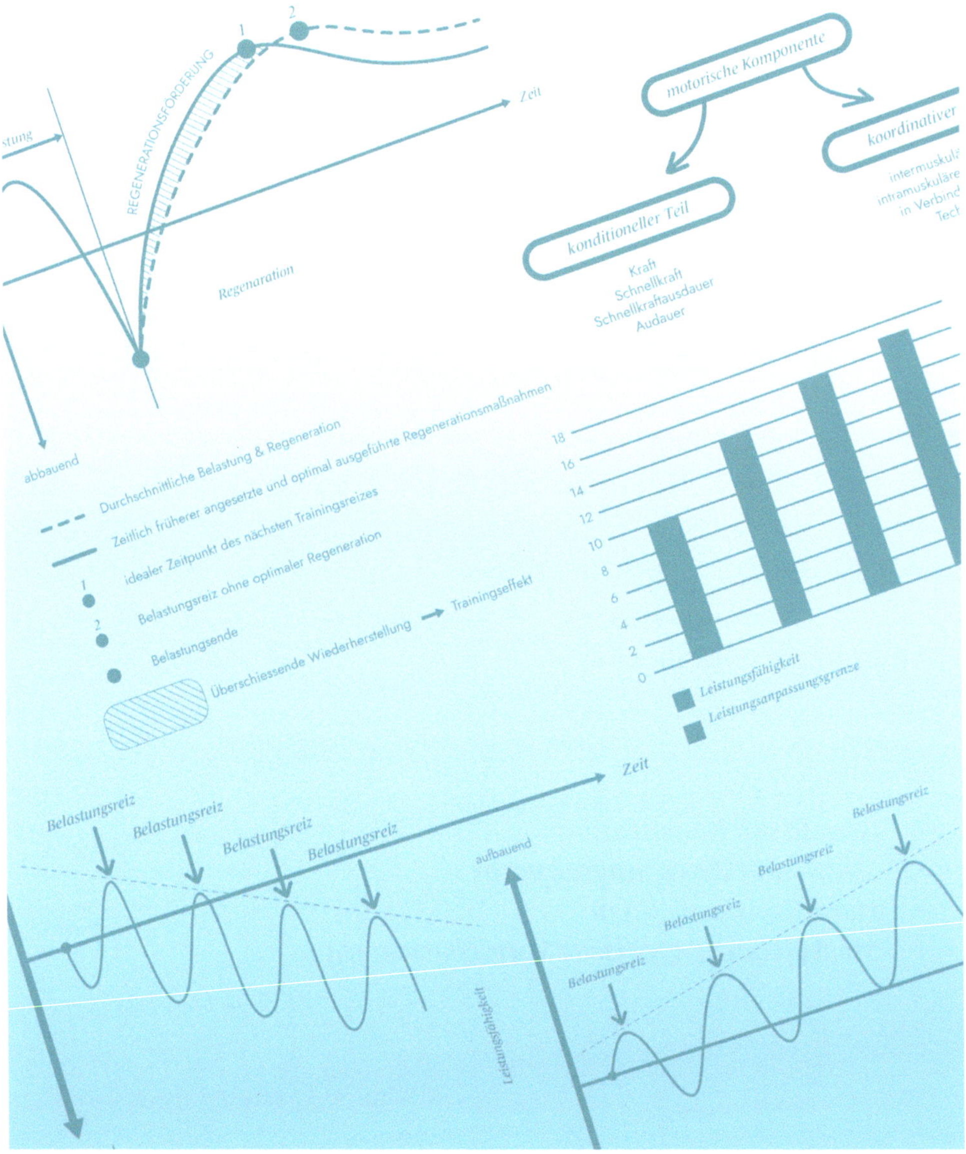

Kapitel 3
Training
Mit gezieltem Training zum Spitzensport

3.1 Definition
3.2 Strukturelle und allgemeine Anpassung
3.3 Zuordnung methodische Ansätze
3.4 Trainingsarten
3.5 Trainingsmethoden
3.6 Allgemeine Ziele der Trainingsplanung
3.7 Die sportliche Leistung
3.8 Prinzipien bei der Trainingsanpassung
3.9 Die Leistungssteigerung
3.10 Erklärungsmodelle
3.11 Trainingsarten – Betrachtung aus der Sicht der Aufgabenstellung im Motorsport

3 Training

3.1 Definition

Training ist ein planmäßiger Prozess zur Entwicklung, Stabilisierung und Wiederherstellung der sportlichen Leistungsfähigkeit.

Unter planmäßig oder besser als systematischer Prozess, werden konditionelle, motorische, kognitive und psychisch-mentale Trainingsinhalte zeitlich und belastungsdynamisch aufeinander abgestimmt. Die Summe und deren Wirkung daraus ergibt die ***sportliche Leistungsfähigkeit***.

Mit gezielten Steuern werden Trainingskonzepte (Rahmentrainingspläne, individuelle Trainingspläne) in der Praxis umgesetzt. Dieser Prozess basiert auf Erfahrungen und trainingswissenschaftlichen Erkenntnissen.

3.2 Strukturelle und funktionelle Anpassung

Funktionelle Anpassungen können schon nach wenigen Wiederholungen eintreten. Die strukturellen Anpassungen der morphologischen Wachstumsprozesse dagegen erfordern eine Anpassungszeit von Monaten oder Jahre.

Sogenannte funktionelle Anpassungen werden bereits innerhalb der Einheit erzielt. Das Muskelgewebe und deren Strukturen benötigen ca. 3 bis 4 Wochen. Der passive Bewegungsapparat wie Sehnen und Bänder etwa 3 bis 6 Monate und Knorpelgewebe und Knochen bis zu 12 Monate.

Funktionelle Anpassung

Muskelgewebe → ***3 bis 4 Wochen***

Sehnen und Bänder → ***3 bis 6 Monate***

Knochengewebe → ***bis zu 12 Monate***

Daraus wird ersichtlich, dass die individuelle Steuerung, abhängig der Trainingskomponente, einen Stufenprozess erfordert. Die Belastungssteigerungen müssen der Entwicklung der aktiven und passiven Strukturen angepasst werden.

Siehe Kapitel 18.1 Agilitytraining

3.3 Zuordnung - methodische Ansätze

Zielgruppen

Kindertraining
Jugendtraining
Erwachsenentraining

methodische Aspekte

Präventionstraining
Grundlagentraining
Aufbautraining – kurz / mittel / langfristig
Hochleistungstraining
Regenerationstraining
Rehabilitationstraining

3.4 Trainingsarten

Leistungs Komponente – Übersicht

Konditionstraining
Koordinationstraining/Technik
Kognitives Training

Unterscheidung der konditionellen Fähigkeiten

Ausdauertraining
Krafttraining
Beweglichkeitstraining
Koordinationstraining
Schnelligkeitstraining

Sportartspezifisches Training

Spezialtraining

3.5 Trainingsmethoden

Die Trainingsmethoden dienen der Erreichung der Trainingsziele und lassen sich aus der Sicht der Trainingspraxis unter dem Fokus Belastung und Erholung in zwei übergeordneten Standardtrainingsmethoden unterteilen: Die Dauermethode und die Intervallmethode.

Dauermethode

Ist eine Trainingsbelastung ohne Unterbrechung (Pause).

Intervallmethode

Ist das Setzen von Trainingsbelastungen eines systematischen Wechsels zwischen Belastung und Entlastung.

Die speziellen Trainingsmethoden werden im Kapitel 4 die Basis der sportlichen Leistungsfähigkeit erklärt.

3.6 Allgemeine Ziele der Trainingsplanung

Hauptziele sind meist komplexer und werden zeitlich als langfristige Ziele definiert (z.B. Weltmeistertitel). Mittelfristige Ziele können der Gewinn der Meisterschaft sein, kurzfristige Ziele können die bessere Platzierung in einer Serie sein.

Teilziele beziehen sich wieder auf eine Verbesserung einer Leistungskomponente im Training.

Wichtig ist eine klare Definition von Zielen. Diese unterscheiden sich durch die unterschiedlichen Gruppen mit meist unterschiedlichen Anforderungen wie Einsteiger (Kinder und Jugendliche) oder jene, die den Motorsport bereits im Erwachsenenalter ausüben

Siehe Kapitel 14 der langfristiger Leistungsaufbau.

Die praktischen Trainingsziele teilen sich in Hauptziele und Teilziele, welche kurz- mittel- und langfristige Zielsetzungen sind.

3.7 Die sportliche Leistung

Die sportliche Leistung ist von der Leistungsbereitschaft und der Leistungsfähigkeit abhängig.

Leistungsbereitschaft

Ist der Wille im Training seine Trainingsformen bzw. Ziele zu entwickeln. Diese Fähigkeit kann langfristig gut aufgebaut werden und sollte mit einer Bezugsperson bzw. mit dem Trainer – Stichwort ERFOLG, entwickelt werden.

Leistungsfähigkeit

Ergibt sich aus der Summe von Leistungskomponenten wie Konstitution, Kondition, Koordination, Technik, Taktik, Erfahrung, kognitive Komponente und der Persönlichkeit.

Aus all den Faktoren der Leistungsfähigkeit ergibt sich der Trainingsaufbau. Das Training einer einzelnen Komponente ist kein Selbstzweck, sondern immer eine wichtige Zubringerleistung. Diese einzelnen Bausteine müssen dem Anforderungsprofil der Sportart entsprechen.

Leistungssteigerung

Trainingsspezifisch vereinfacht ausgedrückt, ist eine Leistungssteigerung stets eine Kombination von Belastung (durch Training) und Erholung (durch Regeneration). Nach der Belastung und der Ermüdung kommt es bei ausreichender Regeneration zu einem überschießenden Kapazitätsaufbau. Damit „schützt“ sich der Organismus* vor einer nächsten möglichen Belastung. Dieses „Reizphänomen“ nennt sich Super- oder Überkompensation.

**dieser überschwelliger Reiz führt zu einer Störung des biologischen Gleichgewichts (Homöostase)*

Es ist wichtig, den Belastungsreiz mit der Regeneration als Einheit zu sehen und entsprechend zu planen.

Für die optimale Leistungsentfaltung gilt es, den perfekten Zeitpunkt nach der Methode der Superkompensation, zum Setzen des nächsten Reizes zu finden. Die Art der Intensität, die Leistungsfähigkeit und die regenerativen Maßnahmen sind die wichtigsten beeinflussenden Faktoren.

Für die „Findung“ des perfekten Zeitpunktes gibt es keine einheitliche Formel. Die Trainingswissenschaft beschäftigt sich mit dem „perfekten Timing“ mit unterschiedlichen Trainingsplänen mit all ihren Facetten, welche im ***Kapitel 3 Training, Kapitel 12 Trainingsplaung*** und im ***Kapitel 14 der langfristige Leistungsaufbau*** erklärt werden.

3.8 Prinzipien bei der Trainingsanpassung

Trainingswirksamer Reiz
Belastung und Erholung (Regeneration)
Variation des Reizes
Progressive Belastungssteigerung
Kontinuierliche Belastung
Individualisierung
Zyklisierung und Periodisierung (Trainingsplanung)

Die Variation des Trainingsreizes

Das Prinzip der Reizvariation ergibt die progressive Leistungssteigerung. Erzielt durch Anpassung des Organismus ein anfänglich starker Reiz nur mehr einen leichten, muss der Trainingsreiz erhöht werden.

Durch monotone gleichbleibende Reize entsteht eine Belastungsmonotonie – die Wirkung des Trainingsreizes verliert sich und die Leistung stagniert. Wichtig ist daher die Variation des Trainings (nicht nur bei jungen Athleten). Neue Trainingsreize werden eingesetzt und an die gestiegene individuelle Leistungsschwelle angepasst. Mittel- und langfristig bedarf es einer regelmäßigen Anpassung der Belastungskomponenten (Prinzip der ansteigenden Belastung).
Die optimale Umsetzung erfolgt in folgender Reihenfolge:

1. ***Erhöhung der Trainingshäufigkeit***
2. ***Erhöhung der Trainingsumfänge***
3. ***Erhöhung der Trainingsintensität***

Gesamtbelastung beim Training

Ist die Gesamtheit aller Belastungsfaktoren beim Training sowie aller Umfeldbelastungen.

Trainigsbelastungen ergeben sich aus

Gesamtbelastung beim Training

Die Belastung im Training führt zu einer Beanspruchung und damit zu einer Anpassung unserer Funktionssystems.

Belastungsdauer

Ist die Zeitdauer eines Einzelreizes und/oder einer Übungsserie

Belastungsintensität

Wird in Geschwindigkeit, Zeiteinheit, Last und physiologischen Parametern erfasst. Wird von Sportler oft als individueller Anstrengungsgrad beurteilt.

Belastungsdichte

Ist die Zeitspanne zwischen den einzelnen Reizen = mit dieser Pausenzeit werden die Reize von Belastung und Erholung gesteuert.

Belastungsumfang

Ist die Gesamtmenge an Belastungsreizen einer Trainingseinheit oder eines Trainingsblocks.

3.9 Leistungssteigerung

Leistungssteigerung durch wirksame Reize

Vereinfacht dargestellt, erklärt sich eine Leistungssteigerung durch zeitlich aneinander folgende Reize:

Trainingsreiz – Belastungsende – Ermüdung – Regeneration – Trainingseffekt – neuer Trainingsreiz – Belastungsende – Ermüdung – Regeneration – neuer Reiz usw.

Der Zyklus des Belastungsreizes

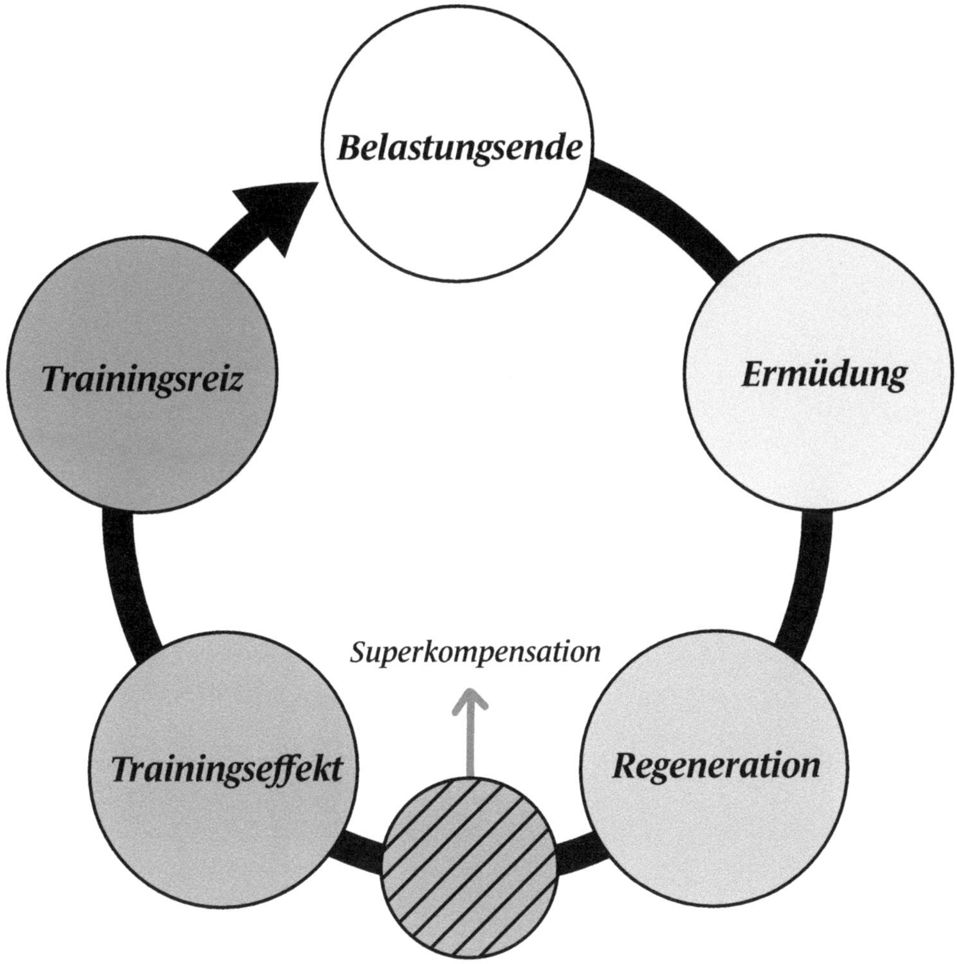

Anhand der Grafik ist das Modell der Superkompensation zu sehen. Nach dem gezielten Belastungsreiz benötigen Strukturen nach der vorigen Ermüdung eine Regeneration.

Um sich vor der nächsten Ermüdung zu schützen, wird ein Kapazitätsaufbau erzielt – der Leistungszuwachs. Dieses Phänomen, auch Überkompensation genannt, wird im Training gezielt eingesetzt.

Wichtig ist neben dem passenden Trainingsreiz die zeitliche Steuerung der Erholungszeit und nach dem Leistungsaufbau (Überkompensation) den nächsten Reiz zu setzen.

3.10 Erklärungsmodelle

Prinzip der optimalen Relation von Belastung und Erholung

Grafisches Modell der Super- oder Überkompensation

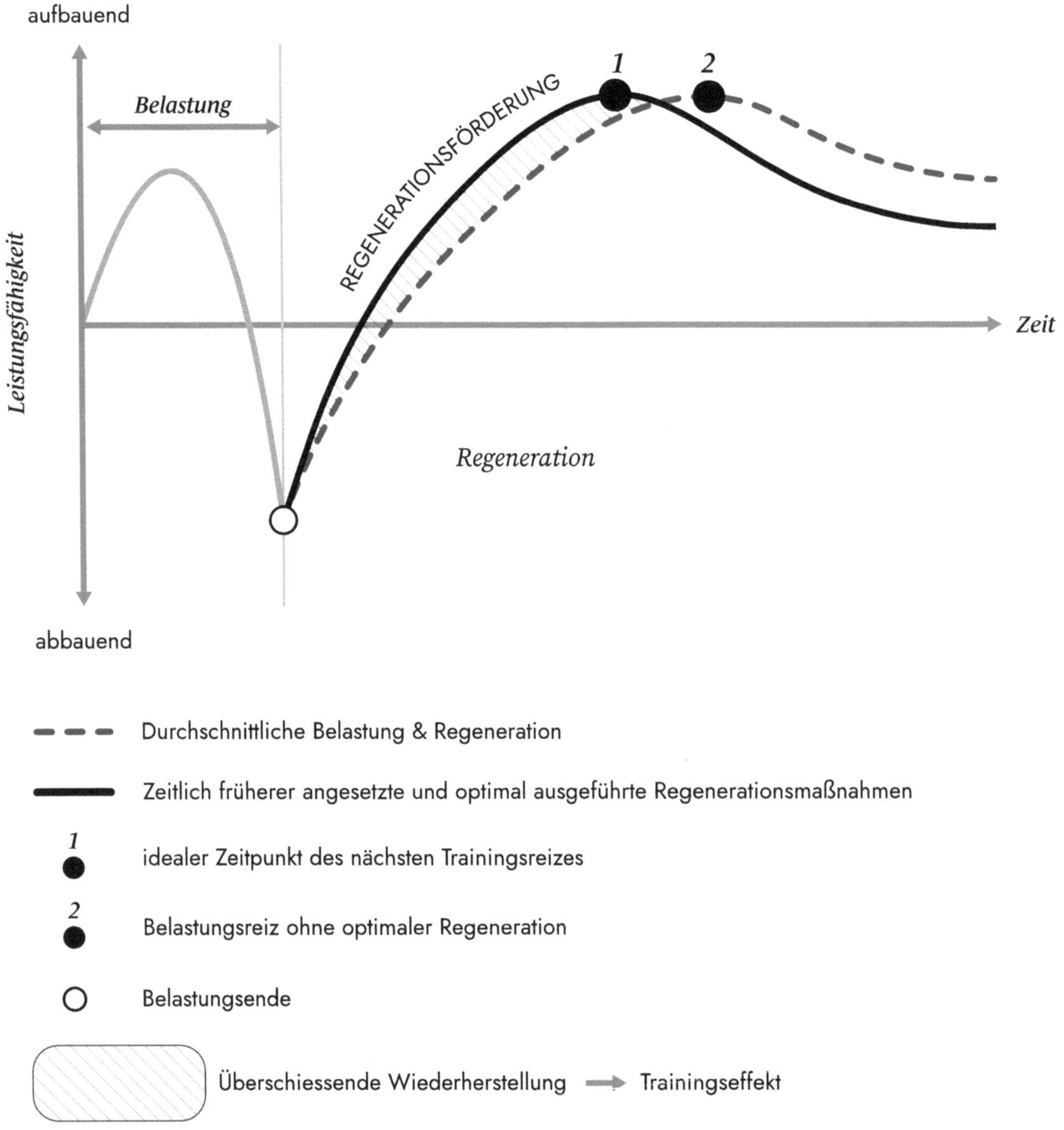

Abfall abhängig von Trainingszustand, Art der Belastung etc.

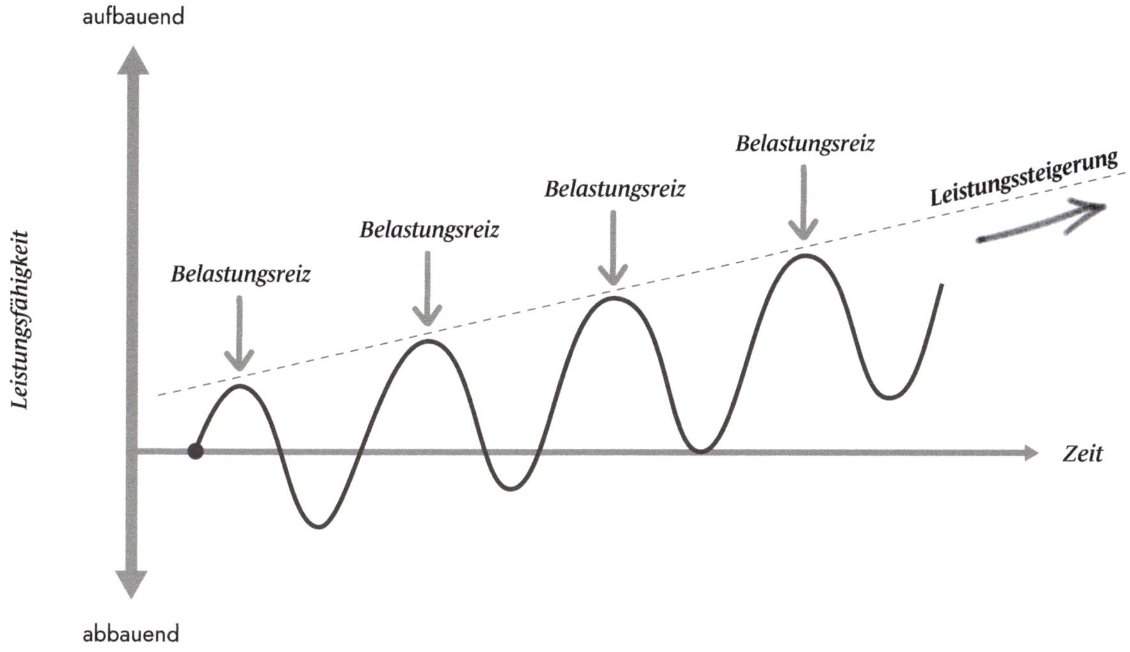

Die obige Grafik stellt eine mögliche zeitliche Ausrichtung von Trainingsreizen dar. Ziel ist, das „Timing" von Belastung und Erholung (Regeneration) optimal zu planen und im Training umzusetzen.

Werden die Trainingsreize und die Erholungszeiträume optimal aufeinander abgestimmt, ist eine entsprechend kontinuierliche Leistungssteigerung zu erwarten.

In der Praxis ist es nicht einfach diese „perfekten" Zeitpunkte der Reizsteuerung zu finden. Dafür gibt es kein Handbuch zum einfachen Kopieren. Kein Sportler ist gleich, deshalb sind gerade im Hochleistungssport nur individuell angepasste Trainings erfolgreich.

Sind die einzelnen Belastungsreize zu eng aneinandergereiht, ist die nötige Erholung nicht gegeben.

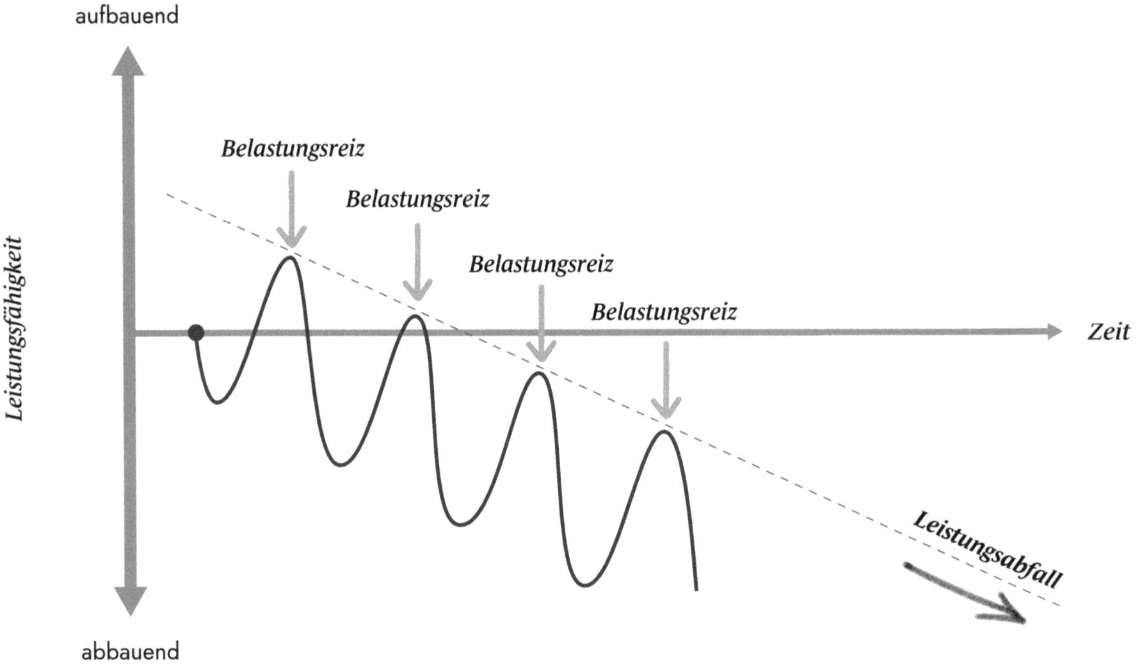

Bei Untrainierten, oder bei neuen, unbekannten Trainingsformen, ist die Anpassungsreserve viel höher wie bei einem höheren Leistungsniveau.

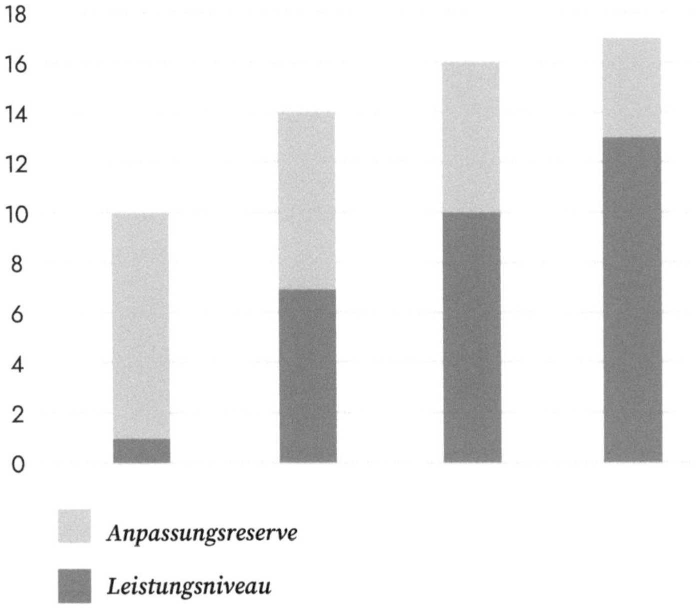

Je geringer die Leistungsfähigkeit, desto größer ist die Leistungsanpassung.

3.11 Trainingsarten

Betrachtung aus Sicht der Aufgabenstellung im Motorsport

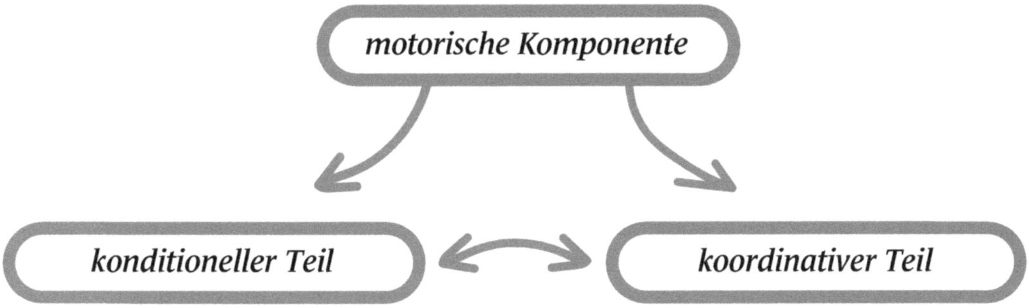

Kraft
Schnellkraft
Schnellkraftausdauer
Audauer

intermuskuläres &
intramuskuläres Training
in Verbindung mit
Technik

Kognitive Komponente

Reaktion und Reizverarbeitung

Wahrnehmungsschnelligkeit, Antizipationsschnelligkeit, Entscheidungsschnelligkeit, Reflexe;

Beim Training der motorischen Komponenten als auch bei den kognitiven Komponenten unterscheidet sich die Planung durch allgemein entwickelnde Übungen, spezifischen und Wettkampfübungen.

Siehe ***Kapitel 4 die Basis der sportlichen Leistungsfähigkeit, 4.7 Schnelligkeit***

Die konditionellen Fähigkeiten

Ausdauer, Kraft, Beweglichkeit, Schnelligkeit mit der zusätzlichen Voraussetzung Koordination, sind die einzelnen Bausteine der konditionellen Fähigkeiten.

Im Motorsport müssen alle notwendigen Fähigkeiten erworben werden und sind nicht angeboren.

W. Biro

Kapitel 4
Die Basis der sportlichen Leistungsfähigkeit
Die 5 konditionellen Fähigkeiten

4 Die Basis der sportlichen Leistungsfähigkeit

4.1 Übersicht der 5 konditionellen Fähigkeiten

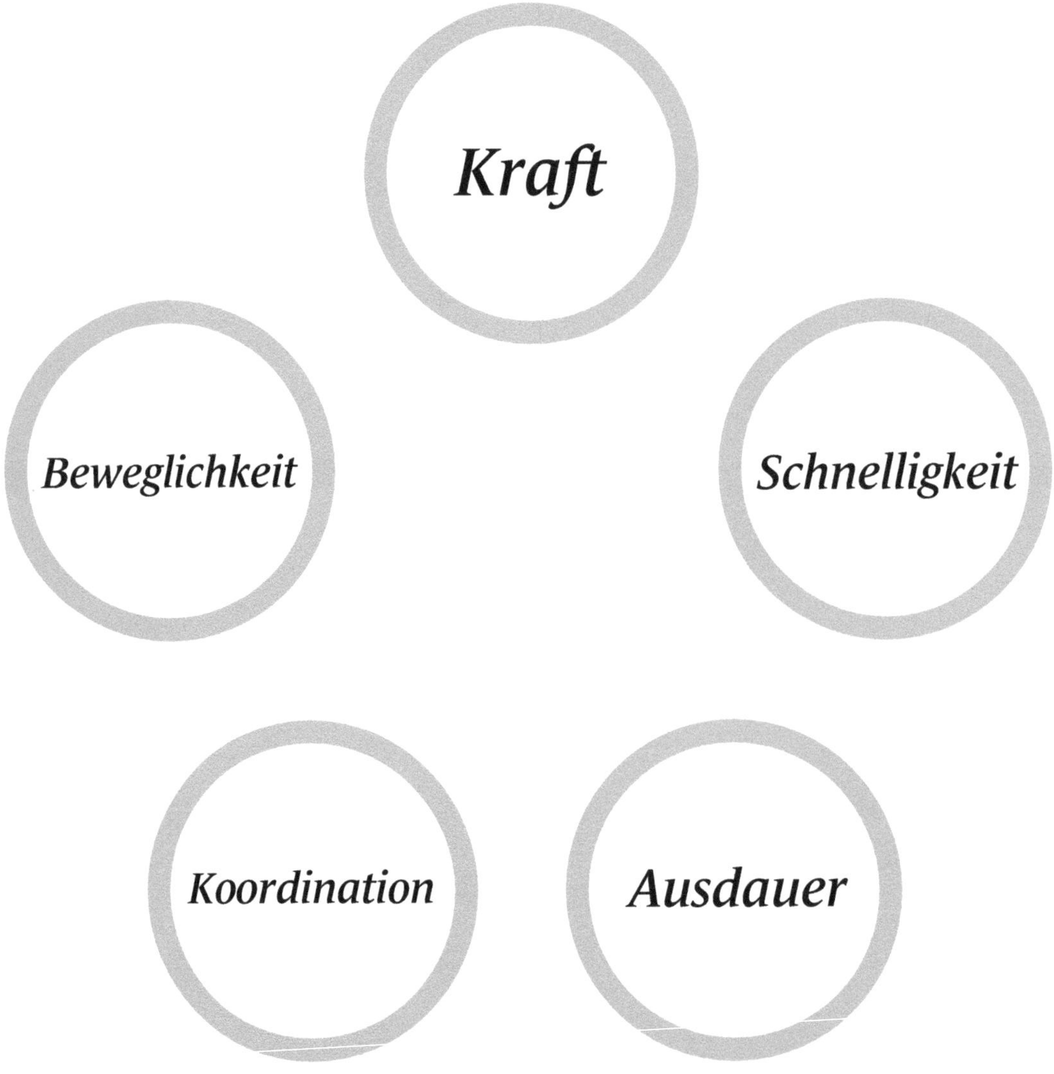

4.2 Ausdauer

Die Widerstandsfähigkeit gegen Ermüdung und Basis der Leistungskonstanz.

Die Sportwissenschaft bezeichnet die Ausdauer als

Die Fähigkeit physisch und psychisch lange einer Belastung zu widersetzen, deren Intensität und Dauer letztendlich zu einer unüberwindbaren Ermüdung und Leistungseinbuße führt und sich nach physischen und psychischen Belastungen rasch zu regenerieren.

-Zintl

Ausdauer ist die Ermüdungswiderstandsfähigkeit und die rasche Wiederherstellung. Die Belastung kann die körperliche aber auch die psychische Ebene betreffen. Gerade die psychische, emotionale wie sensomotorische Belastung im Motorsport ist ein unterschätzter Faktor.

Der Motorsport gehört nicht zu den klassischen Ausdauersportarten als Erbringung einer „Ausdauerleistung" wie beim Marathonlauf - die Ausdauerfähigkeit ist nur eine von vielen leistungsbestimmenden bzw. beeinflussenden Faktoren.

Aus der Sicht der Trainingslehre ist bei der Belastungsform zu unterscheiden und zu berücksichtigen:

- ***Belastungsdauer***
- ***Intensität der Belastung***
- ***Die beanspruchten Muskelgruppen***
- ***Körperhaltung***
- ***Positionsspezifische Anforderungen***
- ***Intensitätsverlauf im Wettkampf***

Aufgabe und Funktion der Ausdauer im Motorsport

Steigerung der physischen Leistungsfähigkeit
Aufrechterhalten der Leistung auf die volle Belastungsdauer
optimale Ausnutzung der *VO2 max.**
nur geringe Intensitätsverluste bei Belastungen

Optimierung der Erholungsfähigkeit während der Belastung
Abtransport von Schlackenstoffen

Schnellere Erholungsfähigkeit nach Belastungen
& nach dem Training, nach einzelnem Stint oder Rennen

Erhöhung der Belastungsverträglichkeit
mehr Trainings möglich, mehr Rennen/Stints (z.B. Rallye, Langstreckenrennen)

Erhöhung der psychischen Belastbarkeit
höhere psychische Stabilität, höhere Stresstoleranz, bessere Konzentrationsfähigkeit, mentale Stabilität

- **Reduktion technischer und taktischer Fehlleistungen**
  weniger koordinative Fehlleistungen
- **Taktische Diszipliniertheit**
- **Konstant hohe Reaktions- und Handlungsschnelligkeit**
- **Dauerhaftes Aktivierungspotential vom Zentralnervensystem**
- **Antizipationsfähigkeit**
  Entscheidungs- und Wahrnehmungsschnelligkeit konstant hochhalten

***Die VO2 max ist die maximale Sauerstoffmenge, die vom Körper während einer maximalen Ausbelastung aufgenommen werden kann (ermittelt über eine Atemgasanalyse)*

Im Kapitel Belastungsfaktoren im Motorsport sind bereits zusätzliche Anforderungen an den Rennfahrer wie die Belastungsverträglichkeit von Temperatur, Geschwindigkeit, Beschleunigungskräfte, Muskulatur und Wettkampfstress beschrieben worden.

Arten der Ausdauer – Überblick

Kurzzeitausdauer	→	***35 sec. bis 2 Minuten***
Mittelzeitausdauer	→	***2 – 10 Min.***
Langzeitausdauer 1	→	***10 – 35 Min.***
Langzeitausdauer 2	→	***30 – 90 Min.***
Langzeitausdauer 3	→	***90 Min. und länger***
Langzeitausdauer 4	→	***> 360 Min.***

Anteile der beteiligten Muskulatur

Dem Anteil nach beanspruchter Muskulatur wird zwischen lokaler und allgemeiner Ausdauer unterschieden.

Bei der Beteiligung von 1/6 bis 1/7 der Skelettmuskulatur spricht man von ***lokaler Ausdauer*** und bei mehr als 1/7 oder mehr als 2/3 der Bewegungsmuskeln von ***allgemeiner*** oder ***globaler Ausdauer***.

Arten der Ausdauer

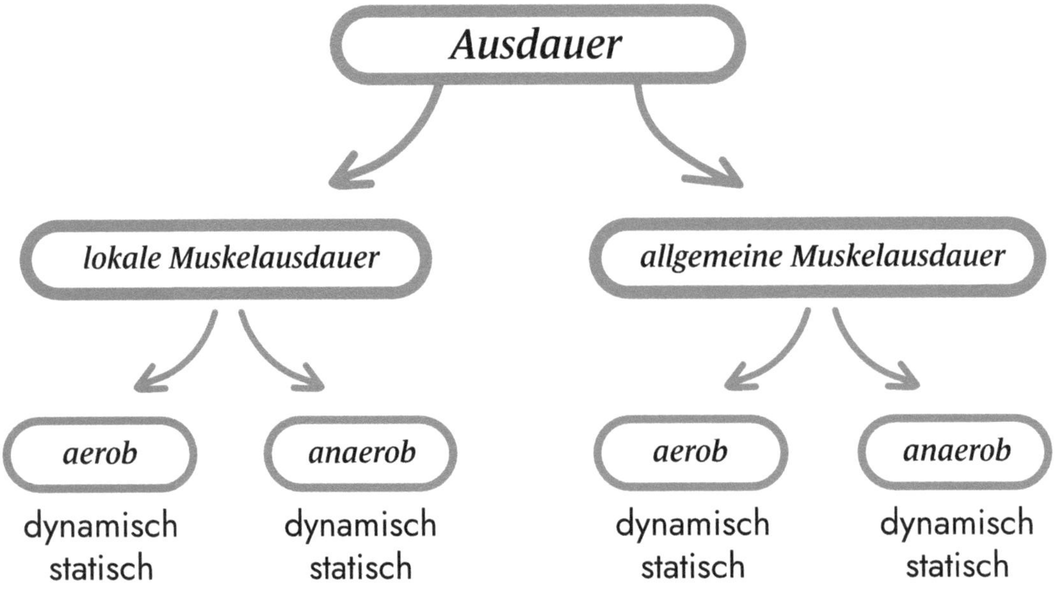

Arbeitsweise der Muskulatur

Beurteilung
Ist der „Einsatz“ der beteiligten Muskulatur statisch oder dynamisch.

Die „Arbeitshaltung“ im Motorsport ist eine sitzende, viele Muskeln sind daran beteiligt, statisch zu agieren, andere wiederum werden dynamisch eingesetzt.

Nach den Anteilen an der beteiligten Muskulatur wird von lokaler und bei mehr als 1/7 der Skelettmuskulatur von globaler oder allgemeiner Ausdauer gesprochen. Nach der Bewegungsstruktur wird von zyklischer (z.B. Schalten) oder azyklischer Ausdauer (z.B. schnelles Drehen am Lenkrad), gesprochen.

Der Unterschied bei der Trainingsplanung ist enorm und wird im ***Kapitel 12 Trainingsplanung*** betrachtet.

Die Begriffe wie statisch, dynamisch, zyklisch und azyklisch werden im ***Kapitel 4.7 Kraft bzw. Kapitel 2.2*** erklärt.

Muskelplastizität

Die Muskelfasern werden in verschiedene Fasertypen, ihrer Zuckungsgeschwindigkeit nach, zugeordnet.

Die Muskelfasertypen werden grundsätzlich in 3 Arten unterteilt:

Muskelfasertyp 1 → ***ST*** ***(slow twitch fibres)***

Muskelfasertyp 2 → ***FT*** ***(fast twitch fibres)***

Muskelfasertyp 2a → ***FTO*** ***(fast twitch oxidative)***

Ein Ausdauersportler (Marathonläufer) hat wesentlich mehr langsam zuckende Fasern (ST) wie ein Fußballer, bzw. ein Sprinter wird viel mehr schnellzuckende Fasern vom Typ 2 (FT) vorweisen.
Durch Training werden die unterschiedlichen Fasertypen und deren Mischformen, je nach Trainingsreize wie Belastungszeit, Geschwindigkeit, Widerstand oder Ausführung aktiviert.

Entscheidende, leistungslimitierende Organsysteme

Dem Anteil nach beanspruchter Muskulatur wird zwischen lokaler und allgemeiner Ausdauer unterschieden.

Bei der Beteiligung von 1/6 bis 1/7 der Skelettmuskulatur spricht man von ***lokaler Ausdauer*** und bei mehr als 1/7 oder mehr als 2/3 der Bewegungsmuskeln von ***allgemeiner*** oder ***globaler Ausdauer***.

HERZ
Schlagvolumen, Herzminutenvariabilität, Herzfrequenz

ATMUNGSSYSTEM LUNGE
Maximale Sauerstoffkapazität (VO2max), Vitalkapazität

BLUT
Hämatokrit, Hämoglobin

MUSKULATUR
Kapillardichte, Mitochondrien, Muskelmasse

MUSKULÄRE ENERGIESPEICHER
Glykogen, energiereiche Phosphate, Fette

TRANSPORTSYSTEME
Sauerstofftransport in der Zelle, Laktatmetabolismus, Wärmetransport

Auswirkungen / Anpassung durch Ausdauertraining

Durch das Ausdauertraining kommt es zu einer besseren Sauerstoffversorgung des Herz-Kreislaufsystems und der peripheren Skelettmuskulatur.

Der Energiebedarf wird durch ein besseres Zusammenspiel der Muskeln ökonomisiert, die Kapazität der Energiespeicher wird erhöht und die Psyche wird auf ein höheres Ausgangsniveau gebracht.

Energiebereitstellung

aerob – anaerob

Diese Begriffe beziehen sich auf den Sauerstoffverbrauch bei der Energiebereitstellung.

Aus sportbiologischer Sicht wird zwischen der aeroben, der anaeroben und deren Mischform unterschieden.

AEROBE ENERGIEBEREITSTELLUNG

Es ist genügend Sauerstoff vorhanden, um Fette und Kohlenhydrate zu CO2 und H2O „verbrennen" zu können.

ANAEROBE ENERGIEBEREITSTELLUNG

Es besteht ein Sauerstoffdefizit, bei dieser „unvollständigen Verbrennung" sinkt der PH-Wert der Zelle (sauer) und es kommt zu einer Laktatanhäufung. Enzyme können nicht mehr arbeiten – eine Reduktion der Leistung tritt ein bzw. führt zum Belastungseinbruch.

ANAEROBE SCHWELLE

Bei dieser Belastungsintensität besteht gerade noch ein Laktatgleichgewicht, welches über eine längere Dauer gerade noch gehalten werden kann (etwa um 4 mmol Laktat)

Mit zahlreichen Schwellenkonzepten werden auch Mischformen aus aeroben und anaeroben Trainingsformen durchgeführt.

Laktat - Leistungsbestimmung

Zu Beginn eines Trainingsprozesses ist es wichtig, eine „Standortbestimmung“ in Bezug auf die Leistung der Ausdauerfähigkeit durchzuführen. Dies wird vornehmlich als Leistungstest am Ergometer oder am Laufband durchgeführt. Im Rahmen der Leistungsdiagnostik entsteht eine sogenannte Laktatleistungskurve, welche die Beziehung zwischen Leistung und Laktatkonzentration zeigt.

Diese wird zur Trainingssteuerung der einzelnen Trainingsbereiche benutzt. Daraus leiten sich die „Schwellenkonzepte“ unter Berücksichtigung der jeweiligen sportartspezifischen Anforderung ab.

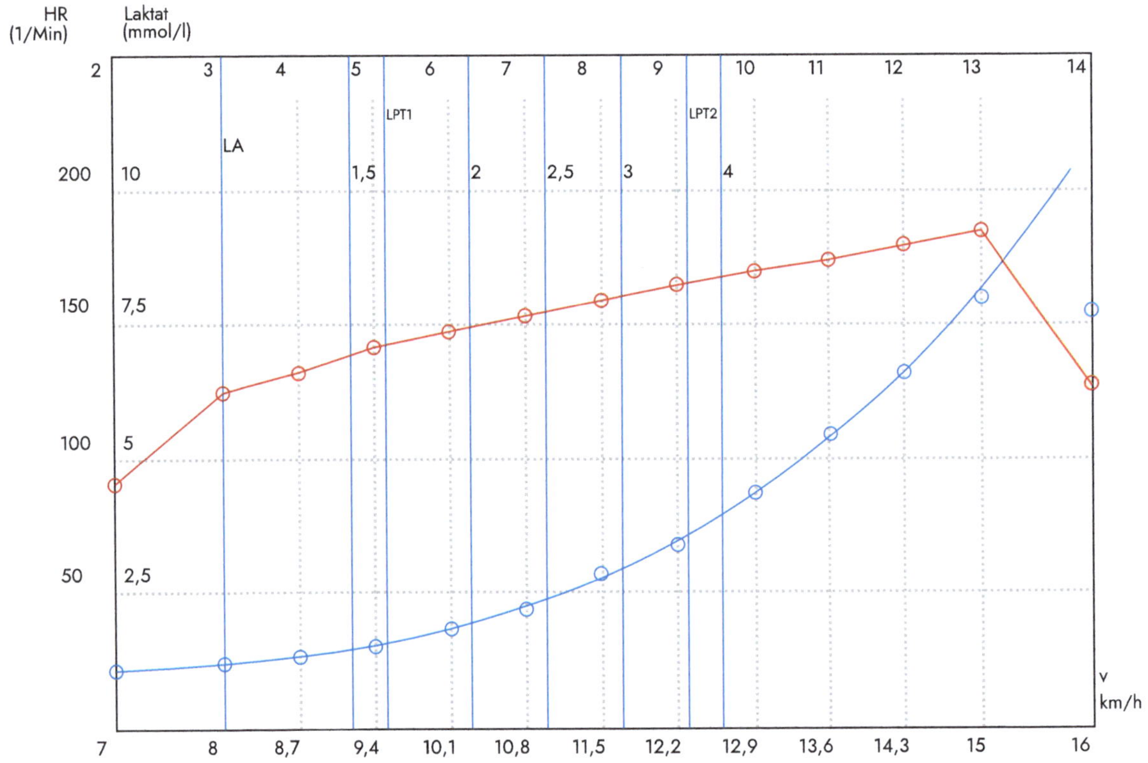

1. Laufband Ergometrie (LE, HP Cosmos Laufband)
Hobby-Triathlet, 28 Jahre
Halbmarathon ca. 1:45h
Protokoll: 8km/h (Start) 0,7 km/h (Steigerung)
Stufendauer 2 Min, Pause 15“, 2% Steigung

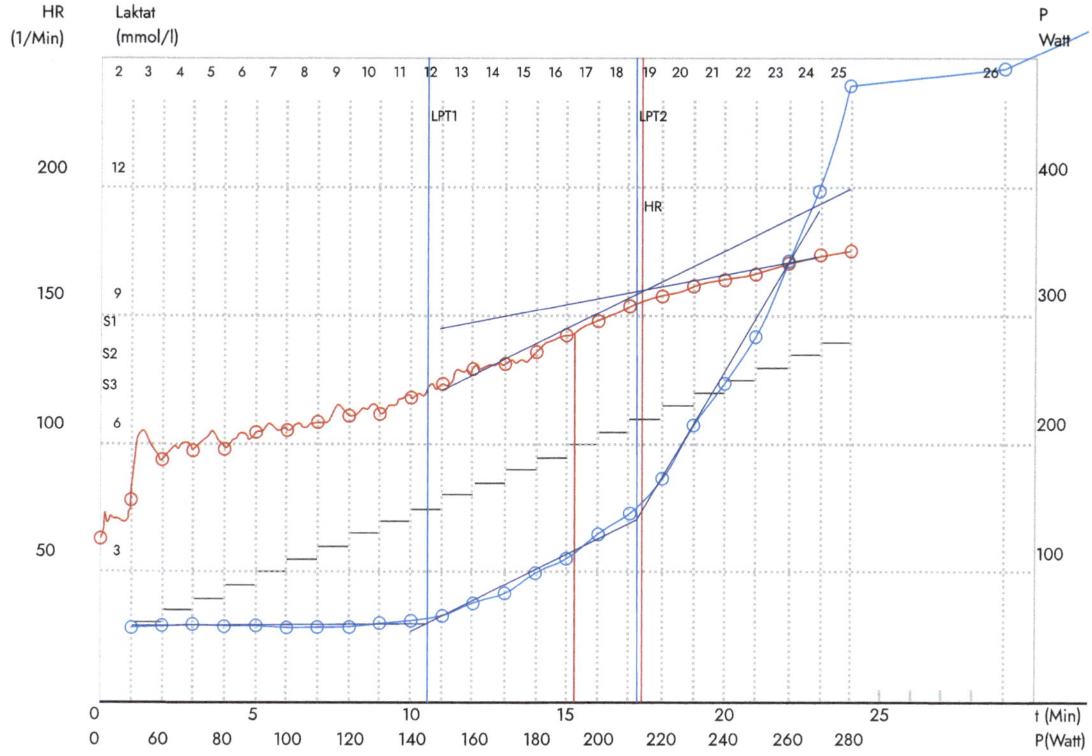

2. Handbike Ergometrie (HBE, Cyclus2 Ergometer)
Handbike Para-Athlet (Weltklasse, Olympia-Medaillen), 39 Jahre
Protokoll: 60W (Start) 10W (Steigerung) Stufendauer 1 Min

Anmerkung zu den 2 Laktatleistungskurven

Die *1. Grafik* zeigt das Leistungsniveau eines Läufers mit einer Halbmarathonzeit von: 45 min, am Laufband erzielt.
Die *2. Grafik* zeigt das Leistungsniveau eines Medaillengewinners bei den Para Olympics, mit dem Handbike erzielt.

Die Leistung des Läufers ist als Basisausdauerleistung im Motorsport ausreichend und eine gute Trainingsgrundlage für die spezifischen Trainingsformen.
Die Leistung des Weltklasse Para Athleten soll das enorme Potential der Trainingssteuerung im Bereich des Grundlagen Ausdauertrainings der Schulter. und Armmuskulatur aufzeigen.

Gerade auf der Langstrecke, im Rallyesport, Baja`s und bei Rallye Raid Bewerben muss ein größerer Anteil der Ausdauerleistung über lange Distanzen durch Schulter - und der Armmuskulatur erbracht werden.
Siehe *Kapitel 18.6 Training mit dem Handergometer*.

Möglichkeiten der Belastungssteuerung beim Ausdauertraining

Beanspruchungsorientiert über:
Herzfrequenz
Laktat
subjektives Belastungsempfinden

Belastungsorientiert über:
Leistung (Watt oder Geschwindigkeit)

Einteilung der Ausdauer nach zeitlicher Beanspruchung

SPORTBIOLOGISCHE EINTEILUNG	TRAININGSMETHODISCHE EINTEILUNG
anaerobe Kurzzeitausdauer 10 – 20 sec	Schnelligkeit (anaerob)
anaerobe Mittelzeitausdauer 20 sec – 1 min anaerobe Langzeitausdauer 1 min - 2 min	Kurzzeitausdauer 35 sec – 2 min (60 -80% anaerob)
aerobe Mittelzeitausdauer 2 min – 10 min (100% - VO2 max)	Mittelzeitausdauer 2 min – 10 min (50:50)
aerobe Mittelzeitausdauer 10 min – 30 min (90–95% VO2max)	Langzeitausdauer 1 10 min – 30 min (> 80% aerob)
aerobe Langzeitausdauer > 30 min (> 90% VO2 max)	Langzeitausdauer 2 30 – 90 min (> 90% aerob) Langzeitausdauer 3 90 - 360 min (> 97% aerob) Langzeitausdauer 4 > 360 min (99% aerob)

Überblick – die Arten der Ausdauer

Relevanz bzw. Wirkung auf das Herzkreislaufsystem

KRITERIUM	BEZEICHNUNG	CHARAKTERISTIK	RELEVANZ FÜR DAS HKS*
Beanspruchte Muskulatur	lokale AD[1] allgemeine AD	> 1/6 – 1/7 > 1/6 – 1/7	keine hoch
Überwiegende Energiebereit-stellung	aerobe AD anaerobe AD	ausreichend O² zu wenig – kein O²	sehr hoch sehr gering
Überwiegende Energiebereit-stellung	Kurzzeit AD Mittelzeit AD Langzeit AD Langzeit AD 2 - 4	35 sec – 2 min 2 min – 10 min 10 min – 35 min 35 min – 90min - 360 min	400m Lauf 800 m Lauf 5 – 10 km Lauf
Zusammenhang mit anderen konditionellen Fähigkeiten	Kraftausdauer Schnelligkeits-Ausdauer	Ausdauerleistung mit hohem Krafteinsatz AD-Leistung bei max. Geschwindigkeit bis 35 sec	hoch gering bis keine
Sportartspezifische Bedeutung	Allgemeine AD Spezielle AD	nicht sportart spezifisch sportartspezifisch	sehr hoch hoch

[1] *Ausdauer*
* *Herzkreislaufsystem*

Methoden des Ausdauertrainings

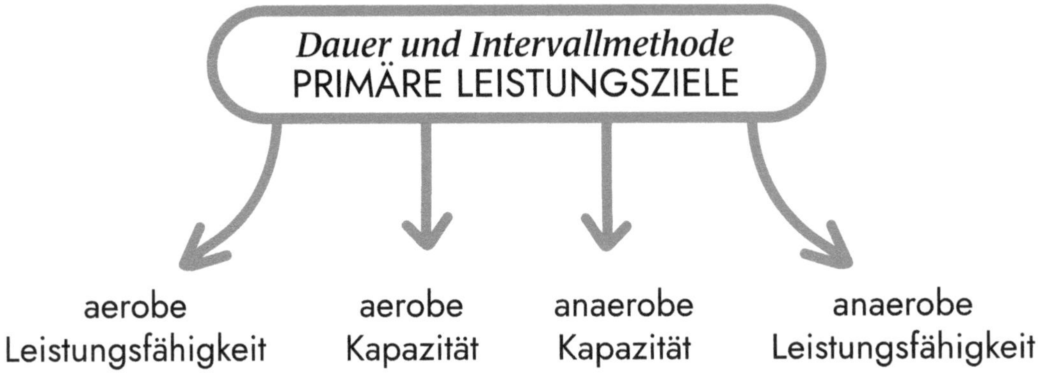

Grundlagenausdauerbereich (GA, GA1)
1-2 mmol Laktat
Fettstoffwechsel

Grundlagenausdauerbereich 2 (EAD*, GA2)
extensiver Ausdauerbereich
2-3 mmol Laktat
vermehrter Kohlenhydratumsatz

Intensiver Ausdauerbereich (IAD[1], EB[2])
Entwicklungsbereich – Bereich der anaeroben Schwelle
3-5mmol Laktat
nahezu ausschließlich Kohlenhydratverbrennung

* *Entwicklungsausdauer*
[1] *Intensive Ausdauer*
[2] *Entwicklungsbereich*

Spitzenbereich, anaerobe Trainingsform

anaerobe Energiebereitstellung
Das Training der Ausdauer, in all ihren Arten, dient als Basis zur Belastungsverträglichkeit verschiedener Funktionssysteme:

- organisch
- muskulär
- bindegewebig
- psychisch

STUFE 1 - Entwicklung der aeroben Grundlagenausdauer

DAS Grundlagentraining

Ökonomisierung der Herzarbeit

Entwicklung des Stoffwechsels

Entwicklung der organischen Belastbarkeit

Verbesserung der peripheren Durchblutung

Kapillarisierung

Stabilisierung des Immunsystems

Ökonomisierung der sportartspezifischen Arbeitsmuskulatur

Bei geringer Intensität – Regenerationstraining

Verbesserte psycho-physische Regeneration

Dauer: GLA – Bereich: 30 Min – bis Stunden
Intensiv: 30 Min – 60 Min

STUFE 2 - Entwicklung der aeroben-anaeroben Kapazität

Weiterentwicklung des Herzkreislaufsystems

Entwicklung der aeroben Kapazität = Anhebung der anaeroben Schwelle

Verbesserung des Glykogenstoffwechsels

Entwicklung der sportartspezifischen Arbeitsmuskulatur

Ökonomisierung der sportartspezifischen Arbeitsmuskulatur bei höheren Intensitäten

Dauer: Intensiv: 30 Min – 60 Min

STUFE 3 - Entwicklung der anaerob-aeroben Ausdauer

Wettkampfleistung

Entwicklung und Ausprägung der wettkampfspezifischen Leistung

Verbesserung der funktionellen Grenzbereiche(wettkampfspezifisch)

Laktat-Mobilisation: Fähigkeit des Muskels unter hohen Intensitäten Laktat zu bilden

Laktat-Toleranz: Fähigkeit des Muskels, unter hoher Laktatbildung die Leistung aufrecht zu halten

Laktat-Elimination: Fähigkeit des Organismus (Herz, Leber, Gehirn, nichtarbeitende Muskulatur), Laktat während, zwischen und nach der Belastung wieder abzubauen

Dauer: 30 min- 60 min

Trainingsmethoden Ausdauer

Im Ausdauertraining werden Trainingsformen in unterschiedlicher Trainingswirkung eingesetzt und beansprucht die Funktionssysteme und die Psyche in besonderer Weise.

Es wird zwischen Dauermethoden und Intervallmethoden unterschieden.

DAUERMETHODEN

kontinuierliche Dauermethode
ununterbrochene Belastung bei gleichbleibender Intensität über längere Zeit oder Distanz

variable Dauermethode
Die Trainingsmethode ist gekennzeichnet durch einen Intensitäts- bzw. Belastungswechsel während des Ausdauertrainings und teilt sich in geplante, ungeplante und intermittierende Vorgaben bzw. Trainings.

Fahrtenspiel

Eine Trainingsform mit Teilstrecken unterschiedlicher Geschwindigkeiten oder Länge. (abhängig vom Gelände bzw. von der Tempowahl des Athleten bzw. Trainers)

Wechseltempomethode

Geplante bzw. systematische Wechsel von niedrigen und höheren Belastungen (und Länge) nach Vorgaben des Trainers.

Crescendo / Steigerungsmethode

Kontinuierliche oder sprunghaft steigende Intensität innerhalb eines Trainings nach Vorgaben des Trainers

Intermittierende Dauermethode

Ein Haupttrainingsinhalt wird durch einen anderen Inhalt zeitlich unterbrochen.

Beispiele:

Intermittierendes Krafttraining
Dauerbelastung = Rudern oder Laufen
unterbrochen (intermittierend) durch statische oder dynamische Rumpfkraftübungen

Intermittierendes Schnellkraftausdauertraining
Dauerbelastung = Rudern oder Schnurspringen
unterbrochen durch Schnellkraftübungen der Armmuskulatur

Intermittierendes Sensormotorik Training
wechselnde Belastung zwischen Kraftübungen und Ausdauerübungen ohne Pause

INTERVALLMETHODEN

Nach Belastungsintensität

Extensive IM:	geringere Intensität, kürzere Pause
Intensive IM:	höhere Intensität, längere Pause

Nach Belastungdauer

Kurzzeit IM:	15 – 60 sec.	~ 20 sec.
Mittelzeit IM:	1 – 3 min	~ 60 sec.
Langzeit IM:	3 – 8 min	~ 3 min

Beispiel: HIIT-Training (High intensive Intervall training)

Vor Beginn eines Trainingsprozesses ist es unbedingt notwendig, neben dem Gesundheitszustand, auch den Leistungszustand des Sportlers festzustellen (s. auch Laktat – Laktatleistungstest bzw. Leistungstests).

Steuerung über die Herzfrequenz

Bei der Festlegung des Trainings ist bei der Steuerung mittels Herzfrequenz (Daten durch Leistungstest ermittelt) auch das subjektive Belastungsempfinden des Sportlers von Bedeutung.

Steuerung über die Belastungsumfänge

Die Trainingsintensität und die Belastungsumfänge sind die wesentlichen Faktoren zur Auslösung der gewünschten Anpassungsvorgänge. Diese Parameter können nicht beliebig getauscht werden, sondern unterliegen einem konkreten Trainingsplan.

Richtwerte von „Leistungsklassen nach durchschnittlichen Wochenumfängen in Stunden:

Hobby- Gesundheitssport: 2 – 4 h

Rennfahrer welche unregelmäßig an Wettkämpfen teilnehmen: 2 – 6 h

(Hoch)Leistungssportler: 4 – 12 h

Ausdauertraining - Laktatverträglichkeit

Im Vergleich zu anderen Sportarten, betreffend Laktatmessungen im Wettkampf, liegen im Motorsport kaum nennenswerte Messungen vor. Es ist aber davon auszugehen, dass lokale Muskelteile davon betroffen sind und übersäuern.

Davon sind besonders die Hals- Nacken-, Arm-, Unterarm- und Fingermuskeln betroffen. Bei Motorradfahrer bei langen Etappen zusätzlich die Beinmuskulatur. Aussagen von Fahrern wie „meine Unterarmmuskeln machen zu“ oder „steife Halsmuskeln“, stützen diese Aussage. Dies tritt nicht nur bei längeren Belastungszeiten (Langstreckenrennen, Rallyesport) auf, sondern betrifft alle Rennserien.

Es ist daher für den Rennfahrer ratsam, das Ausdauertraining in seiner kompletten Form von Stufe 1 (Basistraining) mit Stufe 2 (Entwicklung der aeroben-anaeroben Leistung) und Stufe 3 (Entwicklung der anaerob-aeroben Wettkampfleistung) im Trainingsplan zu integrieren.

Ausdauertraining bei Kindern und Jugendlichen

Kindesalter - Schulkindalter bis zur Pubertät
Trainings Relevanz 5/6 – 12/13 Jahre

Jugendalter – Adoleszenz
Beginn der Pubertät bis zum Erwachsenen
Trainings Relevanz 12/13 – 16 - 18 Lebensjahr

Eine stabile und nachhaltige Leistungsentwicklung der Ausdauer im Kindes- und Jugendalter muss über viele Jahre aufgebaut werden. Ausdauertraining im Kindesalter hat einen positiven Effekt auf die Gesundheit.

Unabhängig vom Geschlecht, profitieren Kinder und Jugendliche durch eine bessere Entwicklung im Bereich der VO2 max., sowie einer besseren Belastungsverträglichkeit.

Die aerobe Ausdauer lässt sich, wie auch die anaerobe Ausdauer, über die Jahre gut entwickeln.

Trainingsorientierung

Training bei Kindern und Jugendlichen

- Benötigen variable und vielfältige körperliche Reize

- Die spielerische Form soll im Vordergrund stehen. Ein hoher „Spaßfaktor“ soll das Ausdauertraining begleiten – sozusagen unbemerkt wird in unterschiedlichen Methoden das Ausdauertraining „verpackt“.

- Beachtung der Leistungsfähigkeit

- Keine monotone Trainingseinheiten
  Keine Unterforderung - soll nie langweilig erscheinen
  Keine Überforderung

- Optimal sind die variable Dauermethode und die Intervallmethoden

- Koordinative, taktische Aufgabenstellungen

- Technisch - koordinative Aufgaben mit taktischen kombinieren

- Keine hohen Belastungsumfänge

- Die Trainingssteuerung über die Herzfrequenz erst nach Jahren des Aufbauprogrammes durchführen

- Subjektives Belastungsempfinden hat Vorrang

- Trainingsbelastung durch Trainer abgleichen

ergänzend:
Kindesalter 5/6 – 8/10 Jahre

Der Fokus liegt klar auf der spielerischen Ebene zur Entwicklung der Ausdauer. Zusätzlich soll die Entwicklung der Schnelligkeitsfähigkeiten gefördert werden. Durch (Trainings) Spielformen mit unterschiedlichen Intensitäten wird dies gut erreicht.

Beispiel: Hindernisparcours mit unterschiedlichen Geräten, Abfangspiele, Staffel etc.

Schüleralter 8/10 – 14 Jahre

An das Ausdauertraining werden koordinative Anforderungen gekoppelt. Der Schwerpunkt liegt auf kürzere Belastungen mit technisch anspruchsvolleren Aufgaben. Zur Sportart spezifisch werden widerstandsorientierte Trainingsformen hinzugefügt.

Beispiel: Zonen mit unterschiedlichen Intensitätsformen, Einbau von Hindernissen etc.

Jungendalter – über 13/14 Jahre

Fokus liegt auf längere Belastungen mit variabler Gestaltung der Belastungsintensität. Sportartspezifisch werden Umfeldbelastungen in das Training integriert (Training unter Druckbedingungen). Trainingssteuerung der spezifischen Ausdauer über die Herzfrequenz einbauen.

Beispiel: HIT-Training, Stationstraining mit Druckbedingungen etc.
Siehe auch: ***Kapitel 18.2 HIT-Training***

Ermüdungssymptome

SUBJEKTIVE ZEICHEN	OBJEKTIVE ZEICHEN
Atemnot	Reduzierte Leistungsfähigkeit
Ohrensausen	Nachlassen der Muskelkraft
Augenflimmern	Koordinationsstörungen
Übelkeit	Elektrolytverschiebung
Apathie - gegen äußere Reize	Laktatanstieg
Koordinationsstörungen	PH-Wert Änderungen
Muskelzittern	Verminderung der Konzentration
Muskelkrämpfe	Verminderung der Aufmerksamkeit
Motivationsverlust	Verschlechterung der Wahrnehmungsfähigkeit
reduzierte Leistungsfähigkeit etc.	Veränderung der Hirn-Stromaktivität (EEG)

4.3 Kraft

Die unterschätzte Komponente zur Schnelligkeit

Bewegungsgeschwindigkeit durch Krafttraining.

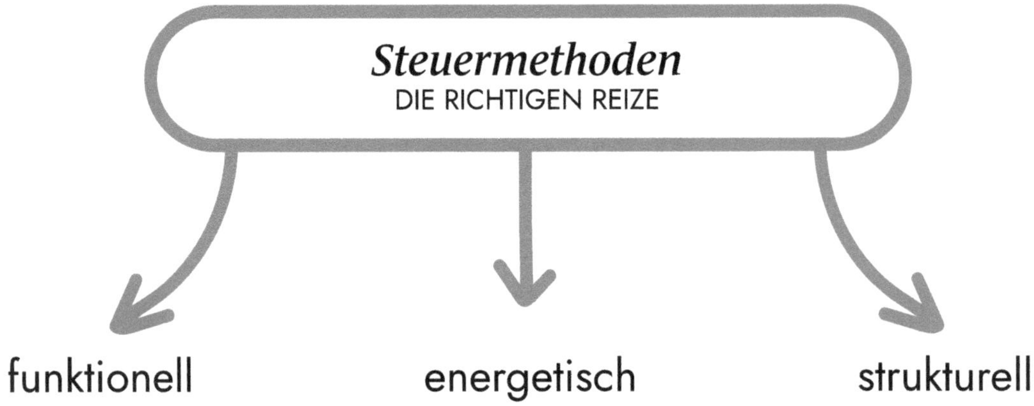

Die Meinung über Krafttraining ist mit vielen Vorurteilen belastet.

Krafttraining wird gerne in Verbindung mit Bodybuilding gebracht, Aussagen wie: „das Training mache langsam und provoziert eh bloß nur Muskelkater, die Kniebeugen seien gefährlich, das Verletzungsrisiko steige etc.“ werden oft genannt.

Eine Auswirkung davon, dass Sportler Krafttraining oft nur sehr „spärlich“ bzw. „behutsam“ einsetzen.

„Krafttraining macht langsam – Krafttraining macht unbeweglich“

Diese Aussagen sind nicht richtig!

Ein Beispiel zum Verletzungsrisiko im Vergleich Fußball vs. Krafttraining

100 Stunden Training Fußball	6,20 Verletzungen
100 Stunden Training Krafttraining	0,0035 Verletzungen

In weiterer Folge geht es aber nicht um „Vorurteile“, sondern um eine Darstellung der Fähigkeit Kraft und deren Nutzen im Motorsport.

Kraft ist die Fähigkeit des neuromuskulären Systems* Widerstände zu überwinden, ihnen nachzugeben oder sie zu halten (konzentrisch, exzentrisch und statisch).

*Nerv- Muskel- Innervations- und Stoffwechselprozess

Die Grundfähigkeit Kraft hat bei vielen Sportarten einen hohen Stellenwert.

Kraft wird nicht nur in Masse bestimmt, sondern tritt in verschiedenen Formen auf. Die Aufteilung im Englischen ist übersichtlicher und unterteilt die Kraft in 3 Formen:

Force: physikalische Kraft = Arbeit (W): Zeit (t)
Power: Muskelleistung = Kraft (F) x Geschwindigkeit
Strength: Muskelkraft

Kraft wird auch unter dem Aspekt der Geschwindigkeit, mit welcher die Bewegung ausgeführt wird, betrachtet. Gerade dieser Bereich spielt im Motorsport eine wichtige Rolle.

Der Trainingsreiz – Anpassung durch Krafttraining

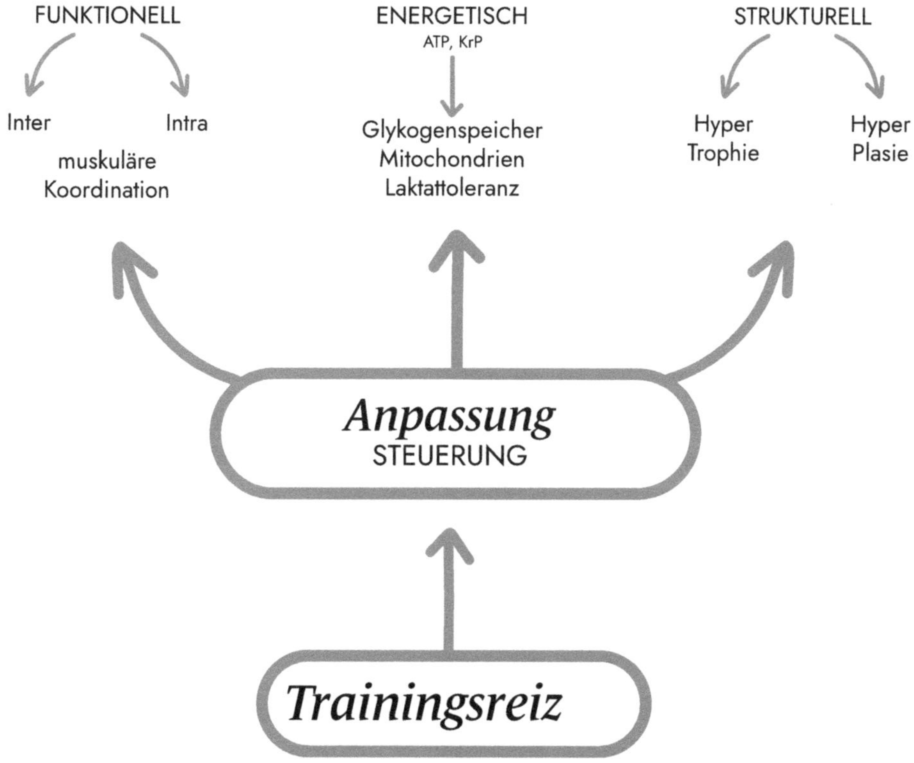

Leistungssteigerung beim Krafttraining

TRAINING DER KRAFT

Die Maximalkraft dient als Basisfähigkeit

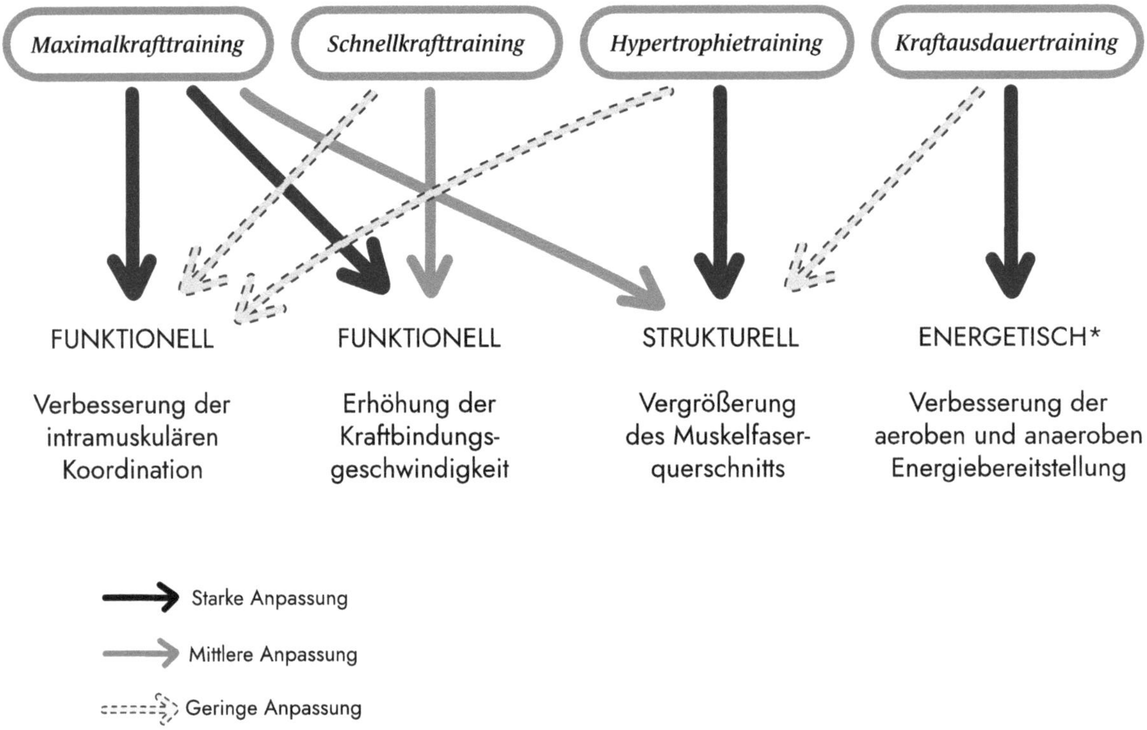

*anaerob – alaktazider Stoffwechsel; anaerob – laktazider Stoffwechsel; aerob – glykolytischer Stoffwechsel

Die statische Maximalkraft ist die höchste Kraft, die das Nerv-Muskel-System bei willentlicher Kontraktion innerhalb eines unüberwindbaren Widerstandes aufbringen kann.

Die dynamische Maximalkraft ist die höchste Kraft, die das Nerv-Muskel-System bei willentlicher Kontraktion innerhalb eines Bewegungsablaufes entwickeln kann.

Gerade die Unterformen der dynamischen Maximalkraft sind im Motorsport eine interessante Trainingsvariante.

... die Nichtberücksichtigung des Maximalkrafttrainings in der frühen Kindheit (6 – 13 J.), ist ein schwerwiegender Fehler und eine fatale Fehleinschätzung angesichts ihrer Basisfunktionen.

- Steinhöfer

Aufteilung der Kraft nach Kontraktionsformen

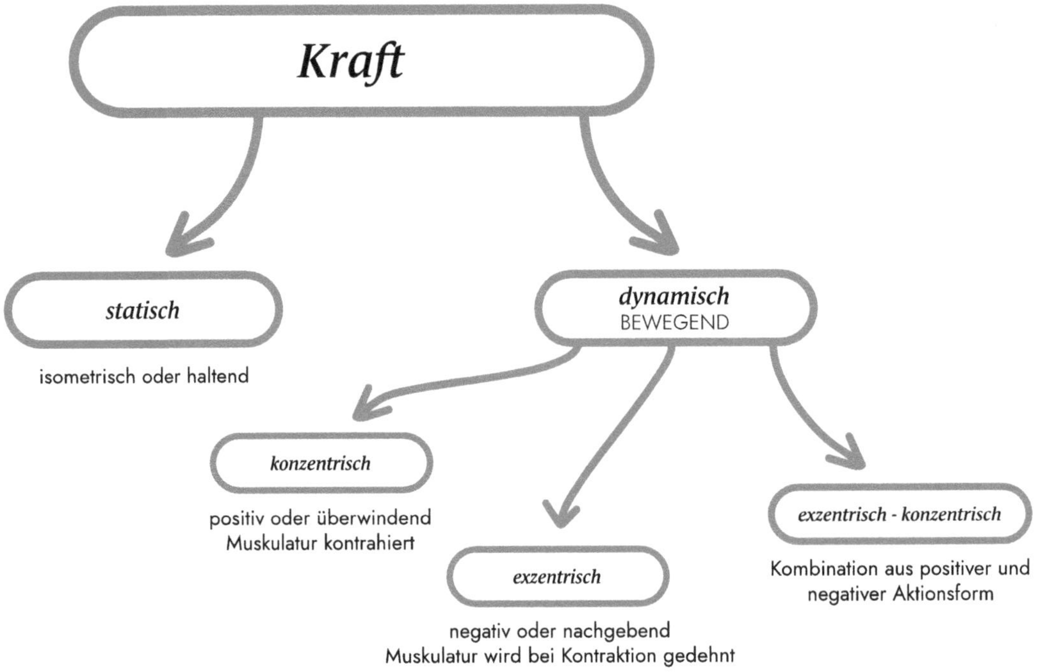

KONZENTRISCHE KONTRAKTION
Muskelansatz und Muskelursprung nähern sich – ist eine positiv dynamische Belastungsform.

EXZENTRISCHE KONTRAKTION
Muskelansatz und Muskelursprung entfernen sich voneinander, ist eine muskuläre Kontraktion bei Zunahme der Muskellänge und ist eine negativ dynamische Belastungsform

ISOMETRISCHE KONTRAKTION
Muskuläre Spannungsentwicklung ohne Veränderung des Abstandes von Muskelansatz zum Muskelursprung, ist eine statisch, haltende Muskelarbeit

Adaption durch Krafttraining

Steigerung der ATP- Kreatinphosphat- und Glykogenvorrates

Hypertrophie (Dickenwachstum der Muskelzelle)

Hyperplasie (Vermehrung der Muskelzelle)

Verbesserte **inter**muskuläre Koordination (Technik)

Verbesserte **intra**muskuläre Koordination – mehrere Muskelfasern können gleichzeitig aktiviert werden

Maximalkraft

Die *statische* Muskelkraft ist die höchste Kraft, die das Nerv-Muskelsystem bei willentlicher Kontraktion innerhalb eines unüberwindbaren Widerstandes ausüben kann.

Die *dynamische* Muskelkraft ist die höchste Kraft, die das Nerv-Muskelsystem bei willentlicher Kontraktion innerhalb eines Bewegungsablaufes entwickeln kann.

Die Maximalkraft ist abhängig von:

- ***Physiologischen Muskelquerschnitt***
- ***Intramuskuläre Koordination***
- ***Intermuskuläre Koordination***
- ***Rekrutierung***
- ***Frequentierung***
- ***Synchronisierung***

Übersicht Maximalkraft

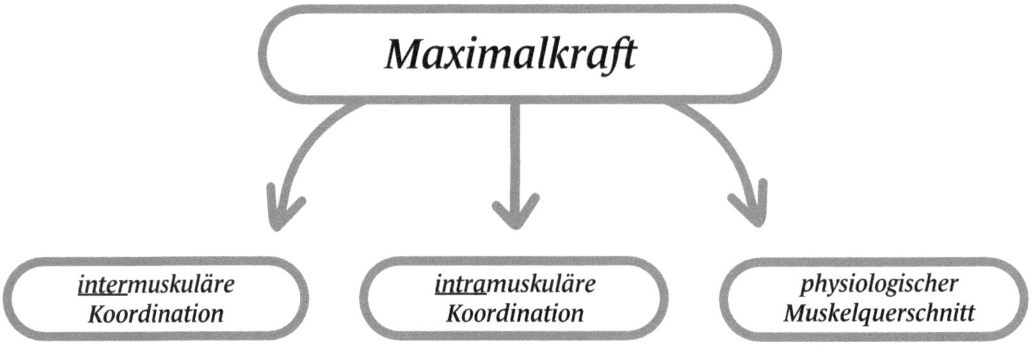

zentrales Innervationsmuster	Rekrutierung Synchronisation Frequenzierung	Hypertrop ieh Hyperlapsie
Körpergewicht	30 - 100%	60 - 80%

Rekrutierung

intramuskulär
Die Rekrutierung der Muskeleinheiten: die kleinen Motoneuronen innervieren langsam zuckende Fasern, während die großen Motoneuronen, ihrer Größe nach, von klein nach groß aktiviert werden. Bei zunehmenden Kraftaufbau steigt die Anzahl an aktiven Motoneuronen an und die Schnellen werden rekrutiert.

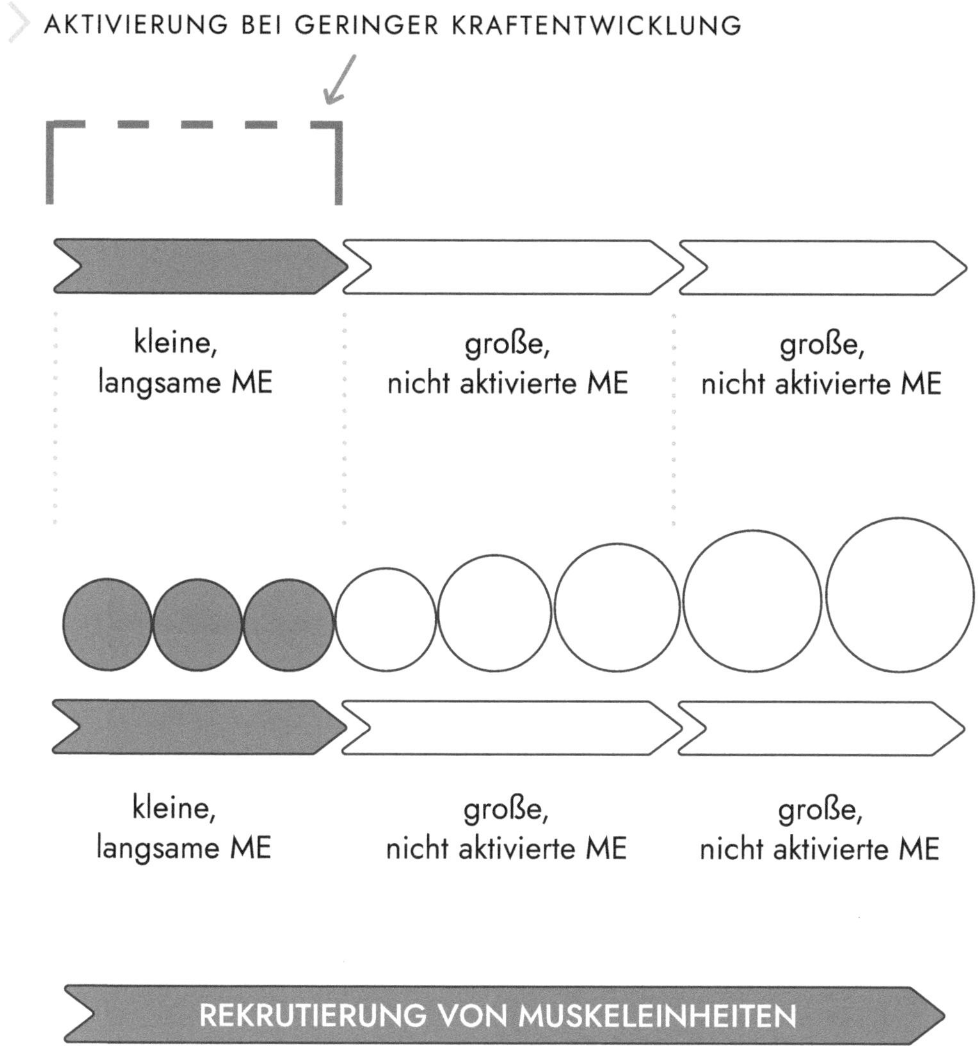

*Motorische Einheiten

Grafikdarstellung
Durch eine geringe Kraftentwicklung können nur die kleinen, langsamen Muskeleinheiten aktiviert werden.

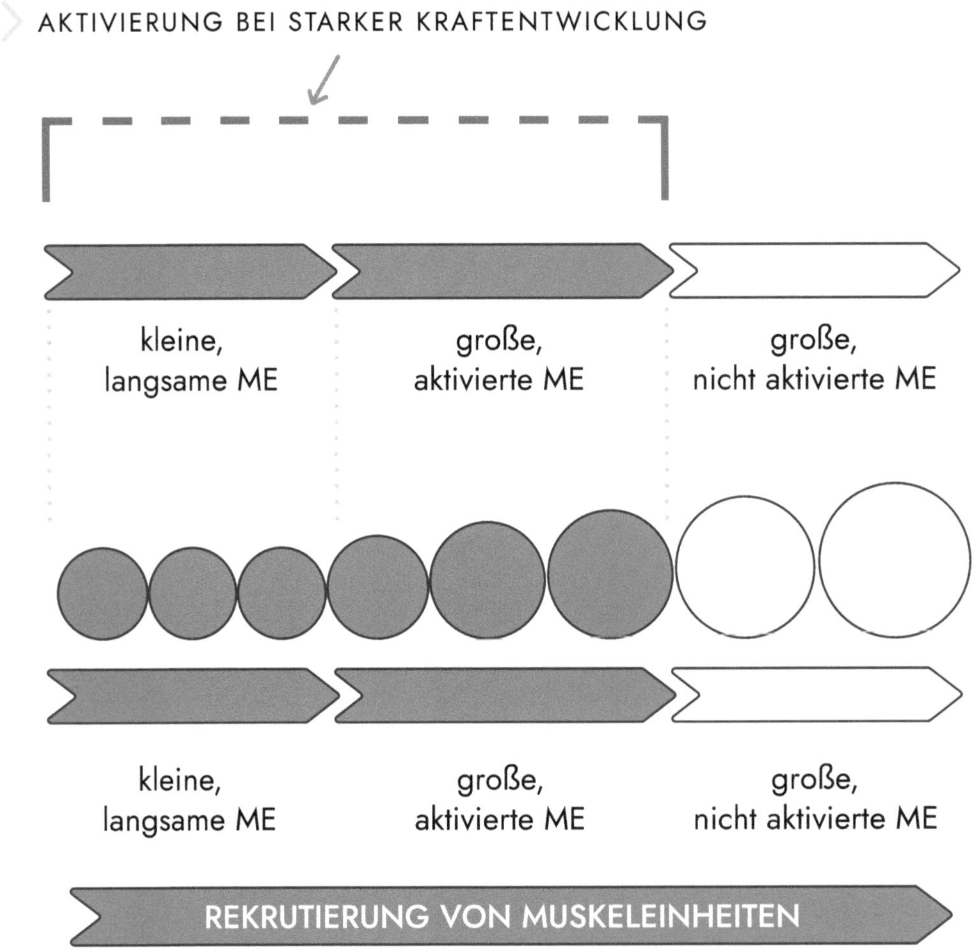

*Motorische Einheiten

Grafikdarstellung
Durch stärkere Kraftentwicklung werden kleinere, langsamere und größere, schnellere Muskeleinheiten aktiviert.

Die Motoneuronen sind entsprechend ihrer Größe geordnet. Die Kleinen innervieren langsam zuckende Fasern, während die Großen, schnell zuckende Muskelfasern aktivieren. Steigt die Muskelkraft, werden die Motorneuronen ihrer Größe nach – klein nach groß rekrutiert = aktiviert. Die langsam zuckenden Fasern sind immer an der Kontraktion beteiligt – unabhängig von der benötigten Muskelspannung und Kontraktionsgeschwindigkeit.

Bei zunehmenden Kraftaufbau steigt die Anzahl der Muskeleinheiten und auch die Schnellen werden aktiviert.

Frequentierung

***inter*muskulär**
Die Höhe bzw. die Impulsfrequenz, mit welcher der Muskel durch die Nervenimpulse der Motorneuronen angesteuert wird, entscheidet über die Schnelligkeit und das Ausmaß der Muskelkontraktion.

Synchronisierung

Muskeln arbeiten asynchron, um exakte Bewegungen durchführen zu können. Bei entsprechendem Training bzw. bei hochtrainiertem Sportler können bei kurzen, maximalen Krafteinsätzen langsame und schnelle Muskelfasern synchron aktiviert werden.

Mittels *IK-Training* (intramuskuläre Koordination) wird die *Rekrutierung*, die *Frequentierung* und die *Synchronisierung* verbessert und gezielt trainiert.

Ziele beim Krafttraining

- ***Leistungssteigerung – Widerstand und Bewegungsgeschwindigkeit***
- ***Steigerung der Schnelligkeit***
- ***Höhere Gelenksstabilität***
- ***Verbesserte Haltung (gegen muskuläre Dysbalance)***
- ***Verbesserung der Gewebsstruktur (Kapsel, Knorpel, Bandapparat, Sehnen, Faszien und Knochen)***
- ***Bessere Beweglichkeit (Bewegungsamplitute – range of motion)***
- ***Verbesserung des Stoffwechsels (Energiebereitstellung, Gehirn)***
- ***Positive Entwicklung des Stütz- und Bewegungsapparates bei Kindern und Jugendlichen***

Hypertrophie Training

Training zur Muskelquerschnittsvergrößerung
Dient vorwiegend zum Muskeldickenwachstum und wird häufig in Mesozyklen eingesetzt.

Praxisbeispiele

EINSTEIGER

Übungen: Bankdrücken, Latziehen (vertikal/horizontal), Rudern, Beinbeuger;

Intensität:	60 – 80% der Maximalkraft
Wiederholungszahl:	8 – 15
Sätze pro Muskelgruppe:	1 – 3
Übungsanzahl:	6 – 8
Ausführungsgeschwindigkeit:	langsam
Satzpausen:	min. 2 – 5 min
Wirkung:	Vergrößerung des Muskelquerschnitts
Erholungszeit:	48 – 72 h bis 100% Regeneration

FORTGESCHRITTENE

Übungen: Bankdrücken, Latziehen (vertikal/horizontal), Rudern, Beinbeuger;

Intensität:	70 – 90% der Maximalkraft
Wiederholungen:	5 – 14
Sätze pro Muskelgruppe:	1 – 7
Übungsanzahl:	bis 10
Ausführungsgeschwindigkeit:	langsam bis zügig
Satzpausen:	90 sec bis 3 min
Wirkung:	Vergrößerung des Muskelquerschnitts
Erholungszeit:	48 – 96 h bis zur 100% Regeneration

Kraftausdauertraining

Verbesserung der energetischen Anpassung des aeroben und anaeroben Stoffwechsels und zur strukturellen Anpassung der Muskulatur.
Die Kraftausdauer ist eine sportartspezifische wichtige Fähigkeit, bei wiederkehrenden Bewegungen den aerobe/anaeroben Stoffwechsel zu nutzen. Neben der Muskelhypertrophie wird ein verändertes Ansteuerungssystem der ST und FT-Fasern aktiviert.

Die Kraftausdauer ist wichtig zur Stabilisierung des Stütz- und Bewegungssystems als statische Komponente, aber auch für zyklische und azyklische Aktionen.

KRAFTAUSDAUER ENERGETISCH

Intensität:	30 – 50% der Maximalkraft*
Wiederholungszahl:	20 aufwärts (bis 40)
Ausführungsgeschwindigkeit:	zügig
Satzpausen:	1-fache Belastungszeit Hälfte der Belastungszeit
Wirkung:	Verbesserung der lokalen, aeroben und anaeroben Kraftausdauer = perspektivische Leistungsgröße
Erholungszeit:	24 – 36 bis 100% Regeneration
Trainingshäufigkeit:	2 – 3 x

* Die klassische trainingspraktische Methode zur Ermittlung der Maximalkraft ist die positiv dynamische Kraft bei *einer* willkürlichen Wiederholung. Dieses Gewicht ergibt die 100% und ist der Referenzwert.

KRAFTAUSDAUER STRUKTURELL

Intensität:	50 – 70% der Maximalkraft
Wiederholungszahl:	15 – 20
Sätze pro Muskelgruppe:	2 bis 4
Ausführungsgeschwindigkeit:	zügig
Satzpausen:	30 bis 90 sec
Erholungszeit:	48 – 60 h bis 100% Regeneration
Trainingshäufigkeit:	2 – 3 x

Praxisbeispiele

KRAFTAUSDAUER STRUKTURELL

Übungen: Bankdrücken, Latziehen, Beinpresse, Bicepscurl, Beinbeuger, Rudern, Handergometer;

Intensität: 60 – 70%
Wiederholungen: 12/15 – 12/15 – 12/15 (3 Sätze)
Satzpause: 60 Sec

KRAFTAUSDAUER ENERGETISCH

Übungen: Bankdrücken, Latziehen, Beinpresse, Bicepscurl, Beinbeuger, Rudern, Grinding Maschine;

Intensität: 30%
Wiederholungen: 45/50 – 45/50 – 45/50 (3 Sätze)
Satzpausen: 90 Sec

Maximalkrafttraining

Die Maximalkraft ist die größtmögliche Kraft die willkürlich gegen einen Widerstand aufgebracht werden kann. Die Entwicklung der Kraftparameter erfolgt bei höchsten Intensitäten.

IK- Training		***Adaption***	
Intensität	100 – 90%	Hypertrophie	+ + +
Wiederholungen	2 - 4	Intramuskuläre Koordination	+ + +
Sätze	3 - 5	Kraftmaximum	+ + +
Bewegungsgeschwindigkeit	Maximal	Kraftbildungs-geschwindigkeit	+ +
Trainingseinheiten pro Woche	2 - 3	Voraktivierung	+ +
Mesozyklus & Periodendauer	4 – 6 Wochen		
Erholungszeit	48 – 96 h bis 100% Regeneration		

Krafttraining und Schnelligkeit

Es besteht eine enge Verbindung zwischen Schnelligkeit und Schnellkraft (Kraftleistung). Gerade bei Kraftleistungen mit teils hohen Bewegungsgeschwindigkeiten spielt dies eine entscheidende Rolle. Krafttraining mache langsam und unkoordiniert, ein Mythos aus vergangener Zeit, lässt sich heutzutage sportwissenschaftlich widerlegen.

SCHNELLKRAFTTRAINING

(schnelligkeitsorientiertes Krafttraining)

Ist die Kraft, eine Bewegung in kürzester Zeit auszuführen, dient der Verbesserung der Schnelligkeit, wie zum Beispiel bei azyklischen Lenkradbewegungen.

Beispiel - geschwindigkeitsorientierte Methode

Reaktivkraft		***Adaption***	
Intensität	Körpergewicht - 50%	intermuskuläre Koordination	+ + +
Wiederholungszahl	3 - 10	intramuskuläre Koordination	+ + (+)
Sätze	3 - 5	Stiffness, Anpassung Bindegewebe	+ + +
Pause	5 min	Kraftbildungsgeschwindigkeit	+ + (+)
Ausführungsgeschwindigkeit	Maximal Tempo	Voraktivierung	+ + +
Trainingseinheiten / Woche	2 - 3	Zeitprogramme	+ + (+)
Periodendauer in Wochen	6 - 8	Reflexaktivität	+ + +
Erholungszeit	48 – 96 h bis 100% Regeneration		

gering + ***mittel*** ++ ***hoch*** +++

REAKTIVKRAFTTRAINING

Ist eine Trainingsmethode, um eine höhere Kraftbildungsgeschwindigkeit zu erzielen. Dabei wird die inter- und die intramuskuläre Koordination verbessert.

Bewirkt bei dosierter Belastung die Anpassung der bindegewebigen und passiven Strukturen und erhöht dadurch die Belastungsverträglichkeit und die Kraftleistung.

Dient einerseits als Zubringerleistung für die Maximalkraft (IK-Synchronisation und Frequenzierung), anderseits als Trainingstransfer in die Zielbewegung (= Utilisation).

SCHNELLKRAFTAUSDAUER

Das Hauptziel des geschwindigkeitsorientierten Krafttrainings im Gegensatz zu den Muskelkraftübungen ist nicht ein großes Volumen oder die höchste Last zu bewegen. Das Ziel ist es, eine hohe Bewegungsqualität gekoppelt mit einer hohen Geschwindigkeit, zu erzielen.

Trainingsexperimente (FSK Leipzig) zur Wirksamkeit eines auf die Bewegungsgeschwindigkeit orientierten Krafttrainings haben gezeigt, dass (junge) Sportler sich auch in der Maximalkraft entwickeln, wenn sie an der Scheibenhantel geschwindigkeitsorientiert trainieren, also hohe Lasten vermeiden, die mittleren bzw. niedrigen Lasten dafür aber mit maximaler Geschwindigkeit heben.

Hoffmann / Kullmann

Schnellkraftausdauer		*Adaption*	
Intensität	bis max.60% der Maximalkraft	Hypertrophie	+
Wiederholungszahl	10 - 20	Energiespeicher Enzymkapazität	+ + +
Sätze	3 - 5	mitochondriale Kapazität	-
Pause	3 – 7 min	Ermüdungs-Widerstandsfähigkeit	+ +
Ausführungs-geschwindigkeit	max. schnell explosiv	Reflexaktivität	+ +
Trainingseinheiten pro Woche	2 - 3	Intermuskuläre Koordination	+ +
Periodendauer	4 – 6	Voraktivierung	+ + (+)
Erholungszeit	48 – 96 h bis 100% Regeneration		

gering + ***mittel*** ++ ***hoch*** +++

Kraft und Ausdauer

Kraft und Ausdauer lassen sich zwar im Training nicht gut kombinieren, beide Grundfähigkeiten erbringen aber im Motorsport eine wichtige Zubringerleistung.

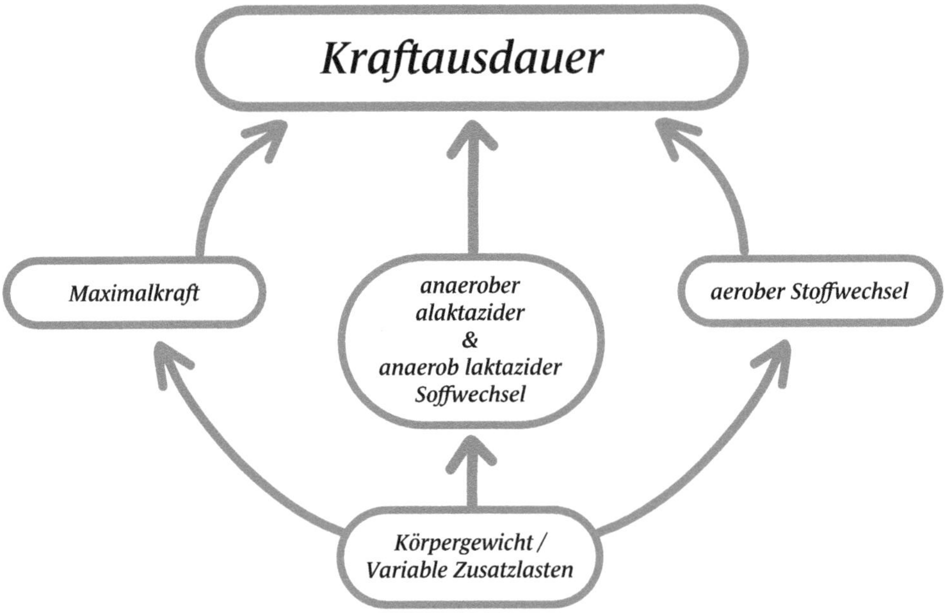

Beispiel – Methode Kraftausdauertraining

Kraftausdauer		***Adaption***	
Intensität	30 – 60%	Hypertrophie	+ (+)
Wiederholung	20 bis 40	Energiespeicher Enzymkapazität	+ + +
Sätze	4 -6	mitochondriale Kapazität	-
Ausführungsgeschwindigkeit	langsam bis zügig	Stiffness	+ +
Pause	30 – 90 sec	Ermüdungswiderstands-fähigkeit	+ + +
Trainingseinheiten pro Woche	2 - 4		
Periodendauer in Wochen	4 - 6		
Erholungszeit	48 – 96 h bis 100% Regeneration		

Kraft und Koordination

KRAFTTRAINING MIT SENSOMOTORISCHEN ZUSATZREIZEN

Die Hauptziele des Senso-Trainings sind:

- ***Technikverbesserung***
- ***Rumpfkraftentwicklung***
- ***Stützkraftentwicklung***
- ***Gelenkstabilisierung***
- ***Verbesserung der intermuskulären Koordination***

Praxisbeispiel

Intensität: wird über die technisch korrekte Ausführung gesteuert oder über die Belastungsdauer (15 – 45 min)

Wiederholungszahl:	5 – 25
Sätze pro Muskelgruppe:	2 – 5
Ausführungsgeschwindigkeit:	ergibt sich aus der Technikfähigkeit
Satzpausen:	1 – 3 min
Wirkung:	intermuskuläre Koordination
Trainingseinheiten / Woche:	2 – 3 x

Kraft und Beweglichkeit

Um Kraft optimal trainieren zu können, bedarf es der nötigen Beweglichkeit der Gelenksysteme.

RANGE OF MOTION

Trainingsformen welche vollständige Bewegungsamplitude (= full range of Motion) erfordern haben viele Vorteile:

- *Verbesserte Koordination*
- *Aufbaureize der passiven Strukturen (s.a. Kapitel 10 Faszien)*
- *Zunahme der maximalen Muskelkraft im gesamten Bewegungsbereich*
- *Verletzungsprophylaxe*
- *Maximale Schutzfunktion in den Gelenksstellungen*

Krafttraining im Kindes- und Jugendalter

Krafttraining im Kindes- und Jugendalter sollte so früh wie möglich trainiert werden.

Kindesalter:	**6 - 11/13 Jahre (Schulalter bis Pubertät)**
Jugendalter – Adoleszenz:	**11/13 – 16/18 Jahre Beginn Pubertät bis Erwachsenenalter**

Ist Krafttraining für Kinder und Jugendliche gefährlich?

Wie bereits zu Beginn des Kapitels Kraft die Vorurteile erklärt wurden, wird ein Krafttraining bei Jugendlichen noch seltener als im Erwachsenenalter praktiziert und bei Kindern ist es häufig ein Tabu.

Wissensstand aus vorigen Dekaden tragen dazu sicher bei. Bestehen Zweifel, wird aus gesundheitlichen Gründen, diese effiziente Trainingsform gemieden.

Durchaus verständlich – welcher Trainer oder welcher Elternteil möchte schon die Gesundheit seiner jungen Schützlinge gefährden?
Sicher niemand – sprechen doch die damaligen Fakten wie:

Die dünnwandigen Herzkammern, strukturelle Schädigung des Herzens, kurzfristige Unterversorgung (O2) des Gehirns, eine geringere Belastungsverträglichkeit von Knochen, Sehnen und Bändern, vorzeitiger Verschleiß der Wachstumsfugen durch einseitiges Training, Folgeschäden mit Dysbalancen, eine klare Sprache – Hände weg!

Aus heutiger Sicht der Medizin und der Trainingslehre, gibt es bereits genügend internationale Studien, die diese Vorurteile widerlegen.

FAKTEN NACH WEINECK – PRO`S

- Krafttraining als Haltungsprophylaxe (Stabilisation)
- Besseres Bewegungsverhalten durch Krafttraining
- Ausgleichendes Krafttraining zur Vermeidung von trainingsbedingten muskulären Dysbalancen
- Die Leistungsstagnation kann durch optimiertes Krafttraining verhindert werden
- Erlernen der technisch richtigen Ausführung der Krafttrainingsübungen im Nachwuchssport
- Jeder Kraftvorsprung, der durch Training vor der Pubertät erreicht wird, kann später nicht mehr aufgeholt werden
- Krafttraining in/vor der Pubertät erhöht den später erreichbaren Testosteronspiegel
- Koordinationsorientiertes Krafttraining (regulative Krafttrainingsübungen)

WEITERE FAKTEN

Erste Erfahrungen mit Kräftigungsaufgaben sollten bereits während der Kinderleichtathletik gesammelt werden.

Die konzentrierte allgemeine-athletische Ausbildung – mit besonderem Augenmerk auf die Entwicklung der Kraftfähigkeit – sollte ab dem Grundlagentraining ein fester Baustein des Trainings sein.

Dies liegt darin begründet, dass die Voraussetzungen, mit denen Kinder heutzutage ein sportartspezifisches Training aufnehmen, in den meisten Fällen nicht ausreichend sind, um die entsprechenden Belastungen tolerieren zu können.

Leichtathletiktraining Schlesinger/Kuppe

WEITERE FAKTEN

Mittlerweile existiert jedoch eine Vielzahl an v.a. internationalen Studien, die belegen, dass ein altersgerechtes und professionell angeleitetes Krafttraining bei gesunden und kranken Kindern und Jugendlichen verschiedene Komponenten der Muskelkraft (Maximalkraft, Schnellkraft, Kraftausdauer) steigern, elementare (Laufen und Springen) und sportartspezifische Fertigkeiten verbessern und Lernprozesse im Techniktraining vorantreiben.

- Granacher

ZUM NACHDENKEN

Schultasche eines 12 Jährigen: 10,4 kg Schultasche, Laptop 1,7 kg, Jause und Getränk 1,4 kg - Gesamtgewicht für den Schulweg: 13,5 kg

EIN EXTREMES STUDIENBEISPIEL

Mehr als 30 Studien belegen bei einem Epiphysenschaden nach Gewichthebertraining mit maximalen Lasten, dass der Schaden ohne Komplikationen heilte und keine bleibenden Schäden hinterlies.

Kindheit stellt aus Sicht der Autoren keine Kontraindikation für ein gewichtsbasierendes Krafttraining dar.

- Schmidtbleicher et. al.

Krafttraining - der richtige Einstieg

1. technikorientiert
2. geschwindigkeitsorientiert
3. lastorientiert

1. TECHNIK - ORIENTIERTES TRAINING

Lernen der Grundtechniken (Erwerb)
- Voraussetzungen schaffen
- Training beginnen
- Voraussetzungen erhalten
- individuell optimieren
- Methoden anwenden

Ziele und Adaption
Grundlagen Technik
zentrales Innervationsmuster
Rekrutierung mit Asynchronisation

2. GESCHWINDIGKEITORIENTIERTES TRAINING

Adaption
Rekrutierung mit Synchronisation
maximale Frequenzierung
zentrales Innervationsmuster

3. LAST - ORIENTIERTES TRAINING

Adaption
maximale Frequentierung
Rekrutierung mit Synchronisation
morphologische Anpassung

Praxisbeispiele

KRAFTTRAINING MIT KINDERN

Intensität:	20 bis max. 60% der Maximalkraft
Übungen pro Trainingseinheit:	3 - 10
Wiederholungszahl:	4 – 12 (Technikerwerb) 10 – 15 bei guter, stabiler Technik
Sätze pro Muskelgruppe:	1 – 3
Ausführungsgeschwindigkeit:	langsam bei Technikerwerb langsam bis zügig bei guter Technik
Satzpausen:	1 – 3 min
Erholungszeit:	36 – 48 h bei 100% Regeneration
Trainingshäufigkeit:	1 – 2 (3) / Woche

Krafttraining nur mit dem Körpergewicht oder Einsatz von Kraftmaschinen?

Für die Verbesserung der intermuskulären Koordination und dem zentralen Innervationsmuster ist das Training mit dem Körpergewicht eine gute Wahl.

Bei Kindern und Jugendlichen ist jedoch zu beachten:
Die Übungsauswahl muss individuell abgestimmt sein, da in dieser Altersgruppe durch teils fehlender Stabilisierungsmuskulatur die Übungen nicht korrekt ausgeführt werden können. Bei dieser Ausgangslage ist der Einsatz von Kraftmaschinen zu bevorzugen.

POSITIVE AUSWIRKUNGEN VON KRAFTTRAINING BEI KINDERN UND JUGENDLICHEN

- günstige Körperhaltung von Kindern und Jugendlichen
- erhöhte Ganzkörperkraft bereits im vor-pubertierenden Alter
- verbessertes Körpergefühl
- erhöhte Stabilität von Knochen, Sehnen, Bändern und Knorpel
- erhöhte Gelenksstabilität
- die Festigkeit sämtlicher passiven Strukturen wird gesteigert
- Vorbeugung von Verletzungen
- erhöhte lokale muskuläre Kraftausdauer
- ideale Grundlage für DIE Sportart und allen anderen Sportarten
- Verbesserung der motorischen Fähigkeiten - neben Kraft speziell Schnelligkeit, Beweglichkeit und Koordination
- bei Ambitionen einer leistungssportlich angestrebten Karriere kann ein Krafttraining einen höher belastbaren Bewegungsapparat entwickeln
- weniger Körperfett, bessere Körperzusammensetzung
- besseres Selbstwertgefühl
- verbessertes Selbstvertrauen

Zwei Beispiele

Ist die Brust- und Rumpfmuskulatur noch nicht kräftig genug, kann ein Liegestütz nicht korrekt ausgeführt werden und ist deshalb die falsche Übung. Alternative: Bankdrücken als „Vorübung"

Können Klimmzüge nicht korrekt ausgeführt werden, da die Rückenmuskeln noch nicht entsprechend ausgeprägt sind, ist die Latzugmaschine (horizontal und vertikal) vorzuziehen.

Übungen mit dem Körpergewicht nur dann ausführen, wenn die muskulären Voraussetzungen gegeben sind. Ansonst sind in dieser sensiblen Phase Übungen an Kraftmaschinen eindeutig die bessere Wahl. Gewichte können individuell eingestellt werden und diese deutlich unter dem des Körpergewichts verwendet werden.

Die Auswahl bedarf eines wachen und kritischen Blicks des Trainers.

Krafttraining mit eigenem Körpergewicht

Bei den richtigen Voraussetzungen sind Übungen mit dem Körpergewicht eine gute Variante, um die Kraftfähigkeiten des Körpers zu trainieren. Bei Ungeübten übersteigt diese sogar die Maximalkraft, bei Trainierten sind Reize im Hypertrophie und Maximalkraftbereich bei der passenden Übungsauswahl möglich.

4.4 Core Training

Gezielte Coreübungen ermöglichen maximale Stabilität im Rennauto und am Motorrad.

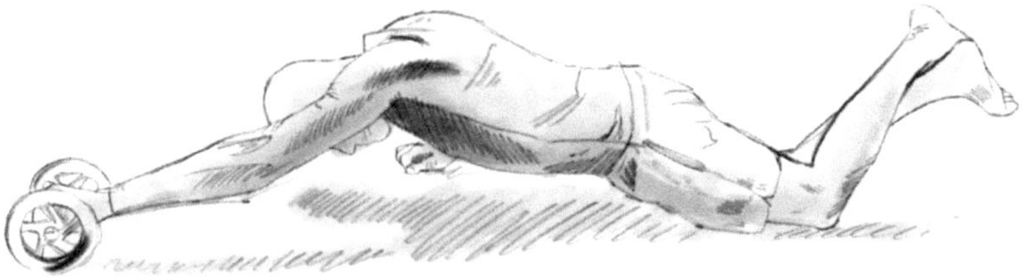

Um die vielfältigen Belastungsfelder im Motorsport in der „athletischen Ausgangsposition“ (=sitzend, halb liegend bzw. stehend am bike) gut zu tolerieren und letztendlich erfolgreich in dieser Sportart zu sein, bedarf es gut entwickelter Core Muskeln.

Um Missverständnisse durch eine andere Begriffsbestimmung zu vermeiden, werden bewusst die aktuellen Begriffe ***Core – Training*** bzw. ***Core Muskeln*** verwendet.

Bevor wir zum eigentlichen Programm kommen, ist es notwendig, eine Einleitung zu diesem doch sehr breit gefassten Wort zu schaffen.

Der Core (der Kern), der allgemein als die Mitte oder die Säule bezeichnet wird, umfasst alle Muskeln in diesem Bereich:

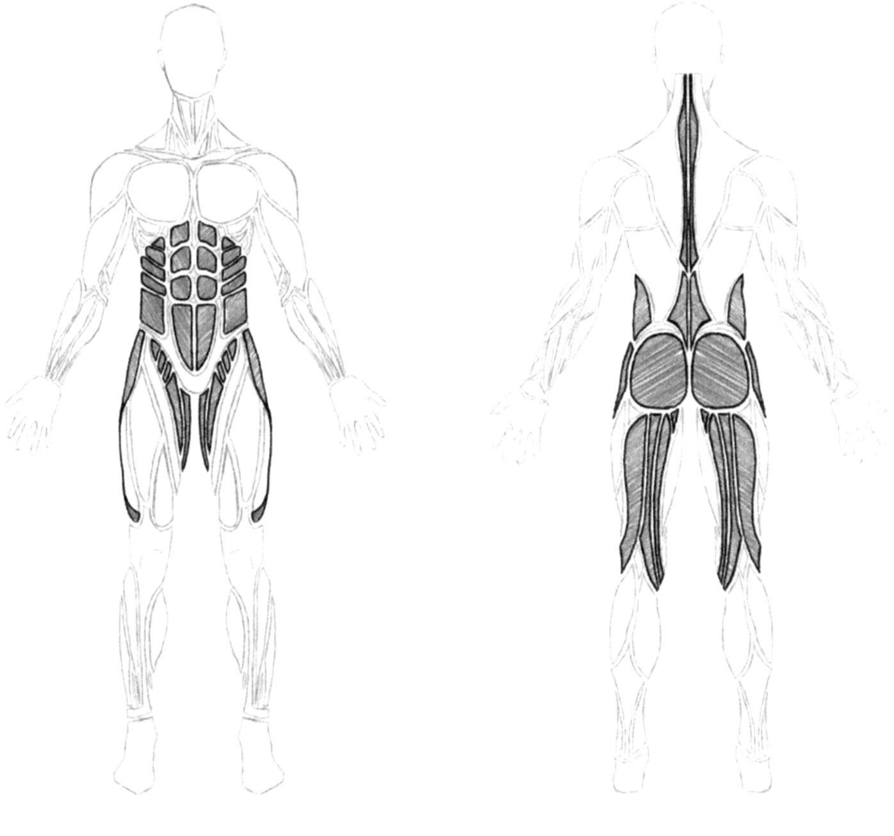

Hinweis: Vereinfachte Darstellung der Muskulatur

BAUCHMUSKULATUR

- gerader Bauchmuskel (M. rectus abdominis)
- querer Bauchmuskel (M. transversus abdominis)
- innerer schräger Bauchmuskel (M. obliquus internus abdominis)
- äußerer schräger Bauchmuskel (M. obliquus externus abdominis)

RÜCKENMUSKULATUR

- tiefer Rückenmuskel (M. multifidus)
- viereckiger Lendenmuskel (M. quadratus lumborum)
- Rückenstrecker (M. erector spinae)

TEILE DER STRECKERKETTE

- Gesäßmuskulatur (M. glutaeus maximus)
- hintere Oberschenkelmuskulatur

HÜFTROTATOREN

INNENROTATOREN

- kleiner und mittlerer Gesäßmuskel
- (M. Glutaeus minimus und medius)
- Schenkelbindenspanner (M. tensor fascie latae)
- große Beizieher (M. adductor magnus)

AUSSENROTATOREN

- innerer Hüftlochmuskel (M. obturatorius internus)
- äußerer Hüftlochmuskel (M. obturatorius externus)
- Zwillingsmuskel (M. gemelli)

Für diese „Säulenkraft" sind somit dutzende Muskeln zuständig.

Vergleichbar mit unserer Wirbelsäule, die als zentrale Achse bezeichnet wird, auf welche sich all unsere Bewegungen übertragen, sind die Core Muskeln die Stützpfeiler. Sie stabilisieren nicht nur unseren Körper, sondern übernehmen eine Schlüsselfunktion bei sämtlichen Bewegungen. All diese Muskeln bilden eine unverzichtbare Verbindung zwischen der Unter- und Oberkörperkraft sowie auf allen 3 Körperebenen.

Bewegung beginnt in unserer Mitte – dem Kern – sind Rumpf, Becken und Schultern stabil, bilden diese drei Regionen den wichtigsten Dreh- und Angelpunkt aller Bewegungen.

Hauptfunktion der Core Muskeln ist eine ***Stabilisierung des Rumpfes***. Ein wichtiges Ziel bei diesem Training ist die ***Verhinderung von Rotationen*** – diesen also ***zu widerstehen***. Deshalb sollen bei der Übungsauswahl rotationserzeugende Übungen vermieden werden. Erst in weiterer Folge werden zusätzliche stabilisierende und rotatorische Übungsanteile speziell für das Hüftgelenk und die Brustwirbelsäule integriert.

Core Training steht in keinem Widerspruch zur klassischen Funktionsgymnastik bzw. dem Krafttraining, wo in der Regel Muskeln isolierter trainiert werden.

Core Training zielt mehr auf komplexe Bewegungsabläufe, welche mit eigenem Körpergewicht, freien Gewichten, Kabelzugmaschinen, (Medizin) Bällen sowie instabilen (labilen) Untergrund, durchgeführt werden. Im Breiten- und Gesundheitssport (bei korrekter Ausführung) sicher die erste Wahl. Im Leistungs- und Hochleistungssport ist diese Trainingsform unverzichtbar.

ZIELE CORE TRAINING

- Verletzungsprophylaxe
- Belastungsverträglichkeit
- Vorbereitung für das Agilitytraining
- Körperempfinden
- propriozeptive Entwicklung
- optimale Kraft- und Bewegungsentfaltung aus der Mitte
- sportartspezifische Leistungssteigerung

Anmerkung:
Core Training dient auch zur Vorbereitung der muskulären Belastbarkeit zur Durchführung eines effektiven Agilitytraining siehe Kapitel 18, 18.1 Agilitytraining.

ÜBUNGEN

ÜBUNGEN
ÜBUNGEN

VORBEREITENDE ÜBUNG BZW. EINSTUFUNG

Vor dem Einstieg zum Core Training ist es sinnvoll, das Ansprechverhalten des m. transversus abdominis* zu prüfen, um bei ungenügendem Aktivierungspotential zuerst mit Vorübungen zu beginnen.

* Durch seine Verbindung mit dem Becken, den Rippen und der vorderen Lendenwirbelsäule entsteht ein korsettartiger Effekt. Dieser hilft die Körpermitte zu kontrollieren und unterstützt die Wirbelsäule, neben der weiteren Funktion zur Absenkung der Rippen sowie als Atemhilfsmuskel. Bei gutem Ansprechverhalten erhöht sich die Aktivität des Muskels noch bevor eine Bewegung in den unteren Extremitäten ausgeführt wird.

Anmerkung:
Patienten mit Beschwerdebildern der unteren Lendenwirbelsäule weisen häufig eine verspätete oder verminderte Aktivität dieses Muskels auf. Im (Hoch)Leistungssport ist dieser Muskel ein entscheidendes Element für die Säulenkraft.

Die ersten 3 Übungen dienen auch zur Einstufung bzw. Überprüfung der muskulären Ausgeglichenheit und deren Stabilität.

CHECK – Aktivierungspotential des transversus abdominis

ÜBUNG/TEST 1
Kräftigung Bauchmuskulatur (transversus abdominis)

Ausgangsposition:
Rücken liegt gerade auf, Beine sind im rechten Winkel, Smartphone oder alternativ ein Eishockeypuck liegt Mitte der Bauchmuskulatur;

1

Ausführung:
nur mit Kraft der Bauchmuskulatur das Telefon „hüpfen“ lassen

Achtung:
die Beine bleiben passiv

2

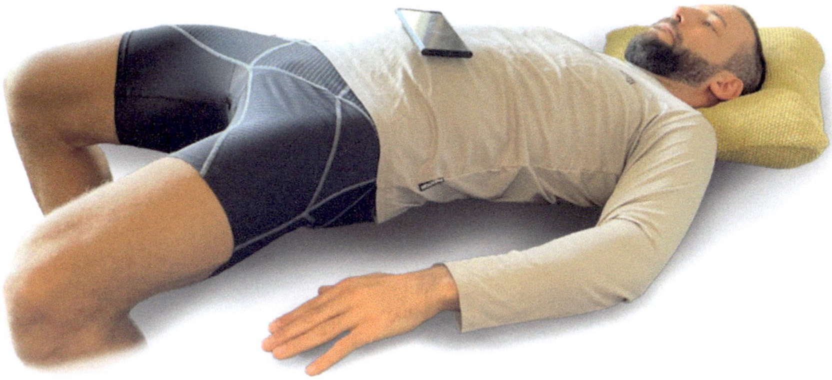

3

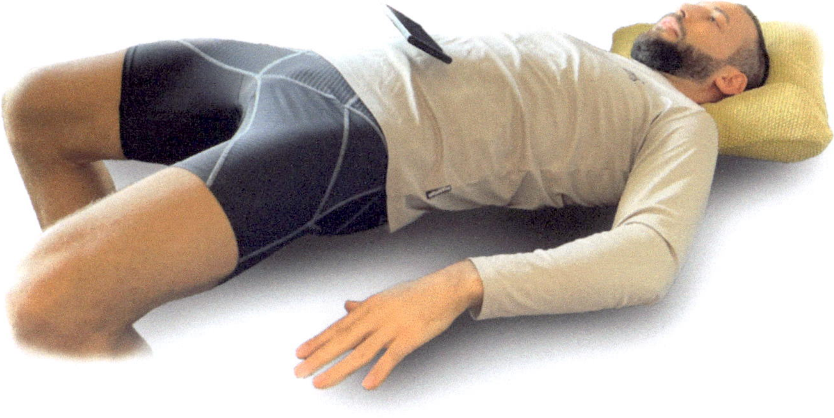

Bei guter Entwicklung des transversus abdominis wie in Schritt 2 und 3 ersichtlich springt das Telefon nach oben

CHECK – Aktivierungspotential des transversus abdominis

ÜBUNG/TEST 2

Kräftigung Rumpf- Schulter- und Bauchmuskulatur sowie Gesamtkörperspannung

Klimmzug im Kammgriff (Handinnenfläche zum Körper)

Beim Hochziehen gibt die Position des Körpers Aufschluss über das Ansprechverhalten und die Kräftigung des transversus abdominis sowie der gesamten Körperspannung.

1

Ausgangsposition:
Im Kammgriff die Stange fixieren, Beine sind gebeugt

2

Endposition:
Ausführung: Körper ohne Schwung nach oben ziehen, Beine bleiben gebeugt und passiv

3 ***Endposition von der Seite:***
Ausführung: die Seitenansicht zeigt die perfekte Körperspannung

ÜBUNG/TEST 3
Kräftigung/Balance der diagonalen Streckmuskulatur

Vierfüßler - diagonales Strecken

1 ***Startposition:***
Vierfüßler Stand

2 *Ausführung:*
Linke Hand und rechtes Bein langsam in die Streckung führen.
Position kurz halten und zurück in die Ausgangsposition.

3 *Ausführung:*
Rechte Hand und linkes Bein langsam strecken und die Position kurz halten.
Die Ausführung von Schritt 2 & 3 abwechselnd wiederholen.

Anmerkung:
Die ersten 3 Übungen bzw. Tests eignen sich zur ersten Einstufung von Sportler für die weitere Trainingsplanung.
Bei gut trainiertem Sportler erzielen barfuß ausgeführte Ausführungen eine höheren Trainingswert und sind deshalb bewusst gewählt.

Die Ausführungsqualität steht immer an 1. Stelle.

Alle Übungen wurden bei Trainingseinheiten aufgenommen.

Ganzkörperkräftigung Blanks

Unterarmstütz
Rücken gerade halten, Schulter- und Ellbogengelenk sind in einer Linie
Tipp: Einsteiger verwenden Sportschuhe

STEIGERUNGSSTUFE I

Unterarmstütz „Schieben"

Ausgangsposition:
Wie bei den Blanks in der Grundposition. Oberkörper gerade nach vor schieben und wieder zurück führen (wie eine Sägebewegung)

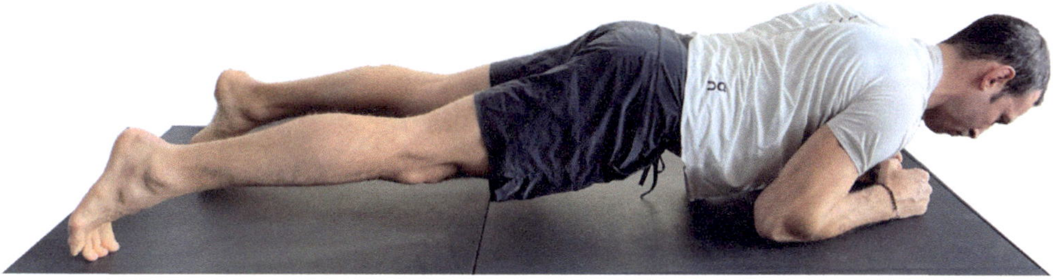

STEIGERUNGSSTUFE II

Unterarmstütz mit labilen Kissen

Ausgangsposition:
Wie bei den Blanks in der „Schieben" Position. Jeweils ein Balancekissen unter die Ellbogen platzieren und die Sägebewegung durchführen

Ausgangsposition:
Arme und Beine sind in einer V Position versetzt, Rücken ist gerade, Hände mit Handgelenksstützen

Ausführung:
Arme beugen und geraden Oberkörper zur Matte führen

1

2

Tipp:
Einsteiger führen nur eine leichte Beugung durch und verwenden Sportschuhe.

GANZKÖRPERKRÄFTIGUNG
SCHWERPUNKT OBERKÖRPER
SCHWIERIGKEITSSTUFE VARIANTE 1 – EINSTEIGER BIS FORTGESCHRITTENE

Ausgangsposition:
Kniestand, Hände fixieren den Rollentrainer, Rücken gerade halten, Beine in parallel Position oder Beine überkreuzt halten (gekreuzte Beine erzielen eine bessere Stabilisierung des Becken- und Lendenbereich)

1

2

Endposition:
Die Arme nach vor rollen, dabei den Rücken gerade halten

GANZKÖRPERKRÄFTIGUNG
SCHWERPUNKT OBERKÖRPER
SCHWIERIGKEITSSTUFE VARIANTE 2 – FÜR FORTGESCHRITTENE

Ausgangsposition:
Kniestand, Beine sind gekreuzt, rechte Hand ist an einem kleinen Ball fixiert, linke Hand hält den Einhandroller

Ausführung:
linke Hand rollt nach vor in Richtung Streckung, Rücken dabei gerade halten

1

2

GANZKÖRPERKRÄFTIGUNG
SCHWERPUNKT OBERKÖRPER
SCHWIERIGKEITSSTUFE VARIANTE 3 – FÜR FORTGESCHRITTENE

Ausführung:
parallele Beinstellung, die rechte und linke Hand im Wechsel nach vor rollen und wieder zurück rollen

GANZKÖRPERKRÄFTIGUNG
SCHWERPUNKT HINTERE BEIN- , GESÄSS- UND LENDENMUSKULATUR
EINSTEIGER UND FORTGESCHRITTENE

Ausgangsposition:
beide Beine sind am Ball fixiert und gebeugt, Hände sind seitlich abgestützt

1

2

Endposition:
Becken anheben (strecken)

GANZKÖRPERKRÄFTIGUNG
SCHWERPUNKT HINTERE BEIN-, GESÄSS- UND LENDENMUSKULATUR
STEIGERUNGSSTUFE I

Ausführung:
ein Bein strecken, Position kurz halten - Beinwechsel durchführen

Wichtig: die Körperspannung während der Ausführung immer aktiv halten

1

2

GANZKÖRPERKRÄFTIGUNG
EINSTEIGER BIS FORTGESCHRITTENE

Ausführung:
zentral am Ball liegen, Beine sind in einer breiten V Stellung fixiert, im Wechsel eine Hand anheben und wieder senken

Endposition:
beide Arme in die Streckung führen

GANZKÖRPERKRÄFTIGUNG
ZUSÄTZLICH ARM- UND SCHULTERMUSKULATUR
STEIGERUNGSSTUFE I

Ausführung:
linke Hand wird mit der Kurzhantel angehoben und wieder gesenkt
Armwechsel

GANZKÖRPERKRÄFTIGUNG
STEIGERUNGSSTUFE II
FÜR FORTGESCHRITTENE

Ausführung Variante 1:
Grundposition wie die Übung davor, beide Arme mit Kurzhantel, gleichzeitig beide Arme anheben und wieder senken

Ausführung Variante 2:
die Endposition halten

Wichtig: die Körperspannung bleibt immer aufrecht, nicht ins Hohlkreuz ziehen

Endposition:
beide Arme halten in der Streckung die Hantel

GANZKÖRPERKRÄFTIGUNG
LIEGESTÜTZ
FÜR FORTGESCHRITTENE

Ausgangsposition:
beide Beine sind gestreckt am Ball, Arme mit Handgelenksstütze

Ausführung:
bei geradem Rücken die Arme beugen und den Oberkörper zur Matte führen

GANZKÖRPERKRÄFTIGUNG FÜR FORTGESCHRITTENE

Ausgangsposition:
beide Beine sind gestreckt am Ball, Arme mit Handgelenksstütze

Ausführung:
die Beine beugen (Ball einrollen) und wieder strecken

GANZKÖRPERKRÄFTIGUNG
SEITLICHE MUSKULATUR (QUADRATUS LUMBORUM)
VARIANTE 1 – FÜR EINSTEIGER

Ausführung:
Oberkörper und Beine bilden eine gerade Linie
Das obere Bein ist über das untere gestellt und fixiert. Oberkörper ist im Unterarmstütz fixiert. Becken gerade nach oben anheben und wieder senken

VARIANTE 2 – FÜR EINSTEIGER UND FORTGESCHRITTENE

Ausführung:
in der Endposition das obere Bein gerade nach oben strecken und kurz halten

VARIANTE 3
ZUSÄTZLICH ARM- UND SCHULTERMUSKULATUR, ROTATORISCHE KOMPONENTE*
FÜR FORTGESCHRITTENE

** rotatorische Komponente = Anti -Rotationsübung*

Ausgangsposition:
Grundposition im Seitstütz (wie Übung Variante 1 in der Endposition), die obere Hand mit der gewählten Kurzhantel von der Innenrotation (Handinnenfläche zeigt zum Körper) zügig nach oben in einer außen rotatorischen Bewegung strecken (Seitenwechsel)

GANZKÖRPERKRÄFTIGUNG
ZUSÄTZLICH ARM- UND SCHULTERMUSKULATUR, ROTATORISCHE KOMPONENTE
FÜR FORTGESCHRITTENE

Ausgangsstellumg:
aufrechte Position im Stand, die Griffe des Seilzuges diagonal mit den Händen fassen

Ausführung:
von der Innenrotation der Arme zügig beide Arme gleichzeitig außenrotatorisch in die Streckung führen

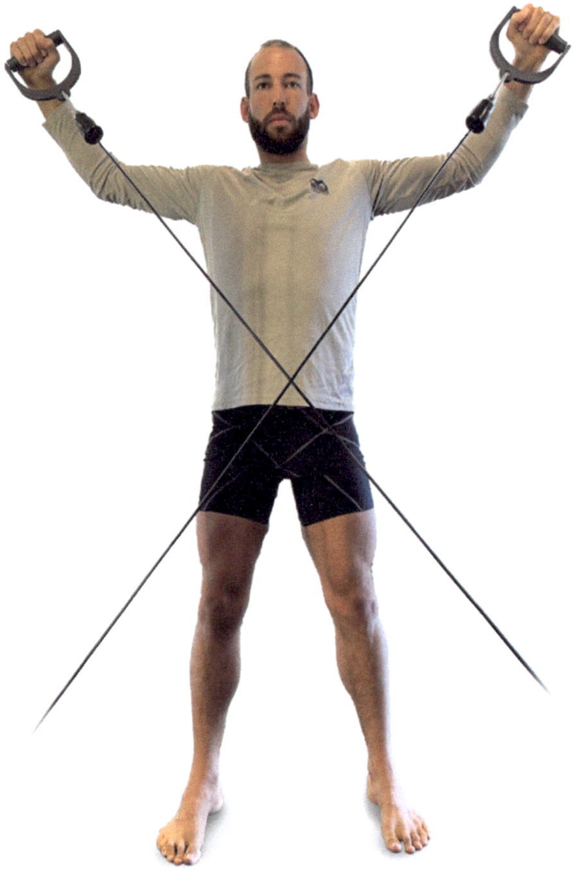

Wichtig:
den Oberkörper stabil halten

GANZKÖRPERKRÄFTIGUNG
ZUSÄTZLICH ARM- UND SCHULTERMUSKULATUR, ROTATORISCHE KOMPONENTE
FÜR FORTGESCHRITTENE

Ausführung:
aufrechte Position, den Seilzug von der Innenrotation zügig außenrotatorisch in die Streckung führen

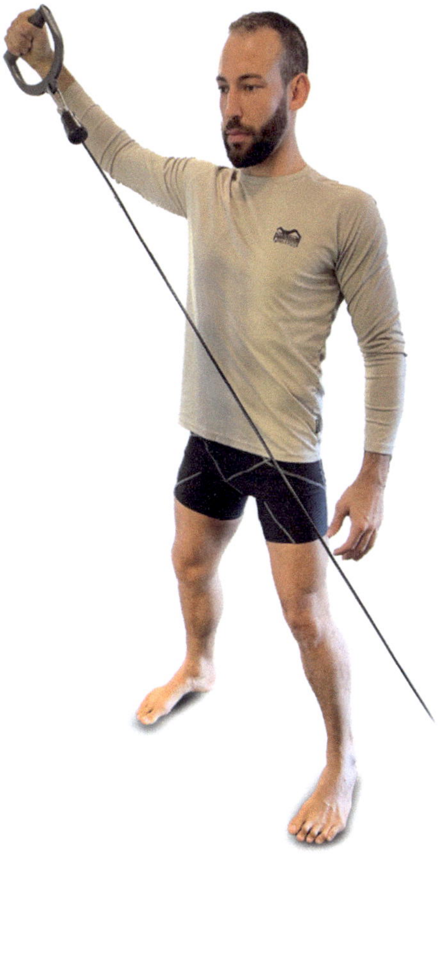

Wichtig:
Oberkörper stabil halten, Hüfte nicht mitrotieren

GANZKÖRPERKRÄFTIGUNG
ZUSÄTZLICH ARM- UND SCHULTERMUSKULATUR, ROTATORISCHE KOMPONENTE
FÜR FORTGESCHRITTENE

Ausführung:
aufrechte Position am Ball, den Seilzug von der Innenrotation zügig außenrotatorisch in die Streckung führen

GANZKÖRPERKRÄFTIGUNG
ZUSÄTZLICH ARM- UND SCHULTERMUSKULATUR
FÜR FORTGESCHRITTENE

Ausführung:
aufrechte Position am Ball, beide Arme führen den Seilzug diagonal von der Innenrotation zügig außenrotatorisch in die Streckung

1

2

GANZKÖRPERKRÄFTIGUNG
FÜR FORTGESCHRITTENE
VARIANTE 1

Ausführung:
aufrechte Position am Ball, Beine sind gut fixiert, Trainer zieht mit dem Widerstandband aus einer Vorspannung nach rückwärts

Endposition:
Wichtig: Rumpf und Beinachse bleibt stabil

GANZKÖRPERKRÄFTIGUNG FÜR FORTGESCHRITTENE VARIANTE 2 STEIGERUNGSSTUFE

Ausführung:
die Beine sind am labilen Kissen gestellt, Ausführung wie die vorige Übung

GANZKÖRPERKRÄFTIGUNG
ZUSÄTZLICH ARM- UND SCHULTERMUSKELN
FÜR FORTGESCHRITTENE

Ausführung:
Widerstandsband ist am Oberarm fixiert, Trainer zieht mit dem Widerstandband aus einer Vorspannung nach rückwärts

Zusätzliche Variante
Beine sind auf labilen Balanceboards gestellt

GANZKÖRPERKRÄFTIGUNG
ZUSÄTZLICH NACKENMUSKULATUR
FÜR FORTGESCHRITTENE

Ausführung:
aufrechte Position am Ball, Beine sind gut fixiert, Trainer zieht aus der Vorspannung zur Seite

Mehrere Positionen wählen

GANZKÖRPERKRÄFTIGUNG
ZUSÄTZLICH SENSORMOTORIK SKATING SPRÜNGE MIT KURZHANTEL

Ausführung:
dynamische seitliche Sprünge im Wechsel durchführen

Wichtig:
stabile Beinachsen, Oberkörper gerade halten

GANZKÖRPERKRÄFTIGUNG
SLALOMPARCOURS | MIT KURZHANTELN

Variante Hütchen:
Koordinationsleiter mit zusätzlichen Kurzhantel
verschiedene Bewegungsmuster möglich

GANZKÖRPERKRÄFTIGUNG MIT KURZHANTELN VARIANTE 1

Ausgangsposition:
aufrechte Position, rechte Hand ist mit der Kurzhantel vertikal gestreckt

Ausführung:
Ausfallschritt nach vorne mit dem linken Bein

Endposition:
Wichtig: Beinachsen, gerader Oberkörper, linke Knie schiebt nicht über das Schienbein, rechte Hand bleibt gestreckt

Beinwechsel, Ausführung wiederholen
Armwechsel, Ausführungen wiederholen

GANZKÖRPERKRÄFTIGUNG MIT KURZHANTELN VARIANTE 2 – STEIGERUNGSSTUFE

Ausgangsposition:
aufrechte Position, rechte Hand ist mit der Kurzhantel vertikal gestreckt, linke Hand fixiert eine Kurzhantel

Endposition:
Wichtig: Beinachsen, gerader Oberkörper, linke Knie schiebt nicht über das Schienbein, rechte Hand bleibt gestreckt

Beinwechsel, Ausführung wiederholen

Ausgangsposition:

Ausführung:
aus dem fixierten Kniestand den Ball dynamisch nach vorne oben werfen

Wurfposition

OBERKÖRPERKRÄFTIGUNG
ZUSÄTZLICH SCHULTERBLATTFIXIERENDE MUSKULATUR

Ausgangsposition:

Ausgangsstellung: Beine sind gut fixiert, Körperspannung über den Rumpf aufbauen, die Kurzhantel ist mit den Händen gut fixiert

Ausführung: die Arme langsam nach rückwärts in die Streckung führen – aus der Endposition die Arme zügig in die Ausgangsposition bringen

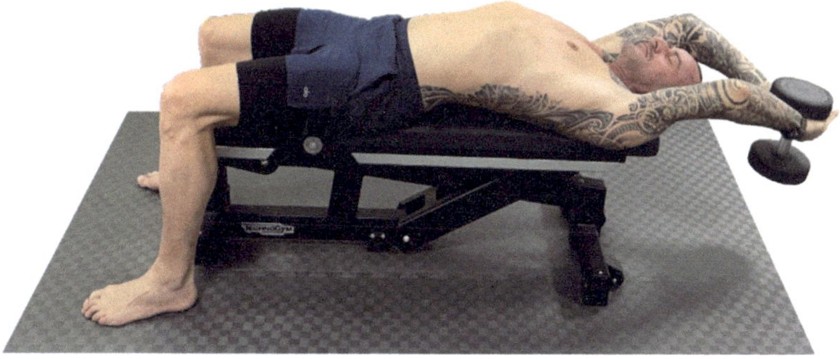

Endposition:
Wichtig: die Streckbewegung kontrolliert und langsam durchführen, die Körperspannung bleibt aufrecht

GANZKÖRPERKRÄFTIGUNG
ZUSÄTZLICH SEITLICHE RUMPF- UND ARMMUSKULATUR
VARIANTE 1

Ausgangsposition:
im Kniestand seitlich zur Wand stellen

Ausführung:
bei stabilem Oberkörper den Medizinball dynamisch seitlich zur Wand werfen

Wurfbewegung:
Wichtig: Beine und Oberkörper stabil halten

GANZKÖRPERKRÄFTIGUNG
ZUSÄTZLICH SEITLICHE RUMPF- UND ARMMUSKULATUR
VARIANTE 2 – STEIGERUNGSSTUFE

Ausgangsposition:
aufrechte Position am Ball, Oberkörper ist gerade, Beine am Boden gut fixiert

Ausführung:
Ball dynamisch seitlich zur Wand werfen
Anmerkung: Ball alternativ zum seitlich postierten Trainer bzw. Kollegen werfen

GANZKÖRPERKRÄFTIGUNG
ZUSÄTZLICH SEITLICHE RUMPF- UND ARMMUSKULATUR
VARIANTE 3 – STEIGERUNGSTUFE

Ausführung:
Beine sind am Balancekissen „fixiert“

Ausgangsposition

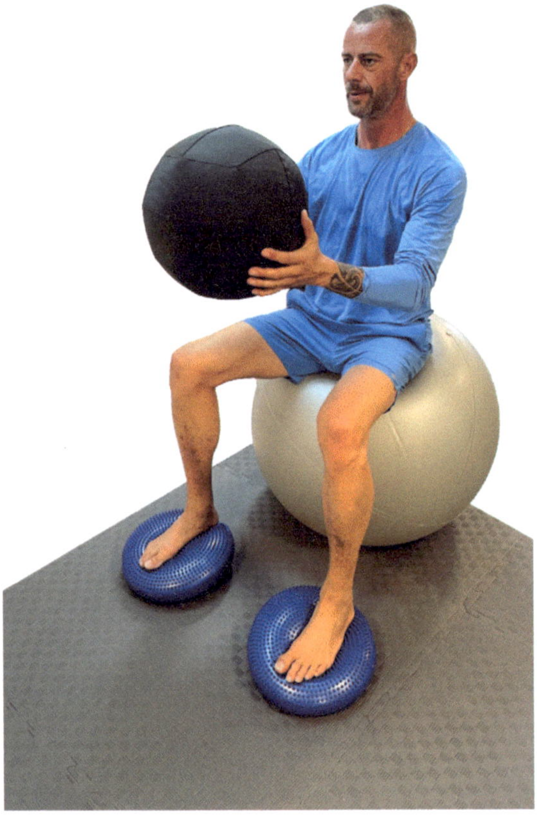

Wichtig: den Oberkörper stabil halten und nicht im Wurf mitrotieren

Anmerkung: Ball alternativ zum seitlich postierten Trainer oder Kollegen werfen
Bei zwei Kollegen den Ball im Wechsel nach links und rechts seitlich werfen

Ausführung:
rechtes Bein beugen und gleichzeitig die linke Hand diagonal am rechten Bein vorbei strecken (vorbeischieben)

Wechsel zur anderen Diagonalen
Linkes Bein beugen und dabei zeitgleich die rechte Hand am linken gebeugten Bein vorbeischieben

Wichtig: Rumpf stabil halten

4.5 Beweglichkeit

Definition

Ist die Fähigkeit, Bewegungen willkürlich und gezielt mit der erforderlichen bzw. optimalen Schwingungsweite der beteiligten Gelenke ausführen zu können.

nach Martin, Carl und Lehnertz 1993

Der Definition nach ist zu hinterfragen, ob das klassische Dehnen ausreicht, um dieser gerecht zu werden.

Mit den Worten „Schwingungsweite der beteiligten Gelenke" sind alle gelenksumlaufenden Muskeln von Bedeutung. Die Beweglichkeit kann nicht nur über die Entspannungsleistung allein definiert werden. Strukturelle Gegebenheiten der Muskulatur, Kapselapparat, Sehnen, Bändern und Faszien beeinflussen ebenso die Mobilität. All diese Strukturen sind mit dem Dehnen allein nicht zu erreichen. Zu beachten ist die Kraft und Aktivität der Agonisten und Synergisten, im Verhältnis zu den Antagonisten in Verbindung mit der Koordination.

Der Tonus (Grundspannung) einer Muskelkette kann spannungsbedingte Bewegungseinschränkungen aufzeigen. Zu unterscheiden ist, ob das Defizit durch ein gestörtes Koordinationsmuster hervorgerufen wird. (= das Aktivieren oder Hemmen von einzelnen Muskeln oder Muskelgruppen, um die „optimale Schwingungsweite" zu erzielen), oder ob die Kraftverhältnisse der Agonisten zu den Antagonisten und Synergisten ungleich (Dysbalance) sind.

TRAINING DER BEWEGLICHKEIT

- ***Verbesserung der Beweglichkeit der Gelenksstruktur***
- ***strukturelle Veränderung von Muskel- und Bindegewebe***
- ***Detonisieren/Tonisieren der Muskulatur (Agonist /Antagonist / Synergist)***
- ***regenerative Maßnahmen (Muskel- und Bindegewebe)***

Durch verschiedene Dehnmethoden kann die Entspannungsleistung der Muskulatur beeinflusst werden.

Die Effizienz der sportlichen Bewegungen ist nicht nur von der Aktivität und Kraft des Agonisten innerhalb eines Gelenkssystems abhängig, sondern auch von der Koordination der Synergisten und der Entspannungsfähigkeit der Antagonisten. Ein effizientes Koordinationsmuster zeichnet sich auch durch das richtige „Timing“ von bestimmten Muskeln bzw. Muskelgruppen beim Aktivieren, Unterstützen bzw. Hemmen einer Bewegung aus.

Herrschen erhöhte Tonus Bedingungen, müssen mehr Kräfte aufgewendet werden, um antagonistische Widerstände zu überwinden. Dies führt spannungsbedingt zu Bewegungseinschränkungen und zur Verringerung von Beschleunigungswegen.

Durch Dehnen kann der erhöhte Muskeltonus (Grundspannung) reduziert werden. Neuere Erkenntnisse der Forschung sprechen von einer besseren Gleitfähigkeit der Faszien. Durch die Reize kommt es zur Ausschüttung des Enzyms Kollagenase – welche in Verbindung mit der Erneuerung der Faszien gebracht wird, und andererseits können sich bindegewebige Verklebungen innerhalb des kollagenen Netzwerkes lösen.

Siehe Kapitel 10 Faszien.

Erhalt- bzw. Erweiterung der Bewegungsfähigkeit

Die Bewegungsfähigkeit im Gelenksystem ist von mehreren Faktoren abhängig, bzw. die sogenannte „range“ wird von folgenden Faktoren beeinflusst:

- Strukturell bedingte Bewegungseinschränkungen
  range of motion (volle Bewegungsausmaß) wird beim Training nicht vollständig genutzt
- Kraftfähigkeit des Antagonisten
- Entspannungsfähigkeit der gelenksumlaufenden Muskulatur bzw. der Strukturen des Bindegewebes

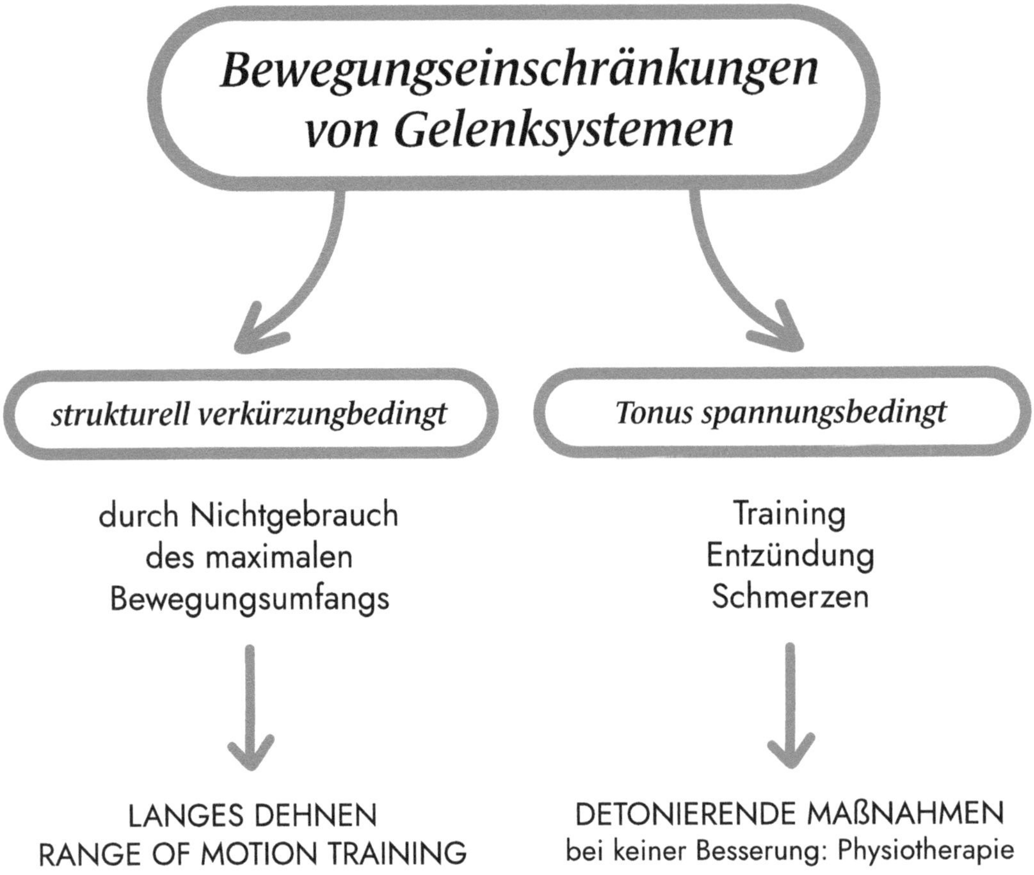

Testung der Beweglichkeit

Es ist sinnvoll, eine Testung der Beweglichkeit durchzuführen. Eine vollständige „Diagnose" ist auf Grund des komplexen Zusammenspiels von physiologischen, neurologischen und antagonistischen Parametern sehr schwierig. Knapp 2 Dutzend bewegungslimitierende Faktoren können das Bewegungsspiel unserer Gelenkssysteme beeinflussen.

Als Orientierung ist ein Muskelfunktionstest als Vorbereitung für ein bevorstehendes Krafttraining zu sehen. Die weitere Umsetzung wird mit dem Trainer in die Praxis umgesetzt und eigenständig weitergeführt.

Muskelfunktionstests

RICHTLINIEN ZUR DURCHFÜHRUNG VON TESTS

- ***standardisierte Ausgangsposition***
- ***mögliche Ausgleichsbewegungen vermeiden***
- ***exakte Durchführung***
- ***einheitliches Bewertungsschema***
- ***einheitliche Standards (Uhrzeit, aufgewärmt ja/nein, vor dem Training etc.)***
- ***bei Sportgruppen idealerweise derselbe Untersucher***
- ***individuelle Zuordnung/Bestimmung zur Sportart***

Werden solche Richtlinien eingehalten, sind Muskelfunktionstests eine gute Methode zur spezifischen Auswahl von Übungen, um diese in die Trainingsplanung zu integrieren.
Die Erfahrung der Tester ist sicher ein weiteres Kriterium, sowie die Berücksichtigung der Sportart.

Ein Beispiel:
Für den Motorsport ist eine aus sportmedizinischer Sicht normal guter Beweglichkeit ausreichend, um Trainings gut absolvieren zu können und Topleistungen im Wettkampf zu erzielen. Ein Schwimmer ohne guter Mobilität der Brustwirbelsäule und mit keiner sehr guten Beweglichkeit des gesamten Schultergürtels, wird im Hochleistungssport nicht erfolgreich sein.

ÜBUNGEN

ÜBUNGEN

ÜBUNG 1
BRUSTWIRBELSÄULE, SCHULTERGÜRTEL & ARME

Ausführung:
Arme nach hinten unten führen

Wichtig:
der Oberkörper bleibt gerade

Tipp:
die Position der Arme bzw. die Ausführung in Verbindung mit dem Schultergürtel gibt erste wichtige Erkenntnisse des Sportlers bezüglich seiner Beweglichkeit der Brustwirbelsäule, dem Schultergürtel und der Arme.

Bei guter Beweglichkeit wie hier ersichtlich, dient diese Übung zum Aufwärmen und Mobilisieren und nach einem Training als Erhaltungsübung. Bei eingeschränkter Beweglichkeit dient diese als Dehnungsübung.

ÜBUNG 2
SCHNEIDERSITZ

Diese Position im Schneidersitz zeigt die gute Dehnung der Rückenstreckmuskulatur, eine gute Mobilität der Brustwirbelsäule, des Schultergürtels, der Hüftmuskeln und der hinteren Oberschenkelmuskulatur.

Tipp:
Bei „aufgestellten Beinen", aufgedrehtem Becken und dadurch meist stärker gerundeter Wirbelsäule ergeben sich erste Ansätze für zusätzliche Dehnungsübungen.

ÜBUNG 3
AUSGANGSPOSITION AUS DEM SCHNEIDERSITZ

Ein Bein gerade vor dem Körper strecken und dabei den Rücken gerade halten.

Das gestreckte Bein bei geradem Oberkörper bestätigt die gute Dehnfähigkeit der hinteren Oberschenkelmuskulatur und der Wadenmuskulatur

Wichtig:
Ist bei der vorigen Übung (auch als Test), dem Schneidersitz ein runder Rücken mit aufgestellten Beinen zu erkennen, ist diese Übung vorerst ungeeignet.

ÜBUNG 4
DEHNUNG / MOBILISATION DER HINTEREN OBERSCHENKELMUSKULATUR

Ausgangsposition

Endposition links
Mit einem Widerstandband das gestreckte Bein nach oben rückwärtsführen

Varianten:
Im Wechsel das Bein nach vor und rückwärts bewegen oder die Position halten

ÜBUNG 5
DEHNUNG DER ÄUSSEREN HÜFTMUSKELN RECHTS

Ausführung:
In Rückenlage das gestreckte rechte Bein nach außen führen und die Position halten

Wichtig:
das linke Bein bleibt gestreckt am Boden fixiert

ÜBUNG 6
DEHNUNG DER INNEREN HÜFTMUSKELN RECHTS

Ausführung:
rechte gestreckte Bein langsam nach außen führen und die Position halten

Wichtig:
das linke Bein bleibt gestreckt am Boden fixiert

ÜBUNG 7
DEHNUNG DER HÜFTBEUGER RECHTS

Ausgangsposition

Endposition Ausführung:
aus dem Kniestand die rechte Hüfte mit geradem Oberkörper nach vorne führen

Wichtig:
kein spitzer Kniewinkel des Standbeines

Endposition von Vorne

Endposition von der Seite

ÜBUNG 8
DEHNUNG DER ÄUSSEREN HÜFTMUSKELN LINKS

Ausführung:
beide Arme fixieren den Oberschenkel rechts hinten, linken Fuß über das rechte gebeugte Bein stellen

Endposition
Oberkörper nach rückwärts legen und mit dem linken Ellbogen das linke Bein nach außen drücken, Position halten

Tipp:
bei Dehndefiziten ist entweder die Grundposition nicht erreichbar oder der Oberkörper kann nicht nach rückwärts gestellt werden.

ALLGEMEINE AUSFÜHRUNG

Variante 1: die wippende Durchführung
maximal bis zu einem dehnenden Schmerz vorgehen und die Übung mehrmals wiederholen

Variante 2: die statische Ausführung
bis zu einem ziehenden Endpunkt vorgehen, der Dehnreiz darf nicht als Schmerz wahrgenommen werden und diese Position ca.1 min halten

Wichtig:
Die Dauer und die Wiederholungen der Dehnungsübungen hängt vor allem von der Intensität, der Dauer des Trainings, der Trainingslast und dem jeweiligen Ziel ab. Deshalb sind diese Angaben als Richtwerte zu verstehen.

ZUSAMMENFASSUNG

Diese Übungen sind nicht als komplettes Dehn- oder Mobilisationsprogramm zu sehen. Eine umfassende Zusammenstellung von Dehnungsübungen ist aufgrund der vielfältigen Gründe von bewegungslimitierenden Faktoren nicht sinnvoll und praxisgerecht.

Können jedoch alle 8 Übungen gut ausgeführt werden, ist aus meiner Sicht die volle Leistungsfähigkeit für intensive Trainings und Bewerbe im Motorsport gegeben.

Ein erfahrener Sportler und Trainer kann nach der Durchführung dieser Übungen die Notwendigkeit von Extraübungen erkennen und diese in sein Programm aufnehmen.

4.6 Koordination

Bewegung steuern und rhythmisieren

Ist das Zusammenspiel des Zentralnervensystems und der Muskulatur und ist entscheidend für die Bewegungsqualität. Koordination muss im Trainingsalltag eingebaut werden. Diese sorgt für ein schnelles Erlernen von neuen Bewegungen und Techniken. Weiters sorgt die Koordination für eine Bewegungsvariabilität und Ökonomie und ist DIE Verletzungsprophylaxe.
Die einzelnen Teilbereiche der Koordination erlauben uns, Bewegungen präzise, schnell, geordnet und effizient auszuführen.

Koordination ist nicht angeboren, sondern muss erworben werden. Wegen der besseren Differenzierung beim Training wird der „Sammelbegriff" Koordination in deren unterschiedlichen Teilbereichen der Zubringerleistungen aufgelistet.

Gleichgewichtsfähigkeit

Diese unterteilt sich in ***statisches*** und in ***dynamisches*** Gleichgewicht. Das Statische stabilisiert den Körper in Ruhestellung und bei langsamen Bewegungen. Bei umfangreichen Bewegungen, bei rotatorischen Bewegungen oder bei schnellen Positionsveränderungen, ist das dynamische Gleichgewicht nötig, um den Körper im Gleichgewichtszustand zu halten und wiederherzustellen.

Eine gute Gleichgewichtsfähigkeit ist eine grundliegende Fähigkeit für zielgerichtete motorische Aktionen.

Rhythmisierungsfähigkeit

Bedeutet, einen Rhythmus erkennen zu können und diesen zu verinnerlichen. Der Rhythmus kann von außen vorgegeben sein (wie die der einzelnen Rennabschnitte) und/oder strukturiert eigene Bewegungen. Der Rhythmus kann zyklisch und/oder azyklisch ablaufen. Sie erfasst das Vermögen, Bewegungsfolgen korrekt zu erfassen, um diese zeitlich, dynamisch und exakt, ***motorisch umzusetzen***. Diese werden visuell, akustisch und kinästhetisch wahrgenommen.

Rhythmisierung ist gut trainierbar und resultiert auch aus Erfahrung. Anmerkung: Erfahrene Rennfahrer zeichnen sich häufig durch deren Gleichmäßigkeit aus. Ein Teil dieser „Gleichmäßigkeit" ist sicher deren gute *Rhythmisierungsfähigkeit*.

Reaktionsfähigkeit

Ist die Fähigkeit auf einen oder mehrere Reize aus der Umwelt zu reagieren. Reagieren auf einen bestimmten Reiz, wie zum Beispiel ein Signal oder einer Ausweichbewegung aus der Umwelt, möglichst schnell, zielgerichtet und präzise. Die Reaktionsfähigkeit wirkt eng mit der ***Reaktionsschnelligkeit*** zusammen.

» Siehe auch Kapitel 4 Die Basis der sportlichen Leistungsfähigkeit und 4.7 Schnelligkeit

Kopplungsfähigkeit

Ist die Fähigkeit mehrere Handlungen zeitgleich auszuführen. Teils bekannte Bewegungsmuster (von Augen, Kopf, Rumpf, Arme und/oder Beine) werden miteinander verbunden, um eine ganzheitlich abgestimmte Handlung auszuführen.

Umstellungsfähigkeit

Die Umstellungsfähigkeit bedeutet, wie schnell man seine Bewegung auf eine neue, unvorhergesehene Situation, einstellen kann. Dient als Grundlage eines Handlungsprogrammes bei Situationsveränderungen für die ***augenblicklich beste Anpassung*** bzw. Veränderung, eine entscheidende Fähigkeit im Motorsport.

Orientierungsfähigkeit

Bezieht sich auf die Fähigkeit, die Lage seines Körpers in der Bewegung und der Vielfalt von Positionen zu orientieren, zu bestimmen und zielgerichtet zu verändern, in Bezug auf Raum, Zeit und Aktionsfeld.

Zusammenfassend:
Die unterschiedlichen Unterteilungen der Koordination lassen erkennen, dass das Wort Koordinationstraining als Begriffsbestimmung zu allgemein formuliert ist und somit nicht präzise genug ist. Anbetracht der Vernetzung und einem teilweise miteinander verschmelzen dieser Teilbereiche, ist es vorteilhaft, diese als solche zu definieren und spezielle Bereiche isoliert zu trainieren oder gezielt zu kombinieren.

Persönlich definiere ich bei einem Koordinationstraining immer das genaue Ziel, woraus sich die passende Übungsmethode ergibt. Individuell abgestimmt, können diese Übungen zum Beispiel auch ein Teilbereich eines Schnelligkeitstrainings sein.

Training der Koordination

Koordinationstraining soll motorisch fordernd sein, sowie die Vielfältigkeit und die Selbstorganisationsprozesse entwickeln.

METHODISCHE GRUNDSÄTZE

- ***vom Leichten zum Schweren***
- ***vom Einfachen zum Komplexen***
- ***vom Langsamen zum Schnellen***
- ***vom Bekannten zum Unbekannten***

1. GRUNDAUSBILDUNG
   vielfältig, fähigkeitsorientiert

2. GRUNDLAGENTRAINING
   zielgerichtet

3. AUFBAUTRAINING
   spezifisch

4. HOCHSPEZIFISCH
   technisch, taktisch, variantenreich, Überpotential

Als Basisübung dienen Varianten der ***diagonalen Koordination***, der sogenannten Kreuzkoordination. Diese lassen sich sehr gut im Aufwärmprogramm integrieren, dienen auch als leichtes ***neuronales warm up*** und bereiten das Zentralnervensystem auf das bevorstehende Programm vor.

Diese diagonale Koordination sind grundlegende motorische Muster. welche im Kapitel ***4.6 Koordination*** bereits angesprochen wurde. Die Kreuzkoordination verbessert die Kommunikation zwischen den beiden Gehirnhälften und die Aktivität beider Kleinhirnhälften und ist dadurch ein wichtiger Teil des Aufwärmprogrammes.

Diagonal- bzw. Kreuzkoordination

Beim Gehen oder Laufen bewegen sich die Arme und Beine „über Kreuz“, d h., wenn sich das rechte Bein sich nach vorne bewegt, macht das auch die linke Hand, schiebt sich das linke Bein nach vorne, pendelt die rechte Hand nach vorne. Die diagonale Bewegung der Arme und Beine werden über zwei Drehpunkte ausgeführt.
Der Drehpunkt für die zwei Beine befindet sich beim Hüftgelenk, der der Arme beim Schultergelenk. Dieser Prozess läuft automatisch ab. Kräftige Rumpf- und Gesäßmuskeln stabilisieren die Pendelachsen (Stichwort – Coretraining; Agilitytraining).

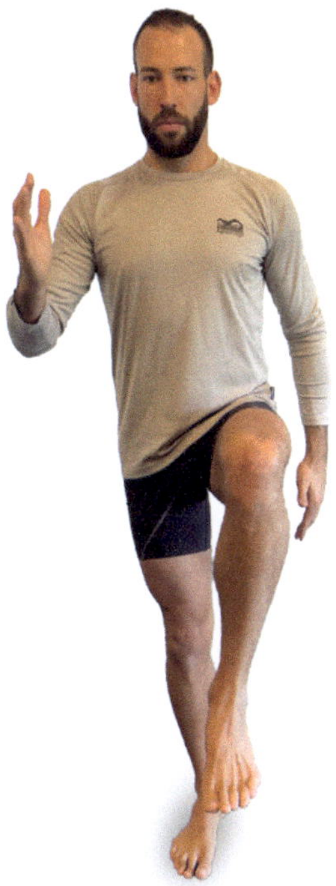

4.7 Schnelligkeit

Die 5 Trainingsfelder

KONDITIONELL

ENERGETISCH

MOTORISCH / NEUROMUSKULÄR

KOGNITIV

TECHNISCH

Schneller zu sein ist im Hochleistungssport oft der Schlüssel zum Erfolg, besonders im Motorsport ist dies ein entscheidender Faktor.

Was genau ist Schnelligkeit? Welche Form von Schnelligkeit wird im Motorsport benötigt?

Welche Faktoren beeinflussen die Schnelligkeit und wie sind diese trainierbar?

Das folgende Kapitel widmet sich ausführlich diesen Themen.

Definition von Schnelligkeit

Die wissenschaftliche Definition

Die Schnelligkeit ist eine koordinativ- konditionell determinierte Leistungsvoraussetzungen, um in kürzester Zeit auf Reize zu reagieren, bzw. Informationen zu verarbeiten, sowie Bewegungen oder motorische Handlungen unter erleichterten und/oder sportartspezifischen Bedingungen mit maximaler Bewegungsintensität ausführen zu können, wobei durch eine sehr kurze Belastungsdauer eine Leistungslimitierung durch Ermüdung ausgeschlossen wird.

- Schnabel, Harre, Borde (1998)

Zugegeben – eine sehr komplexe Definition - aber passend zum Motorsport.

Erscheinungsform Schnelligkeit

Die Schnelligkeit erscheint im Sport in ***unterschiedlichen Dimensionen*** und ist entscheidend für die meisten ***sportlich erfolgreichen Aktionen***.

Die Frage darf deshalb nicht sein, OB Schnelligkeit trainiert werden soll, sondern WIE Schnelligkeit trainiert wird.

DIE SITUATIONSGEBUNDENE SCHNELLIGKEIT

Formen wie Reaktionsschnelligkeit und Aktionsschnelligkeit sind Teilformen bzw. wichtige Unterformen von Schnelligkeit. Auch konditionelle Grundfähigkeiten wie Kraft, Ausdauer und Koordination haben eine große Bedeutung als Zubringerleistung. Schnelligkeit ist aber auch im hohen Maß von der Wahrnehmung abhängig. Die Bewegungsbefehle wiederum erfolgen ausschließlich durch unser Gehirn.

Die Einflussfaktoren der konditionellen, der motorischen und der kognitiven Fertigkeiten mit der Befehlszentrale Gehirn ergeben die entscheidenden Fähigkeiten zur komplexen Schnelligkeitsleistung.

Daraus wird ersichtlich, dass beim Schnelligkeitstraining ***unterschiedliche und vielseitige Formen*** der Trainingssteuerung bestritten werden müssen.

Nur unterschiedliche und vielseitige Ansätze machen schnell.

Komplexe Wettkampfleistung – der Weg zum Erfolg

Ziel des Schnelligkeitstrainings ist es, sportartspezifische Bewegungen situationsbedingt schnellstmöglich anwenden zu können.

Unter dem Begriff ***komplex*** wird das Zusammenspiel von Schnelligkeit unter dem Aspekt der Verbindung mit anderen konditionellen, energetischen, kognitiven und technischen Fähigkeitskomplexen verstanden.

Ziele Schnelligkeitstraining – motorsportspezifische Faktoren

- Auf unterschiedliche Reize schnell und mit möglichst geringem Zeitverlust zu reagieren
- Schnelligkeitsleistungen ohne Geschwindigkeitsverlust umzusetzen
- Schnelligkeitsleistungen ohne Geschwindigkeitsverlust möglichst zu wiederholen
- Kombinierte Bewegungsaktionen in optimaler Präzision und höchstmöglicher Geschwindigkeit durchzuführen

EINFLUSSFAKTOREN

- ***Anlage (Genetik, Alter, Körperbau)***
- ***kognitiv/psychische Einflussgrößen (Erfahrung, Wissen, Einstellung, Umsetzung)***
- ***sensomotorische Einflussgrößen (Erregung, Hemmung, Reflexe, Technik)***
- ***muskuläre Einflussgrößen (Kraft, Muskelfasern, Faszien)***
- ***Aktivierungsniveau (Aufwärmen, Ernährung, Flüssigkeit)***

ÜBERSICHT ERSCHEINUNGSFORMEN SCHNELLIGKEIT

Diese unterteilt sich in die ***motorische*** und in die ***kognitive*** Komponente. Daraus entsteht die komplexe Schnelligkeit. Mittels Zubringerleistung von Technik und Taktik ergibt das die Handlungsschnelligkeit. Die Summe all dieser Teilkomponenten ergibt die komplexe Wettkampfleistung.

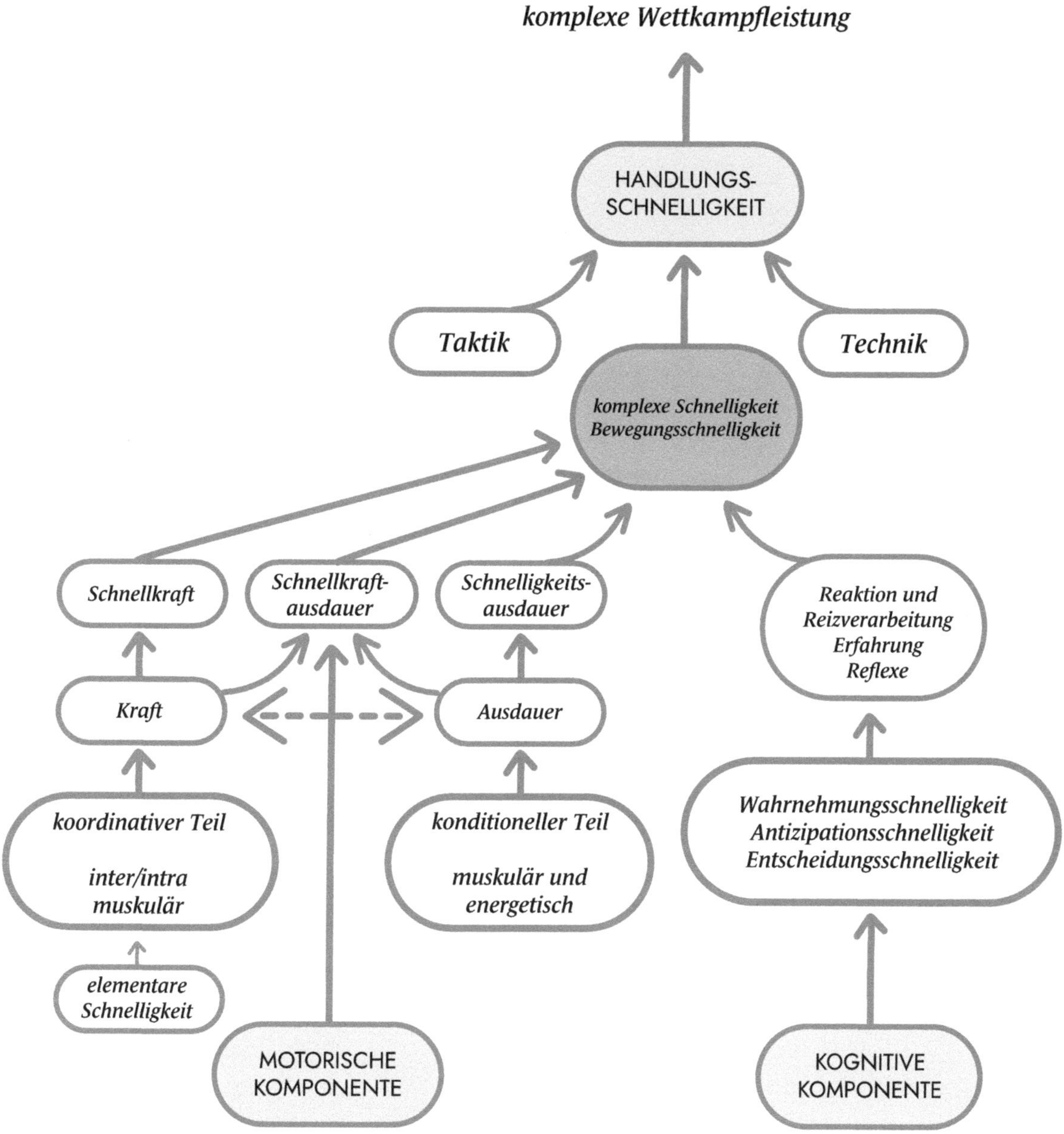
komplexe Wettkampfleistung
HANDLUNGS-
SCHNELLIGKEIT
Taktik
Technik
komplexe Schnelligkeit
Bewegungsschnelligkeit
Schnellkraft
Schnellkraft-
ausdauer
Schnelligkeits-
ausdauer
Reaktion und
Reizverarbeitung
Erfahrung
Reflexe
Kraft
Ausdauer
koordinativer Teil
inter/intra
muskulär
konditioneller Teil
muskulär und
energetisch
Wahrnehmungsschnelligkeit
Antizipationsschnelligkeit
Entscheidungsschnelligkeit
elementare
Schnelligkeit
MOTORISCHE
KOMPONENTE
KOGNITIVE
KOMPONENTE

Unterteilung der motorischen Komponente

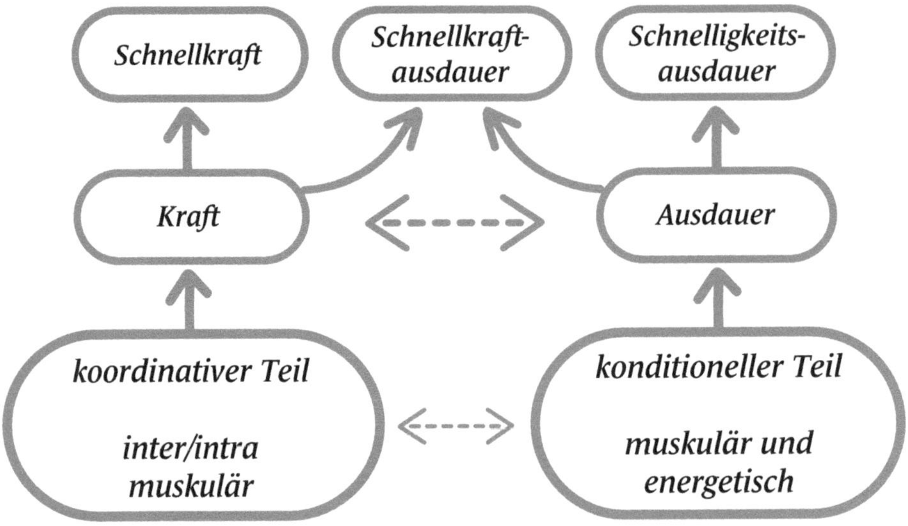

Präzise Wahnehmung dient als Grundlage schnellen Handelns

Unterteilung der kognitiven Komponente

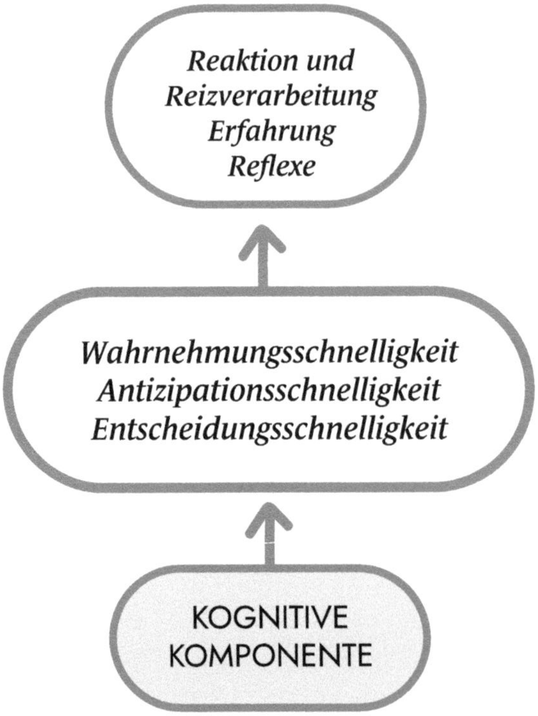

Grundlagen der Schnelligkeit

ERSCHEINUNGSFORMEN DER SCHNELLIGKEIT

Aus trainingsspezifischer Überlegung und wegen der besseren Übersicht wird die Schnelligkeit in elementare und komplexe Schnelligkeit unterteilt.

ELEMENTARE SCHNELLIGKEIT

Die elementare Schnelligkeit ist nicht von konditionellen, energetischen Fähigkeiten oder technischen Komponenten wie Kraft, Ausdauer oder Technik abhängig und wird deshalb auch gerne als „reine“ Schnelligkeit bezeichnet.

Reaktionsschnelligkeit

- Reaktion auf akustische, visuelle, kinästhetische und taktische Reize
- gegen keine oder geringe Widerstände

Sequenzschnelligkeit (azyklisch)

- einmalig azyklische Bewegung mit höchster Geschwindigkeit
- gegen keine oder geringe Widerstände

Frequenzschnelligkeit (zyklisch)

- schnellstmögliche Bewegungsfolgen / Wiederholungen
- gegen keine oder geringe Widerstände

Die elementare Schnelligkeit kann getestet und analysiert werden. Diese erscheint jedoch im Wettkampf immer als komplexe Schnelligkeitsleistung. Das Training der elementaren Schnelligkeit dient als wichtige ***„Zubringerleistung“*** für die Erbringung einer optimalen Wettkampfschnelligkeitsleistung.

Handlungsschnelligkeit

REAKTIONSSCHNELLIGKEIT UND BEWEGUNGSGESCHWINDIGKEIT

Ist die komplexeste Schnelligkeitsanforderung und ist abhängig von der kognitiven Schnelligkeit[1] (= Reaktionsschnelligkeit), der motorischen Antwort[2] (zyklisch und azyklische Bewegungen) und der mentalen Bereitschaft.

Die Handlungsschnelligkeit ist das Zusammenspiel bzw. eine Art Verschmelzen verschiedener Teilkomponenten der Schnelligkeit in Verbindung mit Aktionen (Reaktionen) und taktischen Überlegungen.

[1] Antizipationsschnelligkeit, Wahrnehmungsschnelligkeit und Entscheidungsschnelligkeit
[2] konditionelle und koordinative Fähigkeiten

Komplexe Schnelligkeit

Alle Zubringerleistungen der Handlungsschnelligkeit in Verbindung mit der *Technik* und der *Taktik* ergeben die komplexe Schnelligkeitsleistung.

Die Umsetzung all dieser Faktoren ergeben die Schnelligkeitsleistung im Wettkampf.

Konditionelle Fähigkeiten wie Kraft, Koordination, Beweglichkeit und Ausdauer sind auch wichtige Zubringerleistungen für die Bewegungsgeschwindigkeit. Ein weiterer wichtiger Teil der Schnelligkeitsleistung erfolgt über die *kognitive Komponente*.

Die kognitive Komponente

REIZ UND REIZVERARBEITUNG

Dieses neuromuskuläres „Ansteuern“ benötigt für ein rasches Agieren eine gut entwickelte Motorik, um vom Gehirn den Befehl für ein optimales Handeln zu realisieren.

Anders ausgedrückt – ohne gute Motorik wird sich die *kognitive Schnelligkeit* nur bedingt entwickeln lassen.

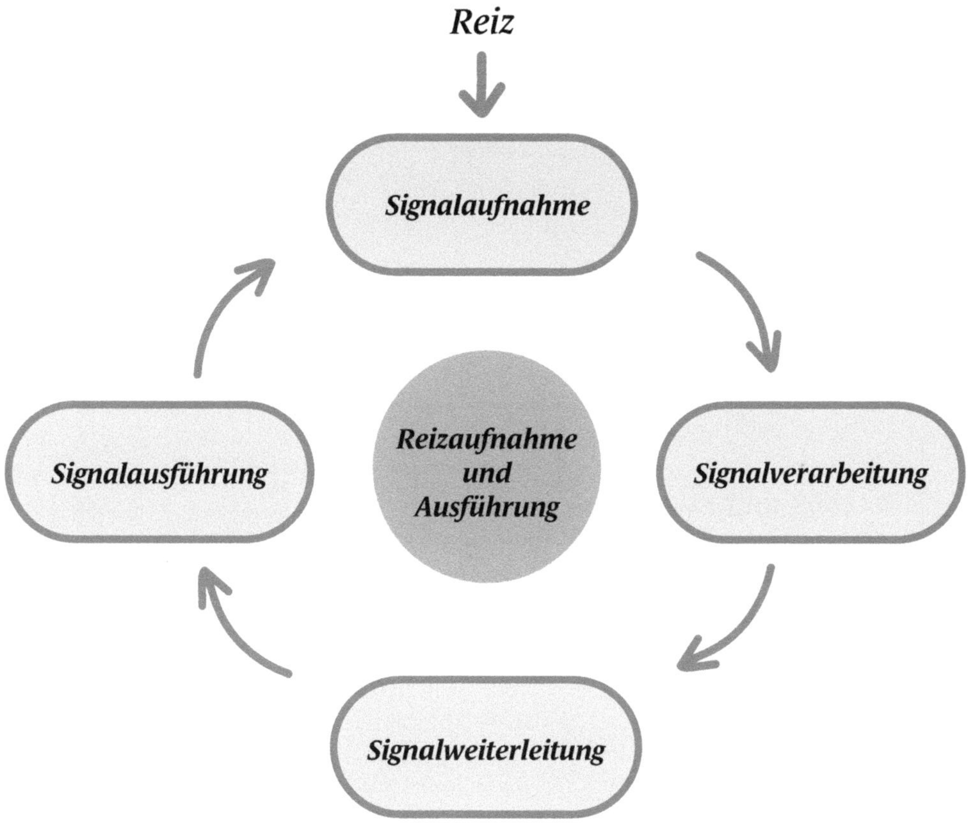

Es besteht eine positive Abhängigkeit von kognitiver- und motorischer Schnelligkeit

Die Reaktionsschnelligkeit in Verbindung mit der Bewegungsschnelligkeit ergibt die Handlungsschnelligkeit mit der daraus resultierenden komplexen Schnelligkeit im Wettkampf.

ZUBRINGERLEISTUNG: KOGNITIVE SCHNELLIGKEIT

kinästhetische Reize
taktische Reize
akustische Reize
optische Reize

daraus ergeben sich:

Wahrnehmungsschnelligkeit
Antizipationsschnelligkeit
Entscheidungsfähigkeit

TEILKOMPONENTEN DER HANDLUNGSSCHNELLIGKEIT

Sequenzschnelligkeit
Frequenzschnelligkeit
Antizipationsschnelligkeit
Entscheidungsschnelligkeit
Wahrnehmungsschnelligkeit
Bewegungsschnelligkeit
Schnellkraft
Schnelligkeitsausdauer
Komplexe Reaktion
Technik und Taktik

ANTIZIPATIONSSCHNELLIGKEIT
ist eine Rennsituation mental vorwegnehmen

ENTSCHEIDUNGSSCHNELLIGKEIT
ist eine schnellstmögliche Aktionsentscheidung zu treffen

WAHRNEHMUNGSSCHNELLIGKEIT
ist das schnelle Erfassen der Situation

Reaktionszeiten

EINFACHREAKTIONEN

kinästhetische Reize	~ 0,08 s und länger
taktile Reize	~ 0,10 s und länger
akustische Reize	0,12 s und länger
optische Reize	0,15 s und länger

KOMPLEXE REAKTION

komplexe Reaktionen bei motorischen Handlungen

0,20 – 0,35 s und länger

Informationsprozess - Motorik

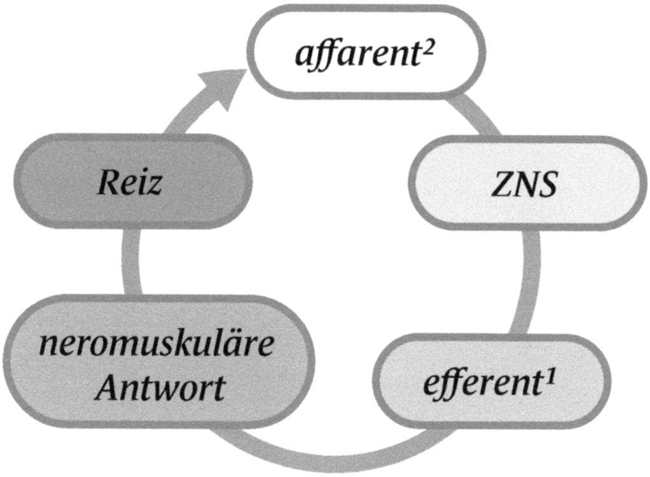

[1] Informationsübertragung der motorischen Bahnen zur Muskulatur

[2] Informationsübertragung zum zentralen Nervensystem

Ablauf der Reizverarbeitung

Auftreten einer Erregung im Rezeptor auf ein Signal hin (Auge, Ohr, Haut)

↓

Überleitung der Erregung auf das zentrale Nervensystem

↓

Bildung und Auslösung eines Signals

↓

Übertragung des Signals vom ZNS auf die Muskulatur

↓

Reizung des Muskels und Entstehung einer mechanischen Aktivität = Muskelkontraktion

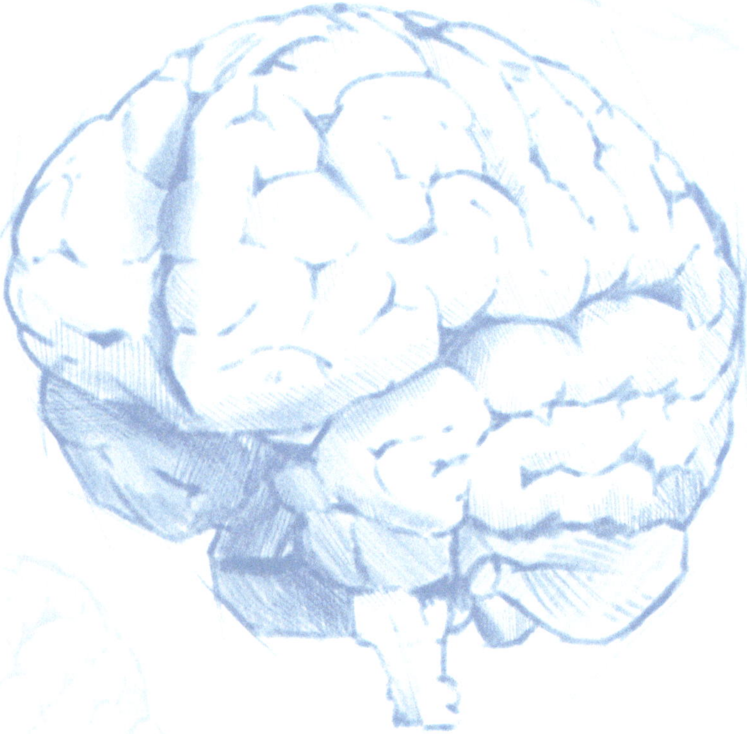

Kapitel 5
Das Gehirn unser CEO

5 Das Gehirn unser CEO

5.1 Einleitung

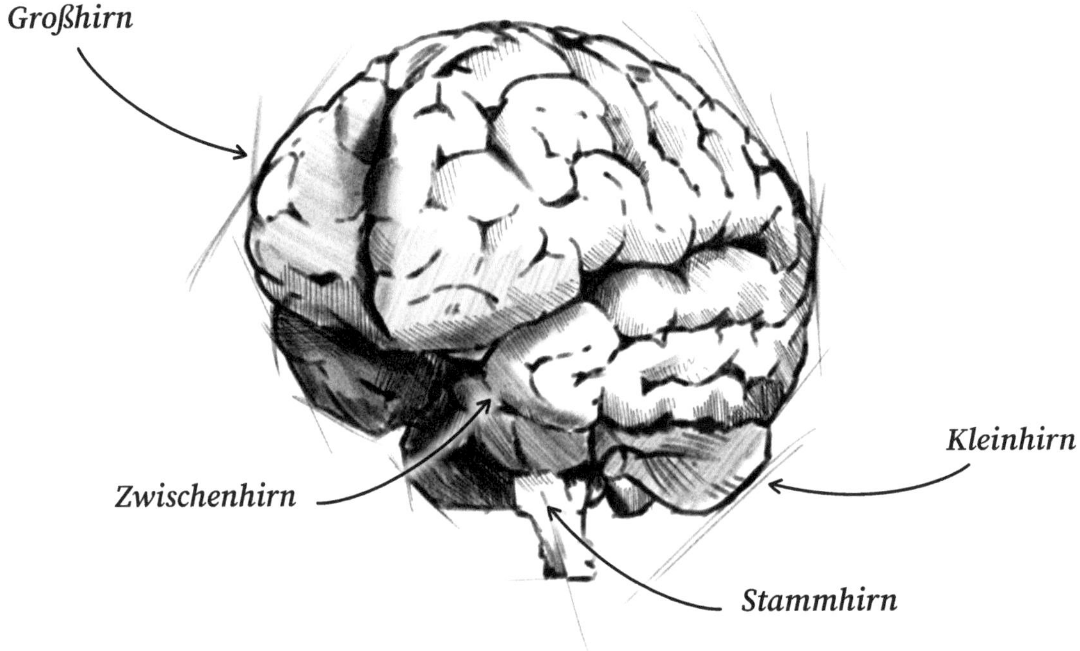

UNSER GEHIRN

SENSIBLE KOMMANDOZENTRALE
KEINE SAUERSTOFFRESERVEN
KEINE ENERGIESPEICHER

WIR SIND NUR SO LEISTUNGSFÄHIG, WIE SICH
DAS GEHIRN NOCH SICHER FÜHLT

PERFEKT VERNETZT MIT DEN 5 SINNESORGANEN

Unser Gehirn besteht aus einem dichten Netzwerk an Neuronen (Nervenzellen), die über unzählige Verästelungen zu einem riesigen Netzwerk verbunden sind (bis zu 100 Milliarden Neuronen, bis zu 10 Millionen Synapsen*).

*Synapsen sind neuronale Schaltstellen, in denen über chemische Botenstoffe elektrische Signale zur Muskelzelle übermittelt werden.

KURZÜBERSICHT: GEHIRN

Großhirn: bewusste Steuerung, Denken, Motorik

Kleinhirn: unbewusstes Lernen, Gleichgewicht, Koordination, Erfahrung

Zwischenhirn: steuert zahlreiche körperliche und psychische unbewusste Lebensvorgänge (Schlaf/Wach Steuerung, Schmerzempfinden, Angst, Temperaturregulation etc.)

Stammhirn: Herzschlag, Atmung, Stoffwechsel, Reflexe (Schluck-, Hustenreflex, Lidschluss)

An der Verarbeitung visueller Informationen ist etwa ein Viertel unseres Gehirns beteiligt. Die Netzhaut liefert scharfe und detaillierte visuelle Informationen, welche im Okzipitallappen, unserem visuellen Kortex, verarbeitet werden. Durch den hinteren (dorsalen) Pfad kann das Gehirn einordnen, wo sich das visuelle Objekt in Relation zum eigenen Körper befindet. Der vordere (ventrale) Pfad ist für die Bestimmung der Bedeutung des Gesehenen zuständig.

Die Sensorik unserer 5 Sinneskanäle übermitteln der Steuerungszentrale – unserem Gehirn, die nötigen Informationen aus der Umwelt, vom Körperinneren und aus der Bewegung. Dies ist die Grundlage für die Realisierung unserer Körperstellungen im Raum und der Körperhaltung. Riesige Daten aus diesen Sinnesorganen werden von unserem zentralen Nervensystem abgeglichen und steuern letztendlich alle komplexen Bewegungsmuster.

Jede Bewegung ist eine Entscheidung, die das Gehirn trifft.

Das periphere Nervensystem steuert hauptsächlich die Reflexe und automatisierte Bewegungsmuster.

Die 5 Sinneskanäle

visuell durch Augen

auditiv durch Ohren

kinästhetisch durch Rezeptoren

(Haut, Muskulatur, Gleichgewichtssinn)

mechanisch durch Riechen

schmecken durch Zunge

Kommandozentrale Gehirn

Wieviel Kraft, Stabilität oder Schnelligkeit in einer Bewegung erzeugt wird, ist primär abhängig von der Entscheidung, die das Gehirn getroffen hat. Entscheidungsgrundlage dafür ist die Aufnahme und Reizübermittlung durch unsere Sinnesorgane.

Unser Gehirn arbeitet nur unter perfekten „Rahmenbedingungen“ optimal und verfügt über keinerlei Nährstoff- oder Sauerstoffreserven.

Siehe ***Kapitel 17 Ernährung*** Gehirn/Flüssigkeitsaufnahme

DAS „RANKING“ DIESER SINNESKANÄLE

Um bestmögliche Sicherheit, effiziente und optimale Bewegungen zu garantieren sind im Motorsport vor allem 3 Sinnesorgane vordergründig:

1. das visuelle System
2. das Gleichgewichtsystem
3. das propriozeptive System

Steuerung

Alle Informationen dieser genannten Kanäle müssen reibungslos über die peripheren Nervenbahnen zum Rückenmark und von dort weiter zum Gehirn zu den einzelnen Arealen geleitet werden.

Auf die Bewegung bezogen, haben die beiden Gehirnhälften zwei sich ergänzende Aufgaben. Eine Seite entwirft die willkürlichen (absichtlichen) Bewegungen der gegenüberliegenden Hälfte und ist verantwortlich für die Stabilität der gleichseitigen Körperhälfte.

D. h. die rechte Gehirnhälfte stabilisiert die rechte Körperhälfte und ist zuständig für willkürliche Bewegungen der linken Seite. Die linke Seite wiederum für die willkürlichen Bewegungen der rechten Seite und stabilisiert die linke Körperhälfte.

Unser Gehirn und unser Zentralnervensystem sind in erster Linie auf Stabilität und Sicherheit programmiert. Dessen zugrundeliegend, werden fast 90 % aller Signale, welche an das Gehirn übermittelt werden, für die reflexive Stabilität genutzt und nur der Rest der Signale wird für die Ausführungen willkürlicher Bewegungen eingesetzt. Dieser Prozess, den Körper stabil zu halten, wird reflexiv gesteuert, d. h., dass wir nicht willentlich darauf achten müssen.

Wie bei der Übermittlung der Signale von willkürlichen Bewegungen ablaufend, kreuzen sich auf umgekehrten Weg, alle sensorischen und motorischen Informationen aus einer Körperhälfte kommend, auf der anderen Seite. Der Input der rechten Seite aktiviert somit die linke Gehirnhälfte und umgekehrt. Diesen Transfer zu koordinieren und zu korrigieren, zählt zu den Hauptfunktionen des Kleinhirns. Die rechte Seite ist zuständig für Korrekturmaßnahmen der rechten Körperhälfte und die linke Seite des Kleinhirns für die selbige Körperhälfte. Eine Ausgewogenheit hat zur Folge, dass Bewegungen rhythmischer, präziser und koordinierter ablaufen.

Ein Großteil der Informationen vom Kleinhirn werden zum gegenüberliegenden Frontallappen gesendet. Über diesen wird, das für die reflexive Stabilität verantwortliche Stammhirn, aktiviert. Diese Verbindung wird beim Training gezielt eingesetzt.

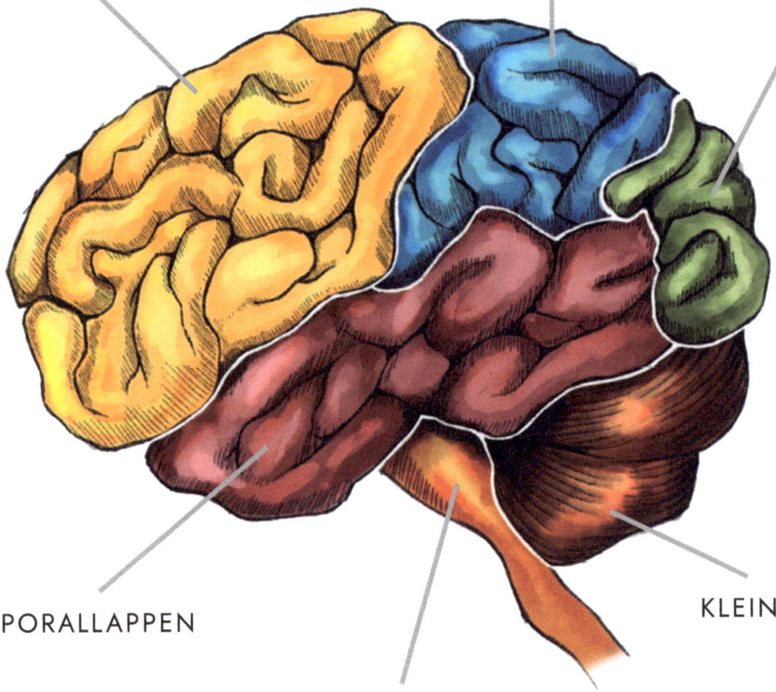

Das visuelle System

DAS „ANDERE" SEHEN

Sicher ein Faktor, welcher Spitzenfahrer von anderen unterscheidet.

Immer wieder mal hörte ich von einem Teamverantwortlichen nach einem crash oder einem „big moment" Worte wie - „er hat die Situation nicht richtig gesehen"......
Gemeint war damit sicher nicht das bloße Sehen mit dem Produzieren eines scharfen Bildes wie beim Optiker.

Was ist mit dem anderen Sehen gemeint und wovon hängt dies ab?

SEHEN – Eine entscheidende Informationsaufnahme

Es ist mehr das Verstehen bzw. ein Einordnen und Zuordnen dessen, ***was gesehen wird*** oder anders ausgedrückt, umfasst das Sehen den großen Bereich der Informationsaufnahme - der Wahrnehmung und deren Reize, welche über die Sinneskanäle dem Gehirn die Informationen liefern, um die ***richtigen Entscheidungen*** treffen zu können. Durch das visuelle Wahrnehmen werden die ***meisten Informationen*** zum Aufnehmen, Entwerfen, Koordinieren und Programmieren geliefert.
An diesem Prozess sind mehr als 30 verschiedene Hirnareale mitbeteiligt.

Siehe auch ***Kapitel 7 Mit Gehirnathletik zu Topleistungen***, in welchem das visuelle Sehen detailliert behandelt wird.

Unser Gehirn benötigt Stabilität und Sicherheit, um maximale Geschwindigkeiten zuzulassen.

Mit unseren Sinnesorganen werden unzählige Informationen mittels Rezeptoren zum Gehirn transportiert. All diese Inputs werden vom Gehirn ausgewertet, geprüft und erst wenn diese als ***sicher eingestuft*** sind, ***werden hohe Geschwindigkeiten zugelassen***.

Ein großer Teil dieser Inputs dient der Stabilität, der Kontrolle der Haltung, der Bewegung des Rumpfes, des Kopfes und der Augen. Diese reflexive Stabilität sind Bewegungen, welche unwillkürlich (ohne willentliches Zutun), von unserem Gehirn ablaufen. Bei hohen Geschwindigkeiten müssen Bewegungen reflexartig stabilisiert und korrigiert werden.

Wichtig ist die Schaffung von „sicheren Rahmenbedingungen" für Stabilität, welche das Gehirn in die Bereitschaft versetzen, hohe Geschwindigkeiten zuzulassen.

Siehe auch Methodik Schnelligkeitstraining, Coretraining und Augenmotorik.

Das Gleichgewichtssystem

Unser Gleichgewichtssinn nimmt eine Sonderstellung ein, wenn es um Schnelligkeit geht. Es ist zuständig, um Bewegungsrichtungen und Bewegungsgeschwindigkeiten zu messen und auch bei Beschleunigungen den Körper, die Bewegungen und die Augen zu stabilisieren*. Vernetzt mit allen bewegungssteuernden Systemen, vermittelt das Gleichgewichtssystem dem Gehirn Sicherheit innerhalb schneller und unterschiedlicher Bewegungsgeschwindigkeiten.

** der Gleichgewichtssinn stabilisiert reflektorisch die Augen, während sie sich bewegen*

Das Gleichgewichtsorgan liegt im Innenohr mit den 3 Bogengängen. Diese Bogengänge messen die Rotationsbewegungen des Kopfes. Die beiden Makulaorgane messen die geradlinige Beschleunigung des Körpers.

Die Makulaorgane Utriculus und Sacculus erfassen geradlinige Beschleunigungen welche vorwärts, rückwärts, zur Seite links und rechts sowie auf- und abwärts, stattfinden. Durch deren Anordnung im Innenohr werden sämtliche Bewegungen des Kopfes registriert und eingeordnet. Die Gleichgewichtsorgane richten den Körper gegen die Schwerkraft aus und geben die Lage im „Raum" an. Informationen werden im Kleinhirn moduliert und verarbeitet, um auch die muskuläre Spannung mit den Gleichgewichtsorganen zu regulieren.

Es ist daher essenziell, dass diese beiden Gleichgewichtsorgane perfekt funktionieren. Das Gleichgewichtssystem unterstützt durch das Stabilisieren der Augen zusätzlich das visuelle System.

DAS GLEICHGEWICHTSORGAN IM INNENOHR

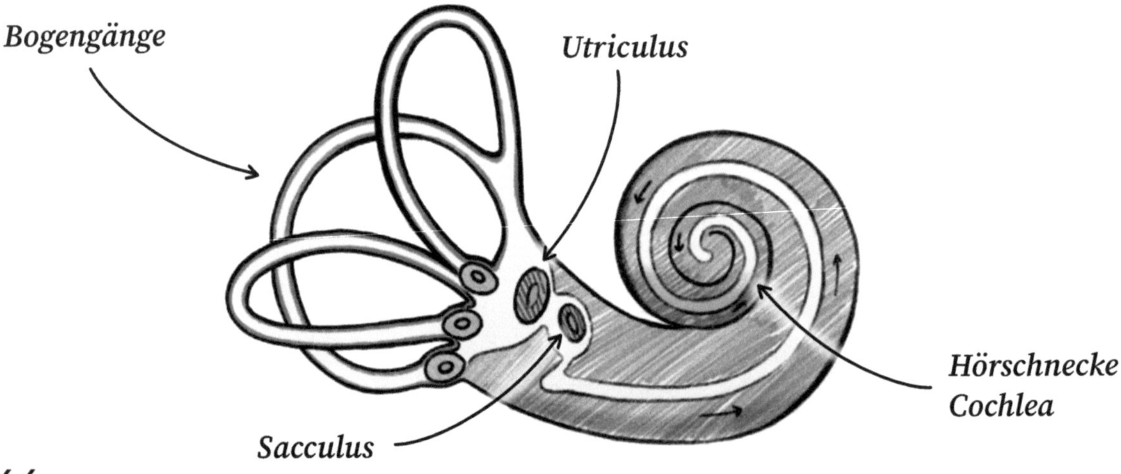

Es ist erwiesen, dass bei sehr hohen Geschwindigkeiten unsere räumliche Wahrnehmung deutlich eingeschränkt wird. Das visuelle System des Rennfahrers arbeitet somit nicht mehr optimal, dass „Empfinden“ der Geschwindigkeit wird, zusätzlich durch die kinästhetischen Rezeptoren, unterstützt (Muskulatur, Haut und Gleichgewichtssinn).

Wahrnehmungen wie Geräusche oder Gerüche werden ebenso aufgenommen und berücksichtigt, spielen jedoch keine vordergründige Rolle.

Das propriozeptive System

Kinästhetische Sensibilität und Körperwahrnehmung

ENTWURF FÜR DAS GEHIRN

Dieses System ist entscheidend für eine effiziente Bewegungssteuerung. Es ist eine Art „Bewegungssystem“, über welches das Gehirn wahrnimmt, kontrolliert und reguliert. Es werden Positionen, Bewegungen und Stellungen von Gelenken wahrgenommen, zu- und eingeordnet.

Rezeptoren an Gelenken und Muskeln leiten Positionen von Armen und Beinen, aber auch von anderen Körperpartien, weiter. Unzählige Drucksensoren in der Haut geben dem Gehirn wichtige Meldungen, wie Untergrund, Bewegungen, Geschwindigkeiten und Balance in Verbindung mit dem Rennauto bzw. Motorrad, weiter.

Dadurch wird ein dreidimensionales Bild produziert, welches gemeinsam mit den Informationen vom Gleichgewichtssinn und den visuellen Informationen eingeordnet und abgeglichen wird. Zusammen sind diese Sinneskanäle ein Garant für präzise Bewegungen, guter Balance und bester Koordination.

PROPRIOZEPTIVE „QUELLEN“

Gelenkrezeptoren
Muskelrezeptoren
Sehnenrezeptoren
Hautrezeptoren
Bindegewebe (Faszien)

Die Sensoren der Proprio Rezeption (in der Muskulatur, den Faszien Strukturen, den Gelenkkapseln, den Bändern), der Oberflächensensibilität der Haut, die Schmerzrezeptoren in diesen Strukturen sowie die Augen und die Gleichgewichtsorgane liefern dem Gehirn die Informationen, aus denen es die Empfindungen und Wahrnehmungen, wie die Körperhaltung und Körperstellung und bewegungsabhängige Positionsänderungen, berechnet. Das Gehirn generiert dann in Abhängigkeit von der Motivation.

Sensomotorik – das Zusammenspiel von Muskeln und Nervensystem

Sensorik ist die Aufnahme von Informationen und deren Weiterleitung an das zentrale Nervensystem (Gehirn, Rückenmark). Motorik ist die Ansteuerung und die daraus folgende Anspannung (Kontraktion) der Muskulatur.

Dieser Informationsverarbeitungsprozess ist der Ansatz, dessen alle Bewegungssteuerungsmodelle zu Grunde liegt.

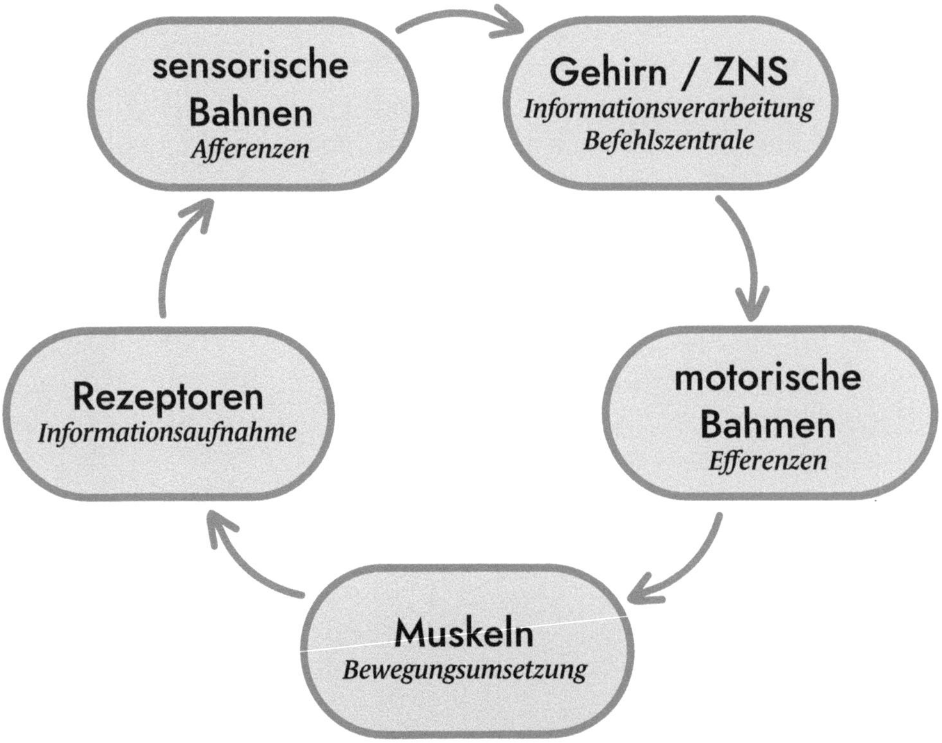

REFLEXENTWICKLUNG DURCH BEWEGUNGSAUTOMATISATION

Durch sportartspezifisches Schnelligkeitstraining werden Bewegungsabläufe automatisiert, schneller und effizienter und unser Gehirn kann auf bekannte Muster schneller zurückgreifen – ohne bewusste Steuerung, also automatisiert ablaufend über das periphere Nervensystem.

Dies schafft wichtige *freie Ressourcen* (Zeitfenster etc.).

FREIE RESSOURCEN DURCH REFLEXENTWICKLUNG

Anmerkung: Diese freien Zeitfenster an Ressourcen beschrieben mir Fahrer mit Worten wie „ich hatte mehr Zeit zum Reagieren," „plötzlich erkannte ich die Situation klarer und schneller" oder „ich bin viel entspannter im Auto" ......

Mein Tipp für junge Einsteiger:

Kartfahren ist neben den anderen Trainingsformen nur die 2. Wahl.

Auswahl der Trainingsgeräte nach Steigerungs- bzw. nach Entwicklungsstufen:

Entwicklung mit dem Rad:
1. Einrad, 2. BMX-Fahren, 3. Trail fahren, 4. Downhill fahren

Entwicklung mit dem Motorbike:
1. Trail fahren, 2. Enduro Fahren, Motocross fahren

Entwicklung mit dem Pferd:
1. Reiten, 2. Dressur, 3. Agility/ Sprungreiten, 4. Voltigieren

Ergänzend Varianten:
Inlineskaten, Slackline, Skateboard, Waveboard, Skyrunner (Kängeruschuhe), Surfen etc.

Die Plastizität unseres Gehirns

Die Strukturen sind in ihrer Form und Funktion nicht fixiert. Diese passen sich mit hoher Flexibilität an ***Anforderungen dauernd bis ins hohe Alter***, entsprechend ***an***.

Anpassung und Entwicklung durch Trainingsreize

- bestehende Synapsen werden gefestigt und schneller
- neue Synapsen bilden sich
- neue Neuronen bilden sich
- nicht wichtige Nervenverbindungen werden „stillgelegt“

BEWEGUNGSLERNEN (VEREINFACHT)

Über das lymbische System wird ein Entschluss gefasst und ein Rohprogramm wird erstellt (Motorkortex). Dieses Rohprogramm wird verfeinert (Kleinhirn/Basalganglien) und durch Rückmeldung der Sinnesorgane (Rückenmark/periphere Nervensystem) ausgeführt.

Lernen von Bewegungen

WAHRNEHMUNGSFÄHIGKEIT UND BEWEGUNGSSTEUERUNGSFÄHIGKEIT

Das Lernen von Bewegungen ist immer ein Zusammenspiel von ***Sensorik und Motorik***.

LERNEN – GEDÄCHTNISSPUREN

Durch Veränderung nicht nur einer Synapse, sondern von unzähligen geschachtelten Synapsen bilden sich Gedächtnisspuren. Diese werden durch weitere Impulse gestärkt.

LERNEN – EMOTION

Ereignisse (Trainingsreize) mit starker emotionaler Beteiligung bleiben dauerhaft im Gedächtnis (siehe Kinder und Jugendtraining), gleichgültiges wird bald vergessen.

„Langweilige Fakten" können durch häufiges Üben in das Langzeitgedächtnis transportiert werden.

LERNEN – ERMÜDUNG

Durch intensive Synapsen Aktivität wird die Signalübertragung kurzzeitig reduziert und erst nach Regeneration der Neurotransmitter wieder effizient.

Pausen beim Schnelligkeitstraining strikt einhalten

LERNEN – STRESS

Das Stresshormon Kortisol beeinflusst das bereits Gelernte negativ. Die Verfügbarkeit bzw. das Abrufen verschlechtert sich bei Stress im Wettkampf. Kortisol kann aber auch eine gedächtnisverbessernde Funktion (wohl dosiert) hervorrufen und kann und soll im Training gezielt eingesetzt werden – siehe Training unter Druckbedingungen.

LERNEN – SCHLAF

Kurze Schlafpausen direkt danach verbessern das Merken und Verstehen des zuvor gelernten. Die Aktivität des Gehirns im Schlaf besteht in Ablegen von Erinnerungen an die Erfahrungen und Inputs, die tagsüber (bzw. davor) gesammelt wurden.

Schnelligkeit ist im Motorsport die Fähigkeit, in kürzester Zeit auf unterschiedliche Reize zu reagieren, die augenblicklich beste Lösung zu wählen und Handlungen mit höchstmöglicher bzw. optimaler Geschwindigkeit, präzise ohne Ermüdung und maximaler Willenskraft, ausführen zu können.

W. Biro

Kapitel 6
Allgemeine Methodik Schnelligkeitstraining

6 Allgemeine Methodik Schnelligkeitstraining

Das Training muss ***vielseitig und fordernd*** sein. Jede Bewegung, wie neu sie auch sein mag, basiert immer auf Grundlagen alter Koordinationsverbindungen.
Das Koordinationstraining ist auch ein „Voraussetzungstraining" für ein Techniktraining (zum Beispiel die spezielle Renntechnik).

6.1 Methodische Grundsätze

VOM LEICHTEN ZUM SCHWEREN
VOM EINFACHEN ZUM KOMPLEXEN
VOM LANGSAMEN ZUM SCHNELLEN
VOM BEKANNTEN ZUM UNBEKANNTEN

Training der Schnelligkeit

KRAFTTRAINING:
Verbesserung der Kraftfähigkeit

AUSDAUERTRAINING:
Verbesserung der anhaltenden und intermittierender Schnelligkeitsleistung

KRAFTBILDUNGSGSCHWINDIGKEIT:
Verbesserung der neuromuskulären Ansteuerung

KOORDINATIONSTRAINING:
Verbesserung der Schnelligkeit über die Koordination

DISZIPLINSPEZIFISCH:
Verbesserung der Wahrnehmung, der Entscheidung und des Reagierens

Techniktraining / weitere Umsetzung der Renntechnik

6.2 Übersicht Trainingsmethoden Schnelligkeit

Primäre Leistungsentwicklung

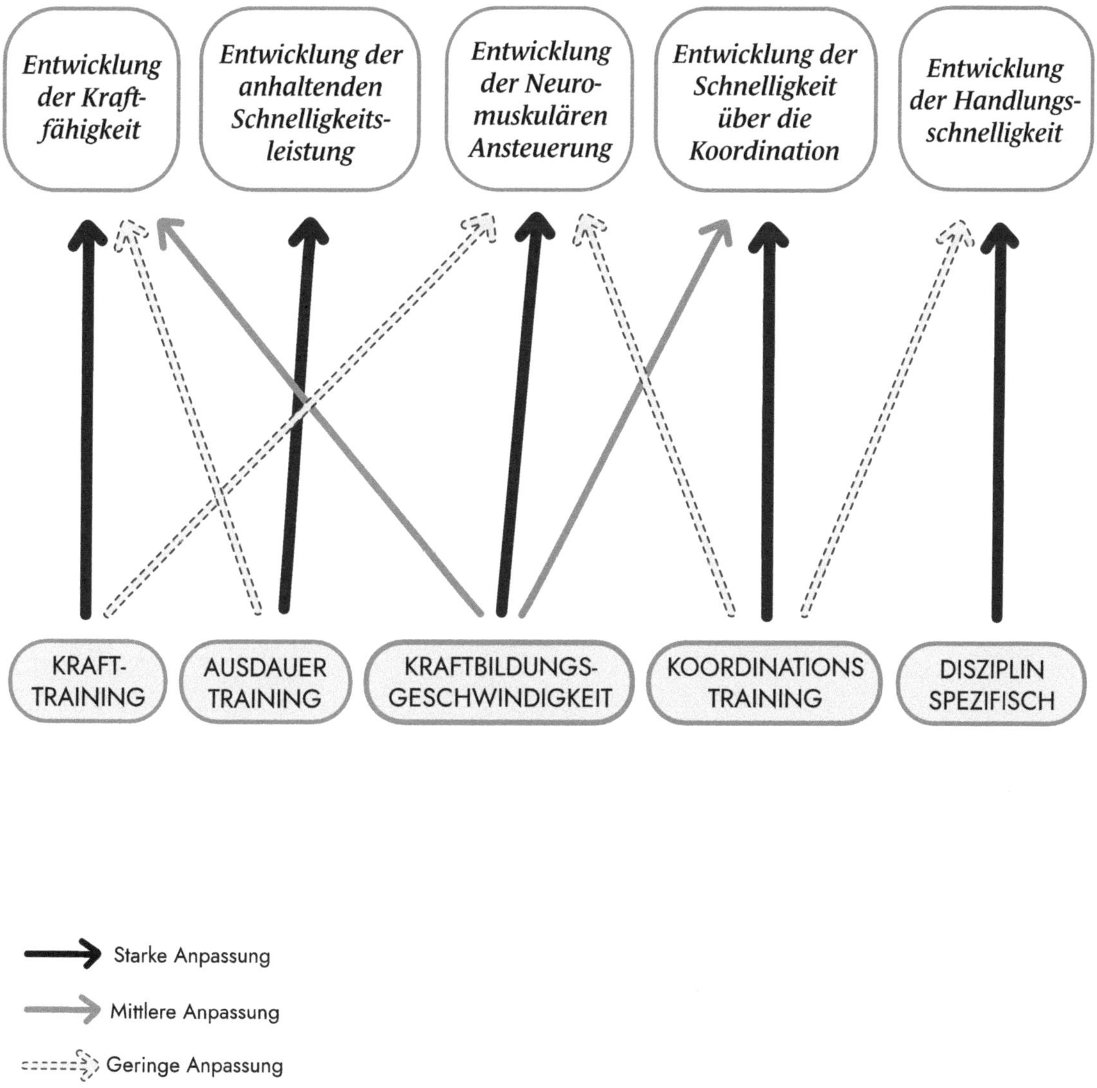

6.3 Methodik Schnelligkeitstraining

- koordinativer Ansatz
- konditioneller Ansatz
- energetischer Ansatz
- handlungsspezifischer Ansatz
- neuromuskulärer Ansatz
- technik- und taktikorientierter Ansatz

KOORDINATIVER ANSATZ

Verbesserung der Schnelligkeit durch allgemeine und spezielle koordinative Übungen.

Ausführungen mit und ohne Zeitdruck

Führt vor allem bei Kinder- und Jugendtraining zu einer sehr guten Entwicklung der Muskelfaserverteilung, um das Schnelligkeitspotential optimal aufzubauen und zu entwickeln.

KONDITIONELLER ANSATZ

Die Schnelligkeit wird durch die Entwicklung der intramuskulären Koordination und der Kraftbildungsgeschwindigkeit verbessert.

- Maximalkrafttraining
- Spezialtraining wie Utilisieren und Kontrasttraining

ENERGETISCHER ANSATZ

Verbesserung der Schnelligkeit durch länger andauernde Schnelligkeitstrainings.

- *kontinuierliche Schnelligkeitsausdauer*
  zyklische, anhaltende und einmalige Schnelligkeitsleistungen wie 200/400 m Läufe, 1000 m Rad, 90 sec. Handergometer

- *intermittierende Schnelligkeitsausdauer*
  wiederholende, zyklische oder azyklische Schnelligkeitsleistungen über einen langen Zeitraum. Voraussetzung ist eine gute Grundtechnik und die spezifische Technik.

Die **Erhöhung** des **Maximalkraftpotentials** in Verbindung mit koordinativ-technisch-spezifischen Übungen **steigert hochgradig die komplexe Schnelligkeitsleistung.**

handlungsspezifischer Ansatz:
Verbesserung der Schnelligkeit durch die Kombination von schnellen Handlungen mit Technik- und Taktiktraining.

neuromuskulärer Ansatz:
Entwicklung der Schnelligkeit durch schnellstmögliche Bewegungsabläufe, welche durch sogenannte „erleichterte Bedingungen" geschaffen werden. Dadurch ist es möglich, schnellere Zeitprogramme zu realisieren und abzuspeichern.

technikorientierter Zugang:
Entwicklung der schnellstmöglichen Bewegungsgeschwindigkeiten von Einzelbewegungen oder einfachen Bewegungskombinationen mit der spezifischen Technik.

taktikorientierter Zugang:
Integration von schnellen Bewegungsaufgaben unter Einbindung des taktisch/strategischen Gefüges.

Technik und taktikorientierter Zugang:
Kombination von komplexen (technik- und taktikorientiert) Bewegungsaufgaben zum besseren Transfer unter Einbindung von Wahrnehmung, Antizipation, Entscheiden, Agieren, und Reagieren.

LEITZSATZ: SCHNELLER ALS NORMAL MÖGLICH!

6.4 Prinzipien bei der Trainingsplanung von Schnelligkeit

- *Ganzjahresplanung / Ziele / Alter*
- *Ist Analyse (spezifische Testung Schnelligkeit)*
- *Qualität statt Quantität*
- *spielerisch (unbemerkter) Ansatz bei Kindern*
- *spezifische Übungsauswahl*
- *kreative Ansätze einbauen*
- *nur ausgeruht und bei guter mentaler Bereitschaft*
- *mit hohen bzw. höchstmöglichen Geschwindigkeiten trainieren*
- *durch Geschwindigkeitswechsel Handlungen (Abläufe) besser „verspüren"*

Bei Kindern soll der Zugang offen gestaltet und sehr kreativ sein.
Wichtig: Erholungspausen einhalten!

schnelligkeitstraining

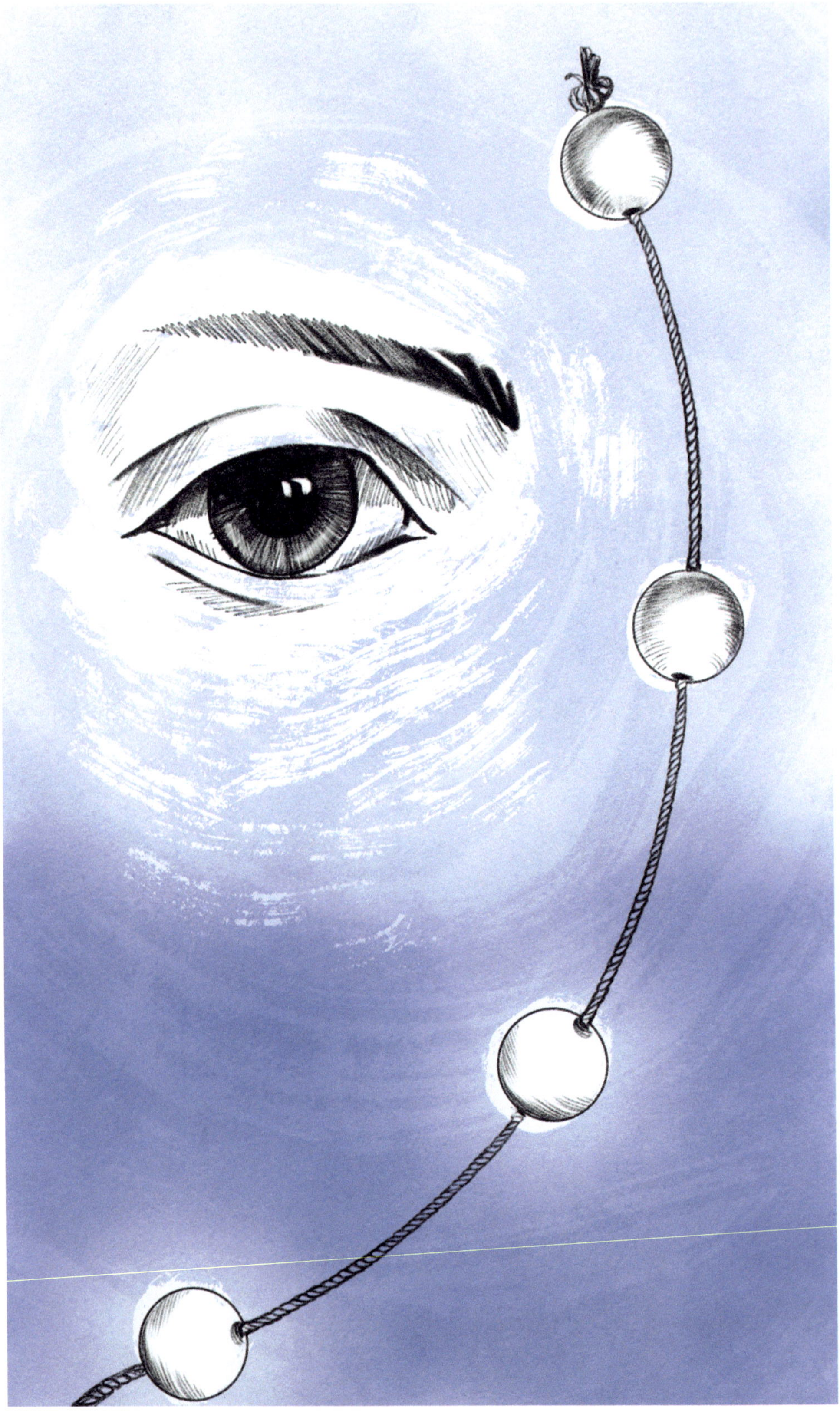

Kapitel 7
Athletik für das Gehirn

7 Mit Gehirnathletik zu Topleistungen

Unser Gehirn ist grundsätzlich für die „Überlebenssicherung" zuständig. Zusammen mit unserem Nervensystem sind wir programmiert, mögliche Gefahren schnellstmöglich aufzunehmen, nicht eindeutige einzuordnen und passend darauf zu reagieren. Die hohen Geschwindigkeiten, mit teils schwer vorhersehbaren Situationen sind jene Bereiche, welche unser Gehirn als *Bedrohung* wahrnimmt - hemmend sind und somit konträr zu den Zielen im Motorsport stehen.

Wie kann ich dem Gehirn „vermitteln", dass es solche Rennsituationen als „normal" wahrnimmt und mehr Tempo zulässt?

Anmerkung: Damit ist nicht eine Steigerung der Risikobereitschaft gemeint – es betrifft das ***sensorisch bessere Ausloten im Rahmen der physikalischen Grenzen.***

Wie kann ich meine „Kommandozentrale" leistungsfähiger machen?

Bei der Fragestellung „welche Faktoren beeinflussen die optimale Leistungsfähigkeit unseres Gehirns" werden die Trainingsfelder ersichtlich:

- alle Einflussfaktoren zur Konzentration
  Siehe auch Kapitel 8 Konzentration
- Input unserer Sinnesorgane
- stabilisierende Muskeln
  (besonders Core-Muskeln, schulterblattfixierende Muskeln, Nacken/Halsmuskeln, Armmuskeln)

7.1 Input unserer Sinnesorgane

Training des visuellen Systems

Das visuelle System liefert im Vergleich zu unseren anderen Sensoren die meisten Daten mit essenziellen Informationen zur Entwicklung eines Art Lageplans zur aktuellen Situation. Je exakter dieses System arbeitet, desto besser bzw. präziser kann das Gehirn Vorhersagen treffen.

AUFGABE VISUELLE SYSTEM

- Transfer von visueller Klarheit
- präzise Bestimmung der Tiefe und Farbe zu Objekten
- Erstbestimmung durch die periphere Wahrnehmung (Gefahrenanalyse)
- Kontrolle der Augenbewegungen (Augenmotorik)
- Zusammenspiel vom fovealen und peripheren „Sehen" (Wahrnehmung)

Das Gesichtsfeld

Das Gesichtsfeld* bzw. Sichtfeld ist der „Raum", in dem unser visuelles System das Vorhandensein von Reizen entdecken kann. Es handelt sich um das, was vor uns mit dem Blick statisch fixiert und um uns herum (peripher) wahrgenommen wird.

**** Ist der Bereich beim geradeaus schauen, ohne dabei die Position der Augen und des Kopfes zu verändern.***

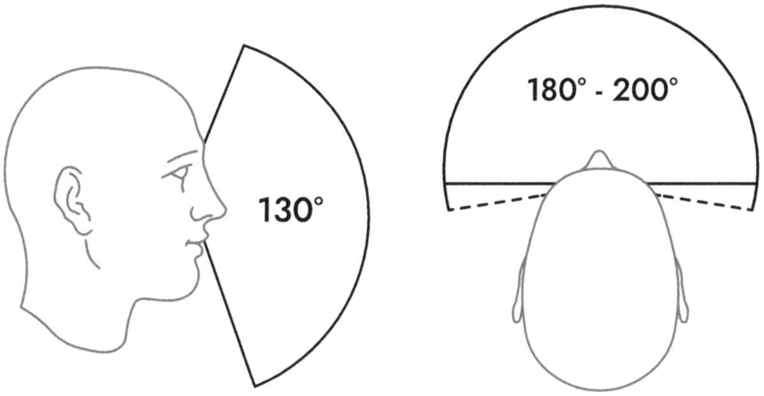

Unter idealen Bedingungen sind die Grenzen des Sichtfeldes wie folgt:

Nasenabschnitt: der Raum vom Mittelpunkt des Gesichtsfeldes bis zur Nase. Die normale Grenze der horizontalen Achse liegt bei 60°
temporale Region: bezieht sich auf den Bereich vom Mittelpunkt bis zu den Ohren. Die normale Grenze liegt bei 100° (horizontale Achse).
obere Region: der Bereich des Mittelpunktes des Gesichtsfeldes bis zu den Augen und darüber. Die normale Grenze liegt bei 60° horizontaler Achse.
untere Region: der Bereich vom Mittelpunkt des Gesichtsfeldes bis in die untere Region. Der Normalbereich liegt hier bei 75° horizontaler Achse.

Faktoren wie die Weite der Pupillen, die Position der Augen, oder wie tief diese in den Höhlen liegen, beeinflussen das Gesichtsfeld. Daneben spielen das Geschlecht und auch das Alter eine Rolle (mit zunehmendem Alter wird das Gesichtsfeld kleiner). Durch den Helm wird das Gesichtsfeld weiter reduziert.

Die Fovea Centralis - das foveale Sehen

Die Fovea centralis (die Sehgrube) ist nicht einmal 2 mm groß und dennoch vollbringt der kleine Teil der Netzhaut eine große Leistung. Ohne Sie wäre es ***unmöglich, Gegenstände scharf und farbig zu sehen.***

Die Fovea Centralis - das foveale Sehen

Das Zusammenspiel zwischen peripherer und fovealer Wahrnehmung

Beides sind Teile des wahrgenommenen Gesichtsfeldes, deren Unterscheidung auf den Aufbau der Retina und der Sensoren Verteilung zurückzuführen ist. Das foveale - das zentrale Sehen (welches als das scharfe Sehen verstanden wird), entspricht der visuellen Wahrnehmung, die aus der Projektion von Lichtreizen resultiert. Diese deckt einen ***Sehwinkel*** von ***gerade mal 2°*** ab. Der übrige Teil, der periphere der Netzhaut, ist für das periphere Sehen verantwortlich. Dieser Bereich deckt somit den gesamten Rest der Wahrnehmung ab.

Beide Systeme wirken je nach Art der visuellen Reizung (physiologisch, psychisch und kognitiv) unterschiedlich an der Wahrnehmung und dem entstehenden Gesamteindruck der Umwelt mit. Peripheres und zentrales Sehen bilden dabei ***zwei parallele Systeme***. Dadurch wird die Effizienz unseres visuellen Systems wesentlich erhöht (Kapazitäten für hohe räumliche und zeitliche Auflösung).

Das periphere System wird gegenüber dem Netzhautzentrum (das scharfe Sehen) ***„bevorzugt behandelt"***. Erscheint ein bewegtes Objekt aus dem „Augenwinkel", wird die zentrale Wahrnehmung ***zugunsten*** der Information aus der Peripherie ***unterdrückt***. Die Aufmerksamkeit wird dann auf ***neue Details*** gelenkt. So wird der Fokus auf zuvor nicht Wahrgenommenes gelenkt – beispielsweise Bewegungen am Rand des Sichtfelds. Es erfolgt reflektorisch eine Neuorientierung durch Veränderung des Sichtwinkels (Augen und Kopf). Diese Reaktion und dessen Ablauf erlaubt eine ***„Neueinschätzung"*** (Neuanalyse) und ist ein entscheidender Faktor im Motorsport.

Anmerkung: Rookies bzw. Quereinsteiger führen häufigere und verstärkte Blickfeldsprünge mit Kopfbewegungen durch, welche sich negativ auf das Einschätzen von Rennsituationen auswirken und die Konzentrationsfähigkeit besonders beansprucht. (Hinweis: Sehtraining / Augenmotorik).

Peripheres Sehen

Peripheres Sehen ist eine Form der visuellen Wahrnehmung, bei der nicht die zentrale Stelle der Netzhaut (Fovea centralis) zum Fixieren eines Objektes benutzt wird. Dies erfolgt durch danebengelegene Areale (de facto ist es ein Art Vorbeischauen am Objekt).

Im Gegensatz zum fovealen Sehen, wo der Betrachter die Blicklinie exakt auf das gewünschte Objekt ausrichtet, um die maximale Sehschärfe auszunutzen, liefert das periphere Sehen zwar nur ***grobe, unscharfe*** und ***optisch verzerrte Bilder,*** aber durch das ***Zusammenschalten von Sehzellen*** zu Gruppen, wird eine Abtastfrequenz bis zu 100 pro Sekunde erreicht.

Beim fovealen Sehen werden nur 3 bis 4 (Abtastfrequenz) erreicht. Das Gesichtsfeld dabei wird bei fixiertem Kopf und stabiler Körperhaltung und geradeaus gerichtetem Blick ermittelt.

Das periphere Sehen gestattet hingegen Augen- und Kopfbewegungen auf das gewünschte Objekt. Dieses System ist sehr effizient bei der Wahrnehmung von Bewegungen. Dessen spezieller Aufbau von hell-dunkel empfindlichen Stäbchen der Netzhautperipherie ist bei Dunkelheit von großem Nutzen.

Das periphere System kann die Wahrnehmung von Farbnuancen nicht unterstützen (z.B. Erkennen von Ampel- oder Lichtsignalen), es liefert aber einen ***ersten Gesamteindruck einer Situation***, solange es ***nicht sofort*** als ***gefährlich*** eingestuft wird und ***ansonst*** einer ***genaueren Analyse*** durch das ***foveale System*** unterzogen wird.

Für die Abdeckung von mehr als ***99,9%*** des ***Gesichtsfeldes*** stehen dem System nur etwa 50% des Sehnervs und ca. 50% der Fläche des Sehzentrums (visuelle Kortex) zur Verfügung. Die andere Hälfte ist für das hochauflösende, aber langsame foveale System reserviert.

7.2 Visuelles Training

Das Optimieren des visuellen Systems bildet die Grundlage, um optimal, schnell, stabil und sicher agieren zu können.

Grundsätzliches zum Training des visuellen Systems und dem Augentraining.

Bei einer bestehenden Sehschwäche sollte das Trainingsprogramm stets ohne optische Brille durchgeführt werden. Außerhalb des zentralen Sehfeldes wird die Sicht unschärfer und in weiterer Folge bildet der Brillenrahmen eine Grenze, die beim Training der Augenmuskeln hinderlich ist. Das Zurückgreifen auf Kontaktlinsen ist deshalb ein Vorteil. Ist dies nicht möglich, überwiegt ein Augentraining mit optischer Brille*, anstelle keines Trainings durchzuführen.

** optional die Anpassung der Brille vornehmen (Größe, Sichtfeld, rahmenlos etc.)*

Training der Augenmuskeln

Isometrische Kontraktionen sind die erste Wahl zur Kräftigung ***schwacher Augenmuskeln***. Mit dem sogenannten ***Rasterdiagramm*** werden die ersten Übungen eingeleitet.

Training der Konvergenz

NAH- FERNBLICK

Unser Auge ist im Entspannungszustand auf Fernsicht eingestellt. Sobald etwas aus nächster Nähe in Augenschein genommen wird, sind mehrere Funktionen des Auges beteiligt - diese nennt sich ***Konvergenz***. Dabei richten sich die beiden Augäpfel in zueinander geneigter Richtung, das Objekt wird fixiert und über spezielle Muskeln (Zita Muskeln) erfolgt die Feinjustierung und ermöglicht das scharfe Sehen. Die Konvergenz gehört zum Bereich der *Akkommodation*.

Training der Akkommodation

NAH- FERN- BLICKWECHSEL

Die Akkommodation ist die ***Anpassungsfähigkeit*** des Auges bei veränderten Lichtverhältnissen sowie das Umschalten von Fern- auf Nachtsicht.

Das scharfe Sehen in der Ferne und in der Nähe, verändert (verschlechtert) sich mit dem älter werden.

Anmerkung: die Alterssichtigkeit (Presbyopie) ist die bekannteste Form einer verringerten Akkommodation.

Durch spezielles Training wird die Fähigkeit, schnell und präzise die Fokuslänge auf ein Objekt einzustellen, verbessert. Durch das verbesserte Einstellen bekommen wir ein scharfes und detailreiches Bild von Objekten. Je schneller und präziser wir verschiedene Entfernungen scharfstellen können, desto früher können wir reagieren und die Handlungsschnelligkeit verbessert sich. Durch Trainings mit unterschiedlichen Lichtverhältnissen werden die Fähigkeiten weiter optimiert.

Sakkaden Training

BLICKWECHSELSPRÜNGE

Dieser Begriff findet seinen Ursprung als Therapieform bei Gesichtsfeldausfällen bzw. deren Einschränkungen.

Im ***Hochleistungssport*** gilt es, die Fähigkeiten des visuellen Systems, den Blick ***gezielt, schnell*** und ***präzise von einem Objekt auf ein anderes Objekt lenken zu können***.

- Nah – und Fernblick / auch einäugig
- Blickwechselsprünge
- Blickverfolgung (z.B. Vision Stick)
- Augenkreuzen - Training – Stab
- „Brock-String – Übungen
- periphere Wahrnehmung
- Brock-String Training mit peripherer Wahrnehmung kombiniert
- Training der Nackenmukeln

7.3 Training der Augenmotorik & vorbereitende Übungen

Zungenübungen

Dadurch werden wichtige neuronale Areale, welche großen Einfluss auf die Bewegungssteuerung der Augen haben, aktiviert. Deshalb ist es vor dem visuellen Training ratsam, mit diesen Vorbereitungsübungen zu starten.

1. Zungenkreisen
2. Zunge vor- und zurückschieben
3. Zunge nach links und rechts schieben

GRUNDLEGENDES:
aufrechte, aber entspannte Standposition
(alternativ sitzend)
Kopf befindet sich in einer neutralen Position
regelmäßige Atmung

1. ZUNGENKREISEN
Kiefer ist entspannt
Lippen geschlossen (nicht gepresst)
beginnend mit der Zungenspitze von den oberen Schneidezähnen an den Zähnen entlang zu kreisen
(ca. 15 – 30 sec) – im Uhrzeigersinn / Seitenwechsel

2. ZUNGE VOR- UND ZURÜCKSCHIEBEN
Kiefer ist entspannt und leicht geöffnet
Zunge gerade nach vorschieben (möglichst flächig nach vorschieben, aber ohne einzurollen)
anschließend die Zunge zurück in den Rachen schieben (ca. 15 – 30 sec.)

3. ZUNGE NACH LINKS UND RECHTS SCHIEBEN
Kiefer ist entspannt
Lippen sind leicht geöffnet
Zunge nach links gegen die Wange drücken (dabei die Zunge waagrecht halten) und anschließend den Wechsel nach rechts durchführen
(ca. 15 – 30 sec.)

Einstieg Augentraining

TRAININGSMITTEL:

- Einsatz von vertikalen, horizontalen und diagonalen Linien
- Einsatz von Halbkreisen und Bögen
- Einsatz von Zahlen - später mit Buchstaben

ZUSÄTZLICH:

- Einsatz mit unterschiedlichen Größen
- Einsatz von scharfen Formen kombiniert mit unscharfen (wenig detaillierten) Objekten
- Einsatz von verschiedenen Linien und Grundformen
- Einsatz von unterschiedlichen Farben
- Training vor bewegtem Hintergrund
- Training auf labilem Untergrund
- Training mit vibrierendem Untergrund (Vibrationsplatte)
- Training in der Bewegung
- Training mit unterschiedlichen Lichtverhältnissen

Erweiterungsübungen bzw. Steigerungsformen, Fortgeschrittene

TRAINING MIT DER LOCHBRILLE / RASTERBRILLE*

die Übungen mit der Lochbrille bzw. Rasterbrille durchführen.
Als Einstieg sind 4 – 10 min ausreichend.

** Loch- bzw. Rasterbrille*
Die Lochbrille ist eine gute Variante, visuellen Stress, welcher durch störende Randstrahlen auf der Netzhaut entsteht, zu reduzieren. Durch dieses Training verbessert sich die Tiefenschärfe beim Sehen.

Aus der Praxis

TRAINING MIT DER LOCHBRILLE / RASTERBRILLE

Einstieg
Einsatz der Lochbrille beim „normalen" Aufwärmen

Für Fortgeschrittene
Loch- oder Rasterbrille beim sensormotorischen Training verwenden: Balanceboard, labiler Untergrund mit Wurf- und Fangvarianten bzw. alle Varianten mit Lochbrille durchführen

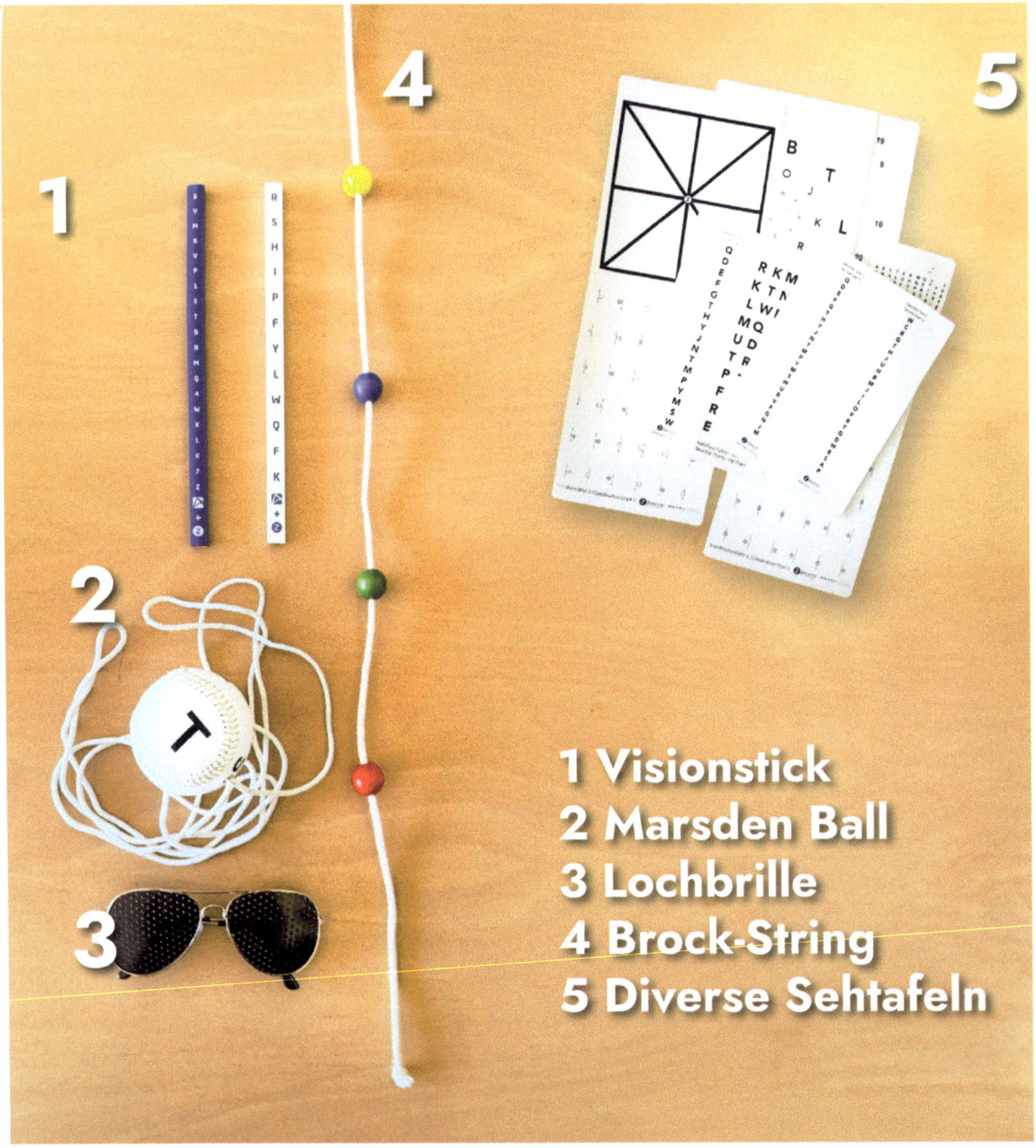

Aus der Praxis - Visuelles Training

1. BASISÜBUNG VISUELLES SYSTEM - ISOMETRISCHE KONTRAKTION

Die Rastertafel wird ca. 30 bis 40 cm vor dem Körper in Augenhöhe an der Wand fixiert.

Wichtig: stabile, aufrechte Standposition, absolut ruhige Kopfhaltung

Ausführung: von der Mitte aus verfolgen die Augen die Linie nach rechts zum Endpunkt. Der Endpunkt wird für ca. 5 – 10 sec. fixiert und anschließend weiter der Linie entlang nach links zum Endpunkt folgen. Über die Mitte zurück im Uhrzeigersinn die einzelnen Punkte zum weitest entfernten Punkt folgen. Die Endpunkte werden jeweils 5 – 10 sec. fixiert und gehalten.
Wiederholungen: 3 – 5

Wechsel: gegen den Uhrzeigersinn
Wiederholungen: 3 – 5

Anmerkung: Die Zeitspanne der Augenfixierung bei den einzelnen Übungen gleich halten. Zur Vorgabe bzw. Zeitkontrolle kann ein Metronom als Taktgeber verwendet werden oder mit der Atemtechnik wie zum Beispiel 5 x ausatmen – Blickwechsel – neu Fixieren – 5 x ausatmen usw.

alle Varianten mit Lochbrille durchführen

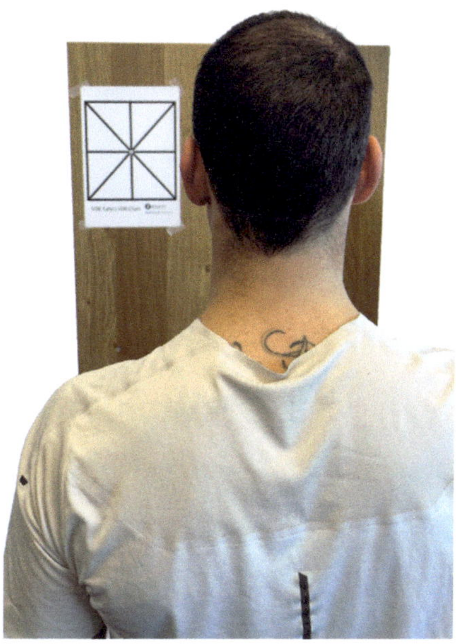

Aus der Praxis

2. BASISÜBUNG NAH- FERN- BLICKWECHSEL (AKKOMMODATION)

Mit Buchstabentafel

Ausführung:
Bei aufrechter Standposition wird die Buchstabentafel ca. 30 – 40 cm in Augenhöhe an der Wand fixiert. Der Buchstabe in der Mitte wird fixiert. Anschließend werden von innen nach außen die weiteren Buchstaben im Uhrzeigersinn gelesen.

Wichtig ist dabei, den Blick nicht vom Zentrum weg zu bewegen.
Wiederholungen: 2 – 3

Wechsel gegen den Uhrzeigersinn
Wiederholungen: 2 – 3

Steigerungsform: Tempo erhöhen
Ausführung mit Augenklappe links / rechts

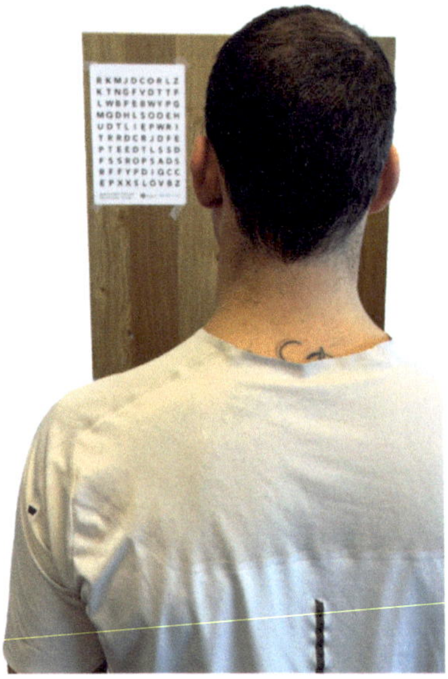

AUSFÜHRUNG MIT RASTERBRILLE

Aus der Praxis

3. NAH- FERN- BLICK (AKKOMMODATION)

Mit 2 Tafeln nah und fern

Die größere der Buchstabentafel wird links vor dem Körper an der Wand fixiert. Der Abstand wird so gewählt, dass die Buchstaben noch scharf zu erkennen sind. Die kleinere Buchstabentafel wird mit der rechten Hand etwa 20 cm vor dem Gesicht in Augenhöhe gehalten.

Ausführung:
Abwechselnd die Buchstaben von nah zu fern lesen. Wichtig ist dabei, den Blickwechselsprung erst dann durchführen, wenn der Buchstabe klar erkannt wird. Die einzelnen Buchstaben nach einem System, wie zum Beispiel von unten nach oben, lesen. Den Kopf während der Ausführungen komplett ruhig halten.
Dauer: ca. 3 – min

Seitenwechsel:
Position seitwärts nach links einnehmen, um die größere Tafel rechts von sich zu sehen. Die linke Hand hält die kleinere Tafel vor sich und das Training wie zuvor fortsetzen.
Dauer: ca. 3 - 5 min

Wichtige Hinweise:
Die Praxis zeigt, beim Neueinstieg werden diese Übungen als intensiv wahrgenommen. Zu beobachten sind etwaige Bewegungen des Körpers und / oder des Kopfes. Wichtig ist, diese Zeichen vom Sportler, Trainingspartner bzw. Trainer, zu erkennen und Ausweichbewegungen immer gleich zu korrigieren. Im Zuge des Trainings können die Augenbewegungen als fordernd wahrgenommen werden. Wird das Training zusehends stärker verspürt und als unangenehm empfunden, die Übungen für diesen Tag beenden.

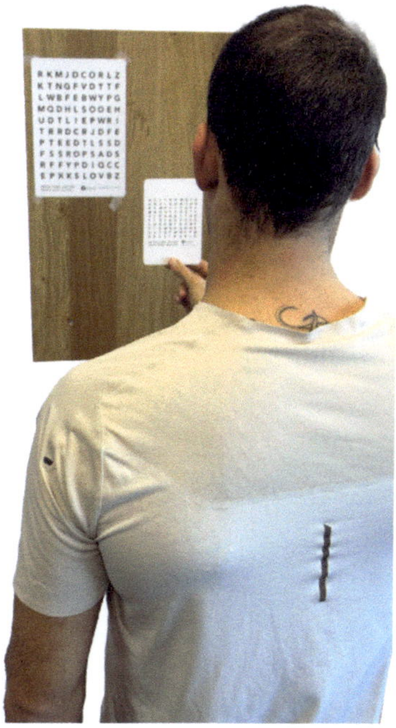

Aus der Praxis

4. FOKUSSIERUNG - SAKKADEN TRAINING (STABILE AUGENSPRÜNGE)

Die beiden Sakkaden Tafeln werden in Augenhöhe in einem Abstand von ca. 30 – 40 cm nebeneinander an der Wand fixiert. Sportler postiert sich Mittig zu den Tafeln.

Ausführung:
Blickwechselsprünge von der linken Tafel der ersten Zeile nach rechts zur Tafel der ersten Zeile. Anschließend Sprünge zur 2. Zeile usw. Wichtig sind dabei die Sprünge erst bei klarem Erkennen der Buchstaben durchführen.

Weitere Varianten:
Von der letzten Zeile nach unten, die Durchführung mit dem Buchstaben Stick, Ausführungen mit labilem Untergrund, Balanceboard , andere Lichtverhältnisse;

Aus der Praxis

5. KONTROLLIERTE BLICKVERFOLGUNG – AUGEN FOLGEBEWEGUNG (VISION STICK)

Aufrechte Standposition. Der Vision Stick wird mit der linken Hand in Augenhöhe vor der linken Schulter platziert.

Ausführung:
Den Stick von der linken Schulter nach auswärts führen. Die Augen folgen der Bewegung, ohne den Kopf zu bewegen.

Varianten:
Den Stick in Brusthöhe halten und anschließend den Stick nach oben leicht über den Kopf führen. Die Augen folgen der Bewegung, ohne den Kopf zu bewegen

Aus der Praxis

6. KONTROLLIERTE BLICKVERFOLGUNG – AUGEN FOLGEBEWEGUNG (MARSDEN BALL)

Den Marsden- oder Buchstabenball frei hängend in Augenhöhe fixieren.

Ausführung:
Mit den Augen einen Buchstaben fixieren und während der Pendelbewegung folgen. Der Kopf wird dabei gerade gehalten.

Varianten: unterschiedliche Positionen
stehend, sitzend, halb liegend etc.
labiler Untergrund, Balanceboard
Ausführung mit Augenklappe links / rechts

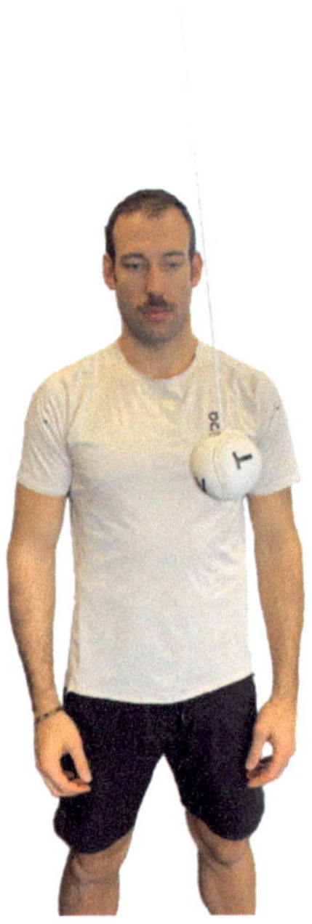

7. KONTROLLIERTE BLICKVERFOLGUNG – AUGEN FOLGEBEWEGUNG MIT ENDFIXIERUNG

Mit Augenklappe den Marsden Ball fangen (einhändig) und dabei einen Buchstaben vom Wurf bis zum finalen Fangen aktiv fixieren.

Handwechsel
Dauer: 3 – 5 min

Training des binokularen Sehens

Das binokulare Sehen bedeutet ein ***deckungsgleiches Bild*** mit beiden Augen ***erzeugen zu können*** und ist ein wichtiger Teil des Sehens. Werden abweichende visuelle Informationen der Augen geliefert, kommt es zu Unterschieden bei der Erkennung von Kernmerkmalen von Objekten. Dadurch kann ein Auge bevorzugt behandelt werden.
In weiterer Folge können Informationsdefizite, wie die der Raumtiefe oder der von Bewegungen von Objekten, bei der Übermittlung zum Gehirn, auftreten. Das sogenannte Brock String Training ist eine Trainingsform, um das binokulare Sehen zu perfektionieren.

8. BASISÜBUNG BINOKULARES SEHEN

Den Vision stick ca. 30 – 40 cm gerade vor dem Gesicht halten.

Ausführung:
Den Stick langsam Richtung Nase führen und dabei einen Buchstaben fixieren. Den Blick dabei scharf halten. Wird der Stick stark verschwommen oder doppelt gesehen, wieder zur Ausgangsposition zurückkehren.
Dauer: 3 – 5 min

Wichtig:
Die Ausführungsqualität bestimmt das Ausführungstempo. Bei Abweichung eines Auges, kann separat mit der Augenklappe trainiert werden.

1

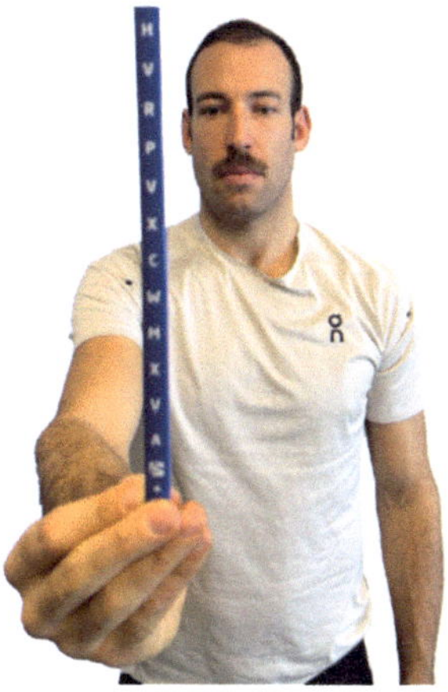

2

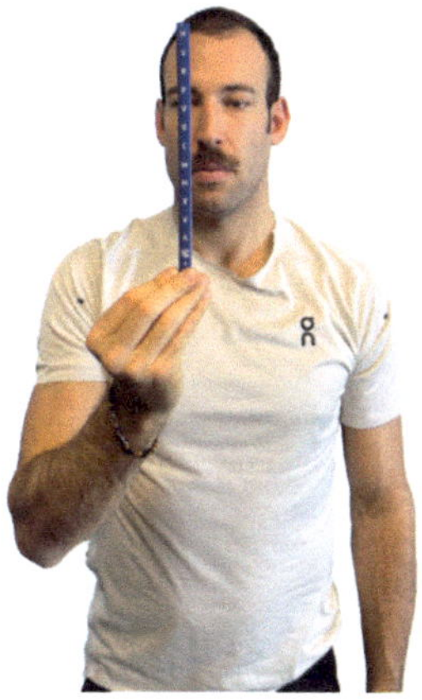

ENDPOSITION

Aus der Praxis

9. BINOKULARES SEHEN – FORTGESCHRITTENE (MIT BROCK STRING)

Die Kugeln werden in Abständen von beginnend ca. 20 cm, 30 – 40 cm und 70 – 80 cm verteilt. Die Schnur wird in Augenhöhe am anderen Ende befestigt.

Ausführung:
Bei aufrechter Haltung wird das lose Ende der Schnur gespannt und in Höhe der Nasenwurzel geführt. Den Kopf dabei gerade halten. Ziel ist es, die erste Kugel mit beiden Augen zu fixieren und dabei zwei eintretende und zwei austretende Schnüre genau in der Lochmitte der Kugel zu sehen und diese etwa 5 bis 10 sec. zu fixieren. Nach und nach den Blick zur nächsten Kugel lenken usw.

Varianten:
die Abstände der Kugeln beliebig verändern
den Winkel der Schnur beim Fixieren verändern

Korrekturmaßnahmen

AUSGANGSPOSITION WIE ÜBUNG 9

Aufrechte Standposition. Der Brock String wird mit der rechten Hand in Augenhöhe vor der rechten Schulter platziert.

Ausführung:
Die gespannte Schnur leicht mit einem Finger zupfen, um dadurch eine leichte Vibration auszulösen. Dadurch wird der Fokus verstärkt auf die Kugel gelenkt.

Suppression und Teilsuppression

Die Schnur die rechts gesehen wird, wird vom linken Auge gesehen und umgekehrt. Wird eine Schnur nur unscharf oder nur teilweise wahrgenommen, spricht man von einer Teilsuppression. Ist diese ganz verschwommen liegt eine vollständige Suppression vor.

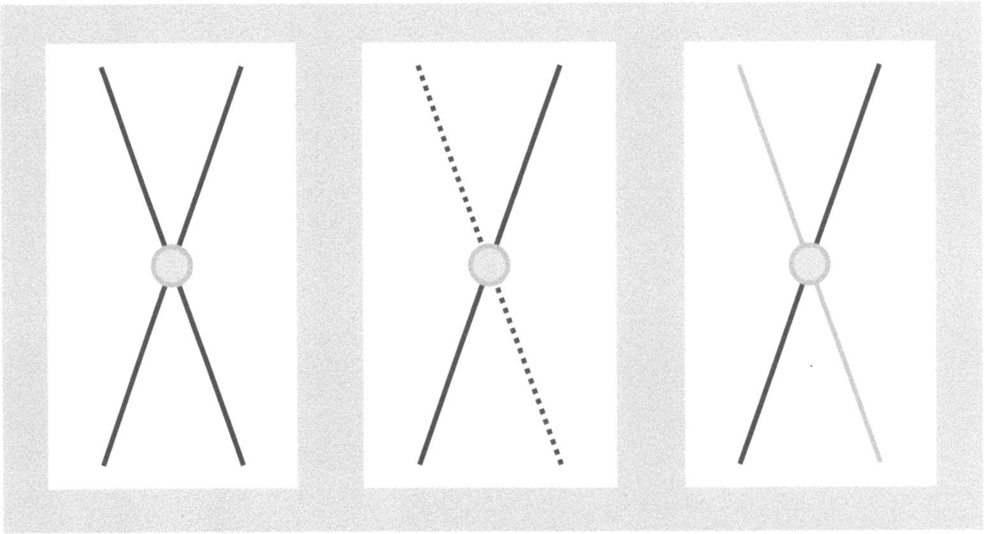

Brock String Wahrnehmung normal

Brock String Wahrnehmung bei Suppression des linken Auges

Brock String Wahrnehmung bei Teilsuppression des linken Auges

Aus der Praxis

10. BROCK STRING MIT NAH- FERN- TAFELN MIT BLICKFELDSPRÜNGE

Eine Nah- Fern- Trainingskarte wird in Augenhöhe an der Wand im Bereich der linken Schulter fixiert. Wichtig ist dabei, den Abstand so zu wählen, dass die Buchstaben noch scharf zu lesen sind.

Ausführung:
Der Brock String wird wie bei Übung 9 zur Nasenwurzel geführt. Dabei die erste Kugel fixieren (zwei eintretende und zwei austretende Schnüre erkennen) und anschließend den Blickwechselsprung nach links zum ersten Buchstaben der Tafel durchführen. Anschließend den Wechsel von der Kugel zum nächsten Buchstaben durchführen. Wird der Buchstabe scharf erkannt, den nächsten Sprung zur nächsten Kugel einleiten und in weiterer Folge alle Buchstaben abarbeiten.

Wichtig:
die Blickwechselsprünge erst dann durchführen, wenn der Buchstabe scharf zu erkennen ist und wenn die Kugel mit den zwei eintretenden und austretenden Schnüren zu sehen ist.

Varianten:
mit labilem Untergrund, Balanceboard etc.

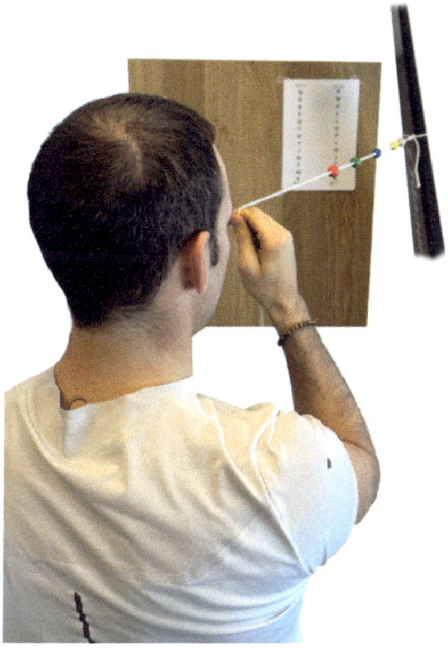

Anmerkung

Bei allen Übungen ist die exakte Ausführung das erste Ziel. Erst nach und nach kann das Tempo erhöht werden und in weiterer Folge können zusätzliche Ausführungsvarianten mit Steigerungsformen eingesetzt werden. Beim Einstieg dieser Trainingsformen wird häufig der Kopf (unbewusst/ungewollt) mitbewegt.
Deshalb ist zu Beginn eine exakte Kontrolle der Ausführung von großer Bedeutung. Gestaltet sich der Einstieg als schwierig, ist es ratsam, nur die ersten zwei Basisübungen zu verwenden und erst in weiterer Folge mit Steigerungsformen, wie der Einsatz eines Balanceboards, der Rasterbrille oder der Augenklappe, einzusetzen. Bei guter Ausführungsqualität die Übungen 3 bis 9 nach und nach integrieren.

„Konzentration ist die entscheidende Leistungskonstante“

Kapitel 8
Konzentration

8 Konzentration

8.1 Definition & Einflussfaktoren

Ist ein psychisches Leistungskriterium – ein intensives und bewusstes Suchen nach Reizen bzw. das gezielte Auswählen von Informationen. Eine Konzentrationsleistung entsteht durch die bewusste Ausrichtung auf ein Wahrnehmungsfeld. Dieser Prozess wird umso mehr von unbewussten und automatisierten Abläufen entlastet, wenn es bei der zu bewältigenden Aufgabe ein reibungsloses Zusammenspiel zwischen sensorischer Wahrnehmung und motorischen Antwortwortreaktion kommt.

Die Konzentrationsleistung wird von vielen Faktoren beeinflusst:

- physische Verfassung
- emotionaler Zustand
- Bereitschaft / Wollen
- motorische Aktivierung
- Umgebung
- kognitive Leistung
- Ablenkung
- Reizüberflutung / Stress
- Technik / Erfahrung
- Ernährung, Flüssigkeit
- Schlaf
- aktueller Regenerationslevel

Die Auflistung macht deutlich, dass unzählige Faktoren die Aufmerksamkeitsleistung negativ beeinflussen können.

Im Motorsport ist die Fähigkeit der 100% Fokussierung ein entscheidender Faktor.

Der ganzheitliche Trainingsplan beinhaltet bzw. entwickelt direkt wie indirekt diese Konzentrationsfähigkeit. Ein zusätzliches, individuelles Konzentrationstraining mit spezieller Fokussierung ist sinnvoll.

Regenerationsprozesse
sind ein wichtiger Teil
der Superkompensation

Kapitel 9
Regeneration

9 Regeneration

9.1 Definition

Regenerationsprozesse sind physische und psychische Wiederherstellungsprozesse, welche kurz, mittel oder langfristig zu Anpassungen führen.
Die Wichtigkeit der Regeneration wurde bereits im Kapitel „Trainingsmethoden" in Verbindung mit Be- und Entlastung, genannt.

Selbst im Hobbysport sind regenerative Maßnahmen, ob zur besseren Bewältigung der Trainings- oder zur Berufsalltagsbelastung, bereits weit verbreitet.

Im Leistungs- bzw. Hochleistungssport sind regenerative Maßnahmen unverzichtbar und wichtige Aspekte jedes Trainingsprozesses.

Mit unzähligen Einheiten pro Woche im Hochleistungssport ist die Gefahr eines möglichen „Übertraining" nur durch entsprechende Maßnahmen vermeidbar.

Regeneration ist für mich ein weiterer Trainingsfaktor, welcher fixer Bestandteil einer einzelnen Trainingseinheit ist und in weiterer Folge im Gesamttrainingsplan integriert wird.

9.2 Regenerationsmaßnahmen Übersicht

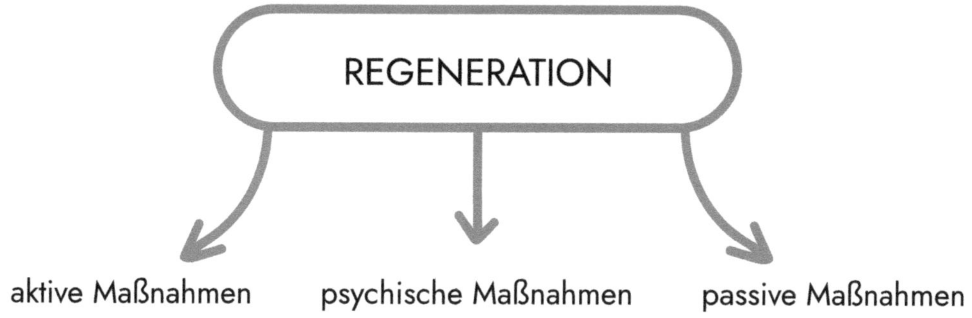

AKTIVE MASSNAHMEN
Auslockern
„cool down“ wie Auslaufen
Ausgleichsgymnastik
lockeres Mobilisieren
Beweglichkeitstraining
Aquagymnastik
Faszienrollen
etc.

PASSIVE MASSNAHMEN
Flüssigkeitsaufnahme
Ernährung
Kälte – und oder Wärmebehandlungen
Kompressionsbehandlungen
Elektrostimulation
Sauna
Massage, Lymphdrainage
Schlafpausen zwischen Trainingseinheiten
Schlaf
etc.

PSYCHISCHE MASSNAHMEN
Atemübungen
audiovisuelle Maßnahmen
Bewegungsrituale
Wahrnehmungsförderung
Relaxationstraining
Hypnose
Meditation
etc.

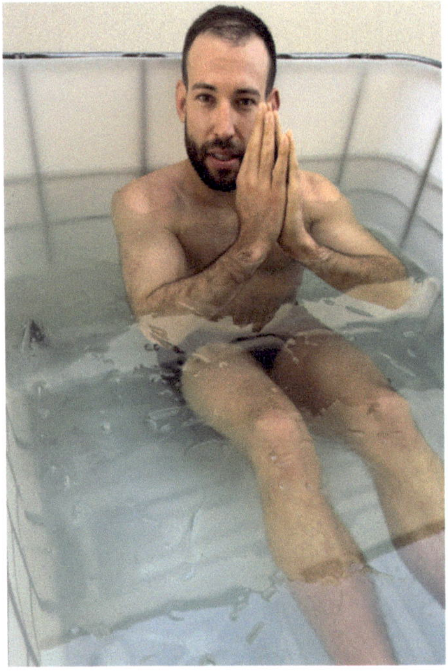

Kälteanwendung nach einer intensiven Trainingseinheit

9.3 Beurteilung der Regeneration

Für eine optimale Trainingsplanung ist die ***Beurteilung*** der Regeneration ein wichtiger Bestandteil. Es soll der ***„aktuelle Ermüdungsfaktor"*** beim Sportler erkannt werden.

Der Ermüdungsfaktor ist keinesfalls als negativer Faktor zu sehen, sondern ist ein Bestandteil von verschiedenen Prozessen im Körper und ein ***Teil einer progressiven Leistungsentwicklung***. Für die Analyse und Feststellung des Ermüdungsfaktor bzw. des Erholungswertes gibt es unterschiedliche Methoden:

- sportmotorische Tests
  (Kraft-, Schnelligkeitstest nach Referenzwerten)
- Herzparameter (Ruhepuls, HF-Variabilität)
- Laborbefunde (Creatin-Kinase)
- Harnstoff
- psychometrische Tests (BORG Scala, profile of mood states)
- subjektives Empfinden
- Beobachtung Trainer, Bezugsperson

Achtung:
Je niedriger die Leistungsfähigkeit, desto länger ist die Regenerationszeit!

9.4 Mögliche Symptome eines Übertrainings

- geschwächtes Immunsystem
- Essstörungen
- Schlafstörungen
- psychische Unausgeglichenheit (Lethargie, Gereiztheit, Aggression)
- Leistungsabfall

Neben der sportwissenschaftlichen Diagnose, ist ein vom Sportler regelmäßig durchgeführter persönlicher Check seines ***Energiemanagement*** von Vorteil.

9.5 Energiemanagement

Persönliche Beurteilung

Die folgende Beurteilung sollten Sportler in regelmäßigen Abständen durchführen und je nach Thematik mit einer Bezugsperson bzw. dem Trainer besprechen, um frühzeitig die richtigen Schritte zu setzen.

+ Was gibt mir momentan Kraft?

....

....

− Was raubt mir momentan Kraft?

....

....

+ Womit kann ich meine Energiespeicher wieder auffüllen?

....

....

− Wie kann ich Energieverluste reduzieren?

....

....

Wie viel Schlaf benötige ich um mich gut erholt zu fühlen?

Wie viele Pausen mache ich am Tag und wie gestalte ich sie am besten?

Welches Essen/Getränke tun meinem Energiehaushalt besonders gut?

Gibt es Essen/Getränke, welche mir nicht guttun?

Wann kann ich mich am Tag am besten konzentrieren?

Wann kann ich mich am Tag am schwersten konzentrieren?

unsere schnellsten Sinnesorgane

Kapitel 10
Faszien

10 Faszien

10.1 Erklärung

Faszien sind gewebsartige, ineinander verwobene Netzstrukturen, die Unterhaut, Muskeln, Gelenke, Bänder und Gelenkskapseln umhüllen und verbinden.

Faszien bestehen zu ca. 75% aus Wasser und den Proteinen Kollagen und Elastin. Die anteilige Zusammensetzung variiert je nach deren Lage und Aufgabe. Ein hoher Kollagenanteil macht Faszien besonders zugfest und stabil, ein hoher Anteil von Elastin wiederum sorgt für eine hohe Elastizität.

OBERFLÄCHLICHE FASZIEN
Diese liegen in der Unterhaut, ziehen sich durch den ganzen Körper und halten die inneren Strukturen wie eine Schutzhülle zusammen. Diese Faszie ist viskoelastisch, d. h. je weniger Kraft auf diese stößt, desto elastischer sind sie. Treten höhere Kräfte auf diese Faszien auf, verhärten sich diese, um die darunter liegenden Weichteile des Körpers zu schützen.

TIEFE FASZIEN
Diese umschließen einzelne Muskeln, Muskelgruppen, Knochen, Nervenbahnen und Blutgefäße.

VISZERALE FASZIEN
Sie umhüllen Organe und kleiden Hohlräume im Körper aus.

WEITERE GEWEBEARTEN:
befinden sich: Gelenkkapseln, Sehnen, Ligamente (sehnenähnliches Band), Aponeurosen (breite Sehnenplatte) Retinacula (ringförmige Halter des Sehens)

Eigenschaften
Ein hoher kollagener Anteil macht Faszien besonders stabil und zugfest zum Schutz von Organen. Elastin sorgt dagegen für die hohe Elastizität, die besonders bei Muskel umhüllenden Faszien benötigt wird.

Faszien wurden aus (sport)medizinischer Sicht lange Zeit als mehr oder weniger funktionsloses, passives Bindegewebe betrachtet. Erst jüngere Studien, zeigen, welche wichtige Aufgaben die Faszien im Körper tatsächlich wahrnehmen.

Funktion

- halten Organe, Knochen und Muskeln an ihrem Platz
- geben dem Körper Struktur und Halt
- schützen die von ihm umhüllenden Strukturen vor Verletzungen und vor dem Eindringen von Krankheitserregern
- unterstützen beim Übertragen der Muskelkraft (Kraftentwicklung)
- dienen zur Signalübertragung

Das Fasziengewebe ist ein sensibles Übertragungsnetzwerk von Signalen, speziell bei Bewegungsabläufen spielen die Propriorezeptoren im Gewebe eine große Rolle – bei der räumlichen Wahrnehmung der Körperhaltung und der Bewegung. Rund 100 Millionen dieser Mechanorezeptoren werden durch Druck, Kompression oder Dehnung eingeschaltet und leiten dann Informationen weiter bis ins Gehirn.
Erst seit einigen Jahren weiß man, dass Faszien über eigene Nervenzellen verfügen. Fehlstellungen (und Verletzungen) werden an das Gehirn weitergeleitet.

Nicht nur Bewegungsarmut, sondern auch durch einseitiges Training oder anderer Überlastungen (physisch wie psychisch) können sich Beschwerdebilder im Fasziengewebe einstellen. Faszien neigen zu verkleben (= richtungslose Faserstruktur)

Funktion – Zwischenzellflüssigkeit der Faszien

Der Zwischenzellraum (zwischen den Zellen und dem Bindegewebe) dient als Durchgangs- und Speicherplatz für Sauerstoff, Nährstoffe und Schlacken. Die Zwischenzellflüssigkeit hat unter anderem folgende wichtige Aufgaben:

- Transport- und Lösungsmittel für Stoffwechselprodukte
- Wärmepuffer
- Oxidation und Reduktion
- dient als Füllstoff (hält die Form konstant)
- verringert als Gleitmittel die Reibung
- Bildung neuer Faszienfasern

Die Zwischenzellflüssigkeit spielt eine wichtige Rolle bei der Bildung neuer Faszienfasern. Durch Rolltechniken werden diese Mechanismen gefördert und unterstützt.

Verschiedene Fazienrollen

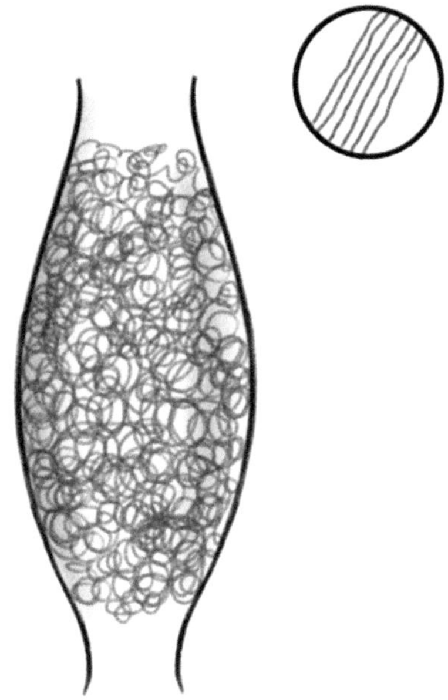

untrainierte Faszien
unregelmäßig, unelastisch und verklebt

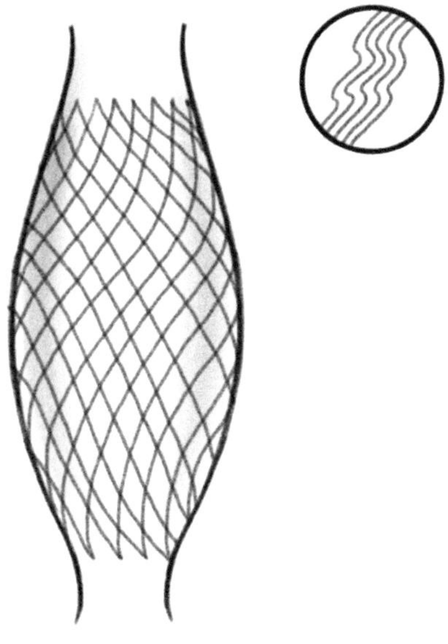

trainierte Faszien mit Rollentraining
gleichmäßig, strukturiert, elastisch
und locker

10.2 Faszienrollen als Trainingsmethode

LANGSAMES FASZIENROLLEN

Neuere Erkenntnisse zeigen, dass langsames Faszienrollen (etwa 1 cm / sec), den Stoffwechsel positiv beeinflussen und die Bildung neuer Fasern unterstützen. Verklebungen können „aufgebrochen" und gelöst werden.

Im straffen Bindegewebe – der Sehnen und Bänder, nimmt durch das langsame Rollen die Steifigkeit zu, das lockere Bindegewebe wird flexibler, was wiederum mehr Bewegung begünstigt.

SCHNELLES FASZIENROLLEN

Schnelles Faszienrollen ***aktiviert die Proprio-rezeptoren***, erhöht die Sensibilität der Mechanorezeptoren und ***fördert*** dadurch die ***Bewegungswahrnehmung***.

Faszienrollen hinterer Oberschenkel

VARIANTE 1 MIT BEINSTÜTZ

Faszienrollen hinterer Oberschenkel

VARIANTE 2

Faszielnrollen seitlicher Oberschenkel (tensor fasczie latae)

VARIANTE 1 MIT BEINSTÜTZ

Faszienrollen hinterer Oberschenkel

VARIANTE 2 VON RÜCKWÄRTS

Faszienrollen

VORDERER OBERSCHENKEL

Faszienrollen

INNERER OBERSCHENKEL

Faszienrollen

QUADRATISCHER LENDENMUSKEL

Faszienrollen

LANGER RÜCKENSTRECKER

Faszienrollen

NACKENMUSKULATUR

Kapitel 11
Aufwärmen

11 Aufwärmen

11.1 Erklärung

Aufwärmen ist sicher ein Thema, welches viele unterschiedliche Meinungen und dadurch diverse Varianten über das „richtige Aufwärmen" hervorruft. Vorab möchte ich bemerken, dass es nicht die EINE, vermeintlich beste Aufwärmmethode gibt. Es ist aber auffallend, dass doch viele Sportler die Bedeutung des Aufwärmens unterschätzen und vielleicht auch deshalb vernachlässigen.

Nur ein optimal aufgewärmter Sportler kann im Wettkampf das gesamte Potential seiner Leistungsfähigkeit ab der ersten Sekunde an, bereitstellen.

Warum gibt es nicht DIE EINE Aufwärmvariante?

Stellt man sich die Frage, was ist das eigentliche Ziel des Aufwärmens, kommt man der richtigen Durchführung schon näher.

Ein Erklärungsbeispiel:

Das Aufwärmen für eine Ausdauereinheit ist anders und deutlich kürzer als das vor einem intensiven Agilitytraining oder für ein spezifisches Schnelligkeitstraining.

Diese Trainingsformen benötigen die körperliche Vorbereitung mit kognitiven Komponenten und dem mentalen Fokus auf die bevorstehende Belastung.

Das morgendliche Aufwärmen vor einem Rennen bedarf wiederum einer anderen Komposition als die einer einzelnen Trainingseinheit oder vor dem wiederholten Start zur nächsten Sonderprüfung. All das muss der Sportler und der Trainer berücksichtigen.

Die Methode und die Dauer des Aufwärmens werden von der Anforderung der gestellten Aufgabe geprägt.

W. Biro

11.2 Fokus Aufwärmen - Wettkampf

Ziel ist es, seinen Organismus, körperlich, kognitiv und emotional zeitlich perfekt für den Wettkampf – spätestens bis die Ampel auf Grün schaltet, vorzubereiten.

Daraus wird ersichtlich, dass die „klassischen" Aufwärmübungen allein, dem nicht gerecht werden können.

Bezeichnungen wie allgemeines Aufwärmen, spezielles oder spezifisches Aufwärmen werden häufig verwendet. Mit der Bezeichnung ***„funktionelles Aufwärmen"*** und deren Unterformen, sind die unterschiedlichen Aufgabenstellungen der ***aktiven*** und ***passiven Aufwärm-*** und ***Aktivierungsprozesse*** gemeint.

ZIELE DES FUNKTIONELLEN AUFWÄRMENS:

- körperliche Ebene
- kognitive Ebene
- emotionale/mentale Ebene

körperliche Ebene - Belastungsvorbereitung

- Aktivierung des Herz-Kreislaufsystems
- Steigerung der Herz- und Atemleistung
- Erhöhung der zirkulierenden Blutmenge
- Steigerung der Körperkerntemperatur
- Steigerung der Muskeldurchblutung
- Erhöhung der Körperkerntemperatur (auf ca. 38,5 bis 39°)
- innere Reibungskräfte der Organe und der Muskeln reduzieren sich
- Erhöhung des Muskelstoffwechsels
- Erhöhung der Muskelgleitfähigkeit
- höhere Kontraktionsgeschwindigkeit
- Verbesserung der Koordination
- Verbesserung der Sensormotorik
- Anstieg der Nervenleitgeschwindigkeit
- Anstieg der Reaktionsgeschwindigkeit
- Mobilisation der Gelenke
- Verletzungsprophylaxe

kognitive Ebene

- Steigerung der Gehirnleistung
- Steigerung des Aktivierungspotentials
- Verbesserung der Visualisierung (Augenmotorik, Wahrnehmung, Entscheidung)
- Verbesserung Zusammenspiel Zentralnervensystem
- Steigerung der Konzentration

mentale Ebene

- Steigerung der Leistungsbereitschaft
- Erhöhung der Bewegungsbereitschaft
- Erhöhung der Motivation

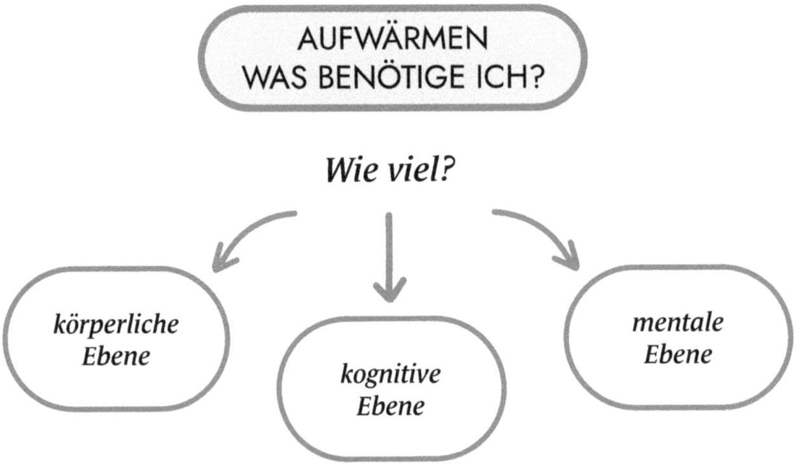

Traingsarten	**körperlich**	**kognitiv**	**mental**
Grundlagenausdauer	+	(+)	+
intensives AD	++	+	+
Schnelligkeitstraining	+++	+++	++
Krafttraining Maximalkrafttraining	++ +++	++ +++	+ ++
Schnelligkeit + Technik	+++	+++	++
Technik + Handlungsschnelligkeit	+++	+++	+++
Wettkampfvorbereitung	+++	+++	+++

\+ = geringer ++ = mittel +++ = hoch

Aufwärmen bei Kindern und Jugendlichen

Kinder benötigen weniger Zeit zum Aufwärmen als Jugendliche – beide Gruppierungen benötigen weniger Aufwärmzeit als Erwachsene.

Aufwärmen bei Erwachsenen

„ältere Erwachsene" ~ ab ca. 30 Jahre aufwärts, benötigen eine längere Aufwärmzeit (speziell körperliche Ebene).

METHODIK AUFWÄRMEN (NACH DEN ANFORDERUNGEN)

- allgemeines Aufwärmen
- spezielles Aufwärmen
- spezielles Aufwärmen mit kognitiven Elementen
- visuelle Übungen (Augenmotorik)
- kinästhetische Aktivierung (aktiv und passiv)
- Konzentrationsübungen

Ein kurzes oder auch längeres statisches Dehnen ist zum Aufwärmen ungeeignet.

DURCHFÜHRUNG ALLGEMEINES AUFWÄRMEN

lockeres Mobilisieren
Gymnastik
Aktivierung der körperlichen Ebene = allgemeines Aufwärmen (z.B. Laufen, Schnurspringen, Ergometer fahren, Rudern etc.)
kombiniert oder im Anschluss mit leichten Kräftigungsübungen

ÜBERGANG – SPEZIELLES AUFWÄRMEN (= DYNAMISCHES AUFWÄRMEN)

allgemeines Aufwärmen kombiniert mit kognitiven Elementen nach dem ersten „Warm up" des Körpers:

Übungen der Kreuzkoordination
Einfügen von kognitiven Aufgaben, sensormotorische Elemente, Sprung- und Hüpfelemente einbauen

weitere Varianten:

kombinieren mit Agilitytraining (Kurzversion/überwiegend Entscheidungsfindung) mit Anweisungen durch Trainer
Varianten der Wahrnehmung und Entscheidungsfindung einbauen

zusätzliche Trainingsmaterialien:

Balanceboard Springseil, Bälle, Farbtafeln, Reaktionsboard, Faszienrolle etc.

ganzheitlicher Trainingsplan

Trainingssteuerung

Voraussetzungstraining

Kapitel 12
Trainingsplanung

12 Trainingsplanung

12.1 Erklärung

Unter Trainingsplanung versteht man einen systematischen, zielgerichteten und planmäßig ablaufenden Prozess. Dieser beinhaltet die Sportartanalyse, die Planung und die methodische Durchführung.

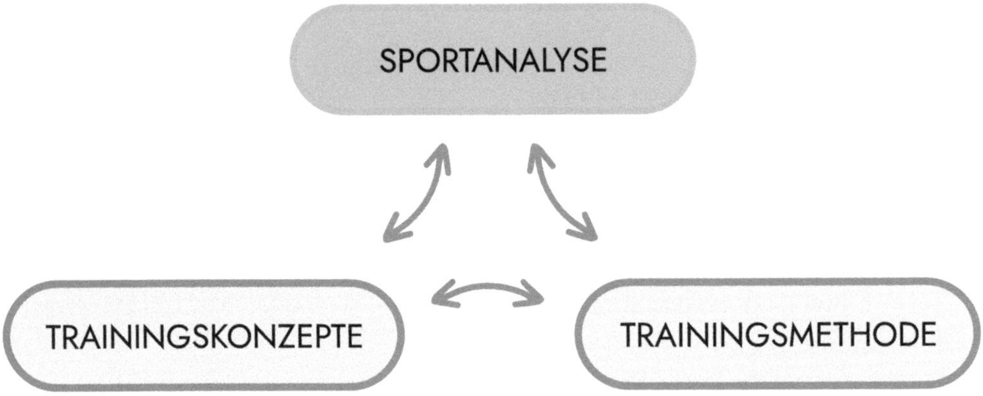

ANLEITUNGSSCHRITTE

- Sportartanalyse (mit Wettkampfanalyse)
- Zieldefinition
- Bildung des Bausteinkatalogs (sportartspezifisch)
- Jahresplan – Grobplanung
- Periodisierung der Bausteine (= Modulbildung)
- Erstellen von Kennziffern
- weitere Periodisierung (Wochenpläne etc.)
- Dokumentation
- regelmäßige Adaption (bzw. Änderung) des Trainings
- Trainingsanalyse (Wettkämpfe?)

Zusätzlich:

- was/wie wurde bisher trainiert?
- (Alter, Inhalte, Methoden)
- zeitliche Ressourcen

MEDIZINISCHER CHECK

Internistisch und orthopädisch

ANALYSE

Ist Analyse der aktuellen Leistungsdaten

LEISTUNGSDIAGNOSTISCHE UNTERSUCHUNG

Allgemein und sportartspezifisch
Ausdauer, Kraft, Maximalkraft, Schnelligkeit, Beweglichkeit, Koordination, sportartspezifisch

UMFELDANALYSE

soziales Umfeld
(Eltern, Bezugsperson, Freunde, Trainer, Unterstützer, Sponsoren)
zeitliches Umfeld (Schule, Studium, Beruf etc.)
Trainingsumfeld
(Trainingsstätten Trainingsmöglichkeiten etc.)

Modulbildung – die einzelnen Bausteine

- physische Module / athletische Module
- kognitive Module
- technisch / taktische Module
- mentale Module

ZIELSETZUNG

Vor der Erstellung eines Trainingsplans sollen die verschiedenen Ziele definiert werden.

Prozessziele

Leistungsaufbau - kurz- mittel und langfristig
qualitative Leistungsentwicklung
verletzungsprophylaktische Maßnahmen

Leistungsziele / Ergebnisziele

messbare Ergebnisse, Trainings- und Wettkampfleistungen

12.2 Erstellung eines Jahresplans

Der Jahresplan dient als wichtige Orientierungsgrundlage bei der langfristigen Planung. Kein Jahresplan bzw. längerfristiger Trainingsplan ist als solcher als „starr" und als unveränderbar anzusehen.

Idealerweise wird ein guter Trainingsplan an unterschiedliche Gegebenheiten angepasst. Dazu zählen viele Faktoren wie physische Belastungen, Verletzungen, Trainingsleistungen, veränderte Umfeldbelastungen (z.B. Schulstress), Testergebnisse oder andere eintretende Ereignisse.

Ein guter Trainingsplan wird individuell an den Sportler angepasst und nach Bedarf adaptiert

DER JAHRESPLAN BEINHALTET:

Phasen / Periodisierung
Trainingsfreie Zeiten / Urlaube
Testtermine
Trainingslager
Wettkämpfe (Aufbau- und Hauptwettkämpfe)

12.3 Trainingsprinzipien

Die Periodisierung

Die Grundidee der klassischen Periodisierung ist die Unterteilung in unterschiedliche Trainingszyklen unterschiedlicher Länge.

Bei kürzeren Vorbereitungsphasen (bei häufigen Wettkämpfen) wird die Block–Periodisierung angewendet, bei längerer Vorbereitung und wenigen Wettkämpfen, wird in der Regel die klassische Periodisierung angewendet.

Einfach-Periodisierung
Zweifach-Periodisierung
Dreifach-Periodisierung
Mehrfach-Periodisierung

Mehrjahresstruktur / Jahresplan
Makrostruktur
Mesostruktur
Mikrostruktur

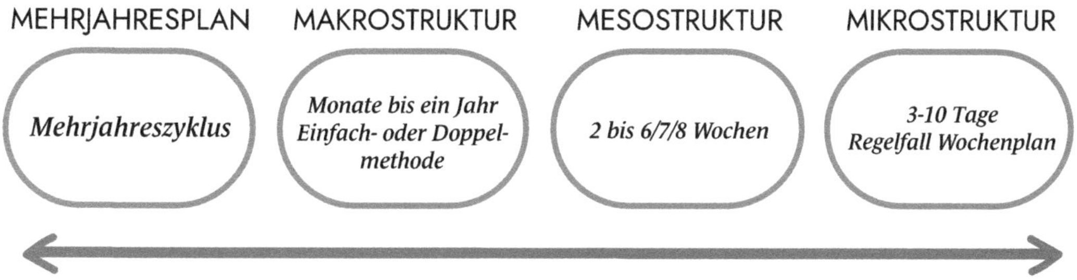

Zeitspannen - Übersicht (Beispiele)

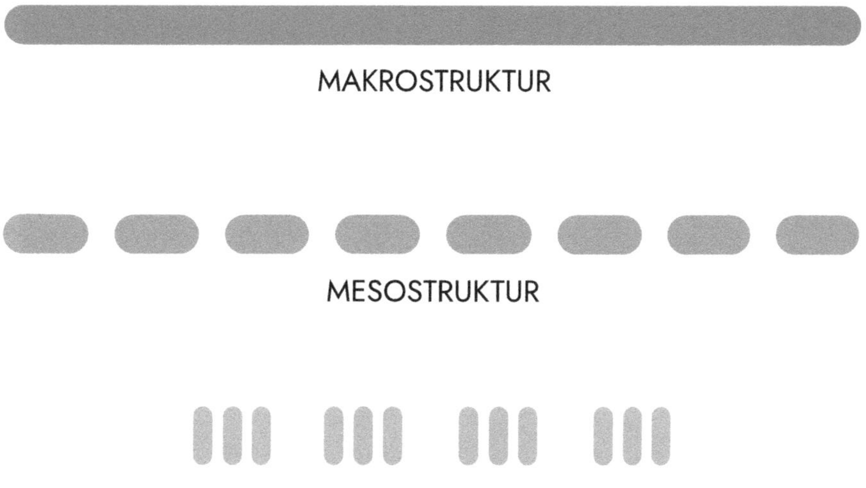

Makrozyklen

Beim Makrozyklus handelt es sich um einen langen Trainingsabschnitt, bestehend aus mehreren Mesozyklen. Der Makrozyklus ist in seiner inhaltlichen und belastungsdynamischen Grundstruktur wiederkehrend, mit dem Ziel der Herausbildung der sportlichen Form.

verschiedene Makrozyklen

ALLGEMEINE VORBEREITUNGSPHASE
Aufbau von allgemeinen Leistungsgrundlagen, unspezifische Inhalte, mittlere bis hohe Belastung

ERHALTENDE UND SPEZIFISCHE VORBEREITUNGSPHASE
Erhalten der allgemeinen Leistungsgrundlagen, legen der speziellen Leistungsgrundlagen (intensiv)

SPEZIELLE VORBEREITUNGSPHASE
Entwicklung spezieller Leistungsvoraussetzungen, in enger Verbindung mit wettkampfspezifischen Bedingungen

WETTKAMPFPERIODE
Entwicklung und Stabilisierung der Wettkampfleistung

ÜBERGANGSPERIODE
Wiederherstellung der Leistungsbereitschaft, (physisch wie psychisch), Gesundheitscheck, stärkere Reduktion der sportartspezifischen Belastung, Einleitung von aktiver Erholung, Training „nicht nach Plan“ (Spaßfaktor), Möglichkeit der Technikverbesserung

Blockperiodisierung

Blocktrainings basieren auf hochkonzentrierten Trainingsinhalten und den sich daraus resultierenden Resteffekten.

Die Einteilung erfolgt in drei Phasen:

Akkumulation	=	Anhäufung
Transmutation	=	Umwandlung
Realisation	=	Umsetzung

AKKUMULATION

aerobe Ausdauer, Muskelaufbau, Grundmotorik und Koordination

TRANSMUTATION

anaerobe Ausdauer, spezifische Ausdauer, neuromuskuläre Kraft, Technik

REALISATION

Reduktion des Umfanges = Zuspitzen /Tapering
Vollständige Wiederherstellung, Schnellkraft, Schnelligkeit, Wettkampfbereitschaft

Mesozyklus

Ist ein mittelfristiger Trainingsabschnitt, welcher aus mehreren Mikrozyklen besteht. Die inhaltliche und belastungsdynamische Grundstruktur ist eine wiederkehrende und wird durch Belastungsmodifikationen dem Leistungszustand des Sportlers angepasst. Der Mesozyklus soll aufeinanderfolgende Mikrozyklen steuern und dessen Effekt, von einer oder mehreren Teilaufgaben in einem optimalen Verhältnis von Be- und Entlastung (Regeneration) ermöglichen.

Mikrozyklus

Ist ein im Verhältnis kleiner, aus mehreren Trainingseinheiten bestehender Trainingsabschnitt, dessen inhaltliche und belastungsdynamische Grundstruktur wiederkehrend ist und sich dem Leistungszustand des Sportlers anpasst.

Übersicht

UNTERSCHIEDE PERIODISIERUNG VS. BLOCKSTRUKTUR

Merkmale des Trainingsaufbaus	Periodisierung	Blockstruktur
dominantes Prinzip der Komplettierung von Belastungen	Vielseitige Anwendung der Wirkung unterschiedlicher Belastungen	Konzentration der spezialisierten Entwicklung auf ein Minimum (Eine) von Zielfähigkeiten
zeitliche Übereinstimmung der Akzente der Entwicklung der Zielfähigkeiten	vorwiegend parallel	vorwiegend aufeinander folgend
Leitkonzept der Planung	Vorbereitungsperiode Wettkampf + Übergangsperiode	Trainingsetappen Kombination von Block-Mesozyklen
Wettkampfteilnahme	vorwiegend in der Wettkampfperiode	vorwiegend am Ende jeder Trainingsetappe

PERIODISIERUNG EINES MIKROZYKLUS (BEISPIEL)

Rythmus Training	Mo	Di	Mi	Do	Fr	Sa	So
Laufanfänger 1:2 Rythmus	R[1]	T[2]	R	T	R	T	T
Leistungssportler 2/3:1 Rythmus	R	T	T	R	T	T	T
Hochleistungssportler 4/6:1 Rythmus	T	T	T	T	T	T	R

[1] R = Regeneration *[2] T = Training*

In der Regel besteht ein Mikrozyklus aus einer Trainingswoche. Die Erstellung einer Woche (Mikro)Zyklus soll folgende Punkte enthalten:
Erstellung eines Wochenplans – Dokumentation

- Inhalt
- Methodik
- Intensitäten und Umfänge
- Dauer
- Pausen
- Regeneration

Periodisierung im Nachwuchsbereich

- Doppelperiodisierung wegen schulischen Anforderungen selten
- nur kurze Trainingseinheiten durchführen
- ausreichend Pausen und Regenerationsphasen einplanen
- Wettkämpfe dienen der Auflockerung und der Motivation und sollen nicht den langfristigen Trainingsprozess beeinflussen
- Schulferien beim Jahreszyklus berücksichtigen

zusätzlich: Berücksichtigung von weiteren Gegebenheiten wie: Schulstress, Beruf, mentale Situation etc.

Zuordnung der Module – Blockbildung

Die Zuordnung der Trainingsmodule ist abhängig vom Trainingskonzept.

ALS BEISPIEL:

Welches Ausdauerkonzept?
- klassisches Schwellenkonzept oder polarisiertes Modell

Welches Konzept der Kraftentwicklung?
- klassischer Aufbau, Schnellkraftkonzept

Welches Periodisierungskonzept?
- klassisches oder Blockkonzept

DEFINITION VON KENNZIFFERN

Kennziffern sind wichtig für einen langfristigen Leistungsaufbau. Das Prinzip der ansteigenden Belastung findet hier Anwendung.

wieviel Trainingsstunden
wieviel Trainingskilometer (Intensitäten)
wieviel Trainingslasten (Intensitäten)

12.4 Prinzip der Belastungsfolge

Bei Festlegung von zwei oder mehreren Trainingsinhalten als Trainingseinheit oder als Trainingstag, ist die richtige Aneinanderreihung von großer Bedeutung

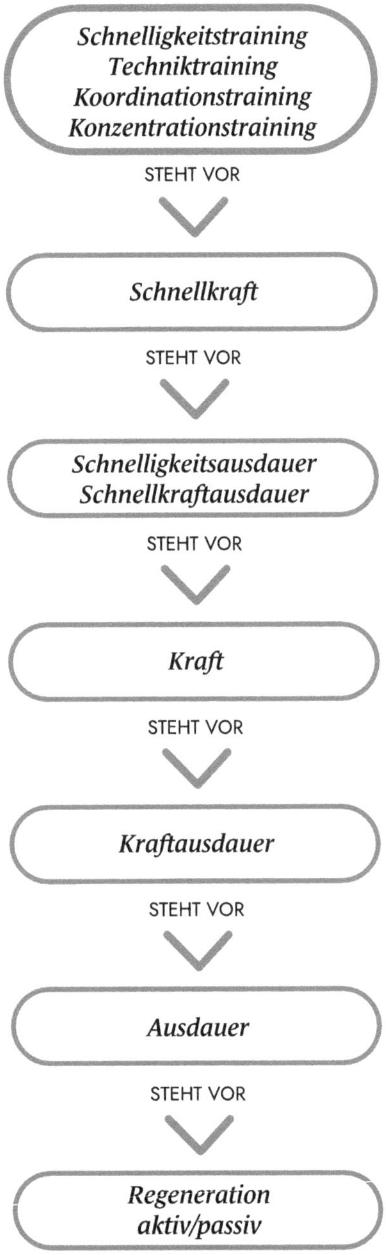

Bei der Erstellung des Wochenplans werden die Regenerationszeiten unterschiedlicher biologischer Teilsysteme berücksichtigt.

Ermüdungsniveau bei unterschiedlichen Trainingsinhalten

Trainingsinhalt	Stärke der Ermüdung
aerobe Energiebereitstellung	+++
anaerobe Energiebereitstellung	+++++
Kraft – Hypertrophie	++
Kraftausdauer	++
Maximalkraft	++
max. Schnelligkeit	++
Beweglichkeit	+++++
Technik erlernen	+++++
Technik perfektionieren	+++++

+ = geringe Ermüdung
+++++ = starke Ermüdung

Trainingseffekte

Effekt	Definition der Veränderung	Dauer
akuter effekt	während der Belastung auftretende Veränderung des körperlichen Zustandes	Sekunden, Minuten
unmittelbarer Effekt	Veränderung des körperlichen Zustandes einer einzigen Trainingseinheit bzw. Trainingstags	Stunden
kumulativer Effekt	Veränderung des körperlichen Zustandes + das Niveau der motorischen/technischen Fähigkeiten als Ergebnis einer Trainingsserie	Tage, Monate, Jahre
verzögerter Effekt	Veränderung der körperlichen/motorischen/technischen Fähigkeiten im Abschluss einer spezifischen Trainingseinheit	Tage, Wochen
Residualeffekt	Konservierung der erlangten körperlich/motorisch/technischen Fähigkeiten nach Ende des Trainings über eine bestimmte Zeitspanne hinaus	Tage, Wochen, Monate

Residualeffekt

TRAININGSSTEUERUNG MIT MEMORYEFFEKTE

VERLUSTRATEN DER FÄHIGKEITEN

FEINTUNING DURCH RESTEFFEKTE

Residualeffekt

Schon in den 80er Jahren beschäftigte sich der Sportwissenschafter Vladimir Issurin mit der Herausforderung der Block Periodisierung. Das Training einzelner, isolierter motorischer Fähigkeiten in Trainingsblöcken war das Herzstück des neuen Konzepts (hochkonzentriert und spezifisch). Nach Issurin beeinträchtigt das gleichzeitige Training verschiedener Fähigkeiten die Effektivität.

Neuere Trainingskonzepte integrieren solche Blocktrainings. Diese können gezielt zwischen den Wettkämpfen eingesetzt werden. Auch die Gefahr des Übertrainings (durch geringere Umfänge) wird deutlich reduziert.

Ein Sportler kann im Verlauf seiner Vorbereitung auf einen Wettkampf und während der Wettkämpfe nicht ständig in „Top-Form" sein (Matwejew 1972) Die Resteffekte (Residualeffekt) nach dem Training bzw. die „Verlustrate" der jeweiligen Fähigkeiten wird „abgeschätzt", eingeordnet und gezielt zur Periodisierung verwendet.

Nebenbei ist diese Methode auch bei der Berücksichtigung von äußeren Umständen (Monotonie, Zeitnot, Schulstress, Beruf etc.) eine sehr gute Möglichkeit zur notwendigen Veränderung des Trainingsplans, ohne Qualität zu verlieren.

Übersicht | Residualeffekt | Dauer

Zeitspanne	Zuordnung	Veränderung	Verlustrate
langfristige Resteffekte des Trainings	Muskulatur Skelettsystem	morphologische Formung von Knochen und Gelenken	Teilweise keine Veränderung
	Neuro-muskuläres System	große Adaption von Muskeln (spezielle Muskeltopografie)	einige Jahre
		Entwicklung einer umfangreichen Koordination und speziellen Techniken	einige Jahre
	Herz-Kreislaufsystem	Herzhyperthrophie (Größe und Volumen)	einige Jahre

Zeitspanne	Zuordnung	Veränderung	Verlustrate
mittelfristige Resteffekte des Trainings	Herz-Kreislauf- und Atmungssystem	Erhöhung der Kapillardichte, Vergrößerung des Schlagvolumen	einige Monate
	Neuro-muskuläres System	verbesserte Muskelregulation Rekrutierung der Muskelfasern, Kraftdifferenzierung Balance	einige Monate

Übersicht | Residualeffekt | Dauer

Zeitspanne	**Zuordnung**	**Veränderung**	**Verlustrate**
kurzfristige Resteffekte des Trainings	maximale metabolische aerobe Kapazität	vermehrte aerobe Kapazität und mehr Muskelglykogen	einige Wochen
	maximale metabolische anaerobe Kapazität	erhöhte anaerob-alaktazide glykolytische Energie (Kapazität und Wirkung)	einige Wochen
		gesteigerte Muskelkraft, Explosivkraft und Muskelgröße	einige Wochen
	Herz-Kreislauf-system	gesteigerte muskuläre Ausdauer	wenige Wochen
nach Issurin		Beweglichkeitszunahme	wenige Wochen

Residualeffekte

DAUER NACH KONDITIONELLEN FÄHIGKEITEN

konditionelle Fähigkeiten	**Residual-dauer (Tage)**	**physiologischer Hintergrund**
aerobe Ausdauer	30 + - 5 T	erhöhte Menge aerobe Energie u. Mitochondrien, Muskelkapillare, Hämoglobin und Glykogen
anaerobe glykolytische Ausdauer	18 + - 4 T	erhöhte Menge an anaeroben Enzymen, der Pufferkapazität, größere Fähigkeiten an Laktatanreicherung
Maximalkraft	30 + - 5 T	verbesserte neuronale Mechanismen, größere Muskelhypertrophie (Faserverdickung)
Kraftausdauer	15 + - 5 T	Muskelhypertrophie der langsamen Fasern, verbesserte aerob/anaerobe Enzyme - Laktattoleranz
maximale Schnelligkeit	5 + - 3 T	verbesserte neuromuskuläre Interaktion und Bewegungssteuerung, vergrößerte Kreatinphosphat Speicher

Residualeffekte

DAUER NACH MOTORISCHEN EIGENSCHAFTEN

Motorische Eigenschaften	**Resteffektdauer (Tage)**
Ausdauer aerob	25 – 35 T
Ausdauer laktazid	14 – 22 T
Ausdauer alaktazid	5 – 8 T
Kraftausdauer	14 – 20 T
Maximalkraft	25 – 35 T
Schnellkraft	10 – 12 T
Reaktivkraft	5 – 6 T
Schnelligkeit	5 – 8 T
Beweglichkeit	7 – 10 T
Koordination	25 – 30 T
Spezielle Technik	3 – 5 T

BEEINFLUSSENDE FAKTOREN ZUR VERLÄNGERUNG DER RESIDUALEFFEKTE

- längere Trainingseinheiten verursachen auch längere Resteffekte
- Trainingsintensität
- ältere Athleten haben längere Resteffekte (durch längere Trainingsjahre und Erfahrung)
- Planung von speziellen Maßnahmen zur Verlängerung der Resteffekte (nach Abschluss des Trainings)

Kombinationsmöglichkeiten

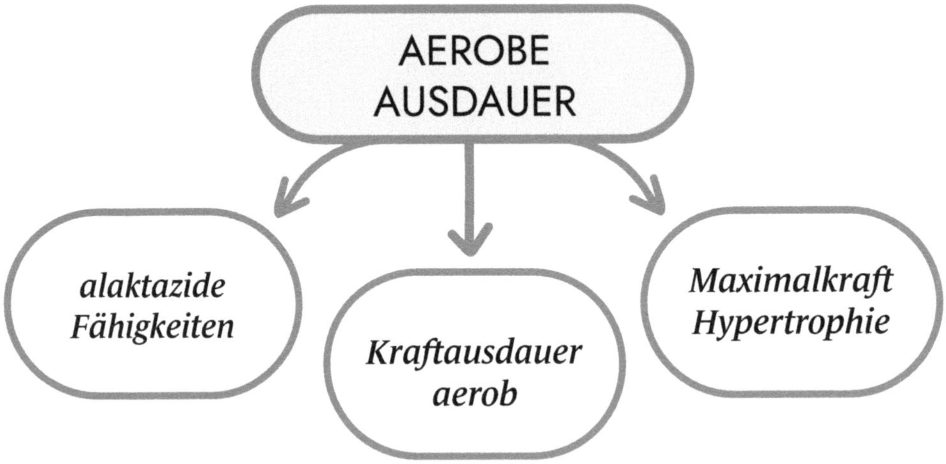

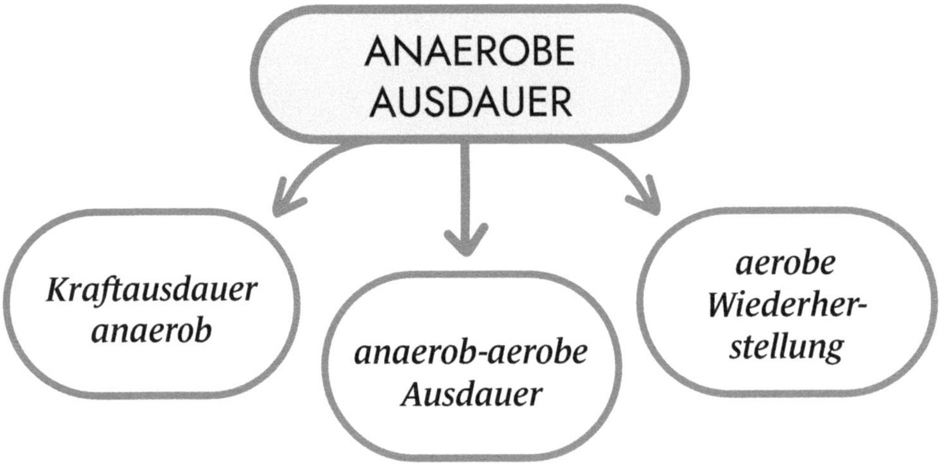

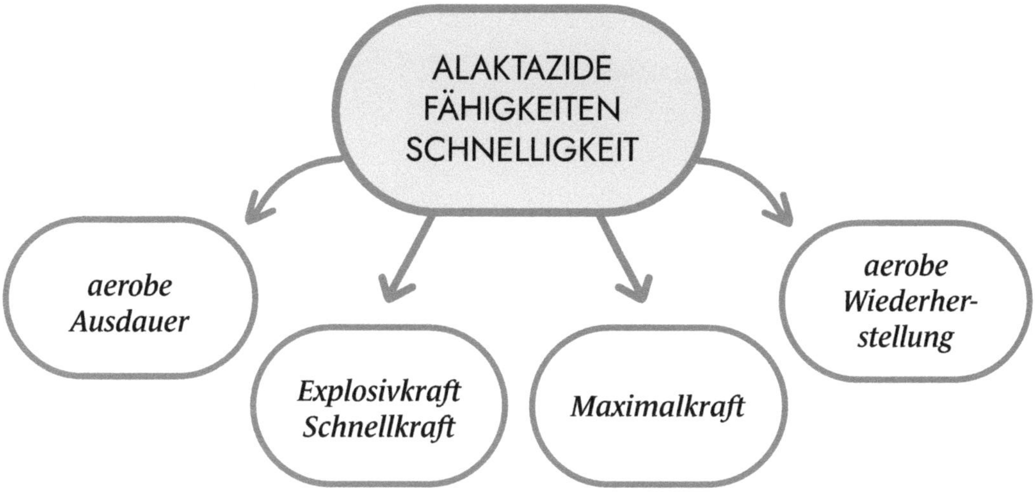

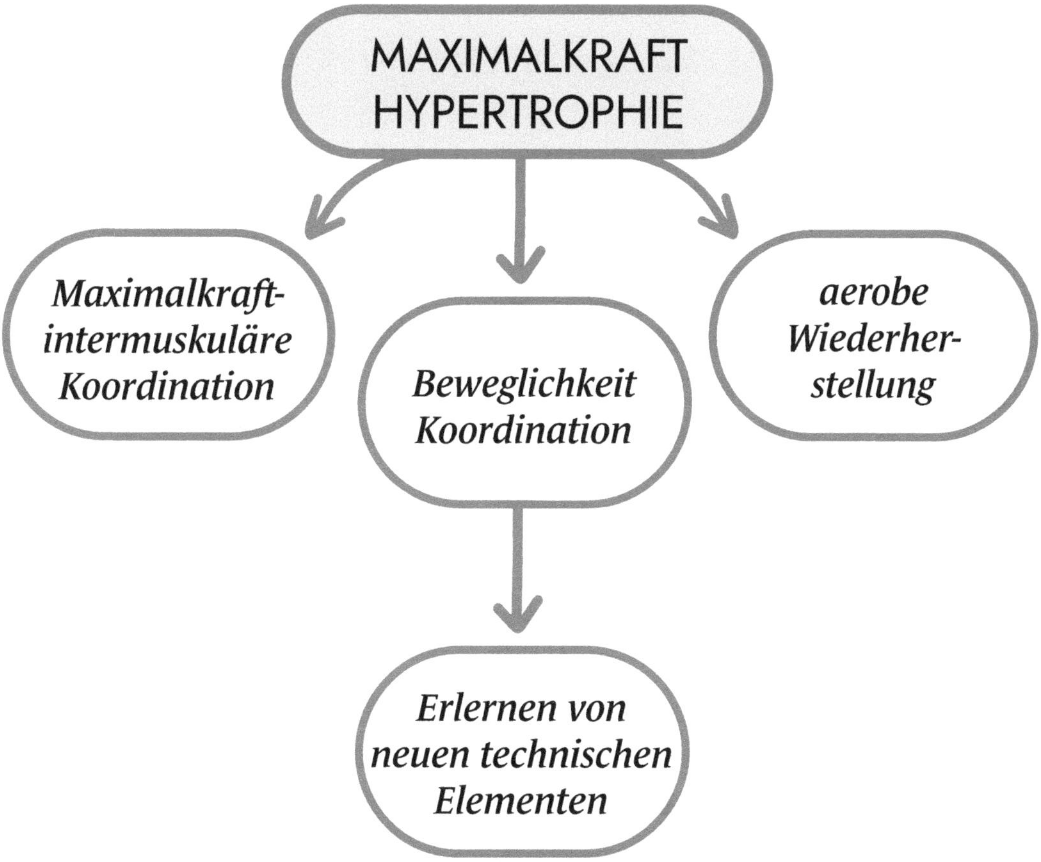

unterschiedliche variantenreiche
Reize nach der dominanten
Trainingsaufgabe

Kapitel 13
Unterscheidung Rallyesport zur Rundstrecke

13 Unterscheidung Rallyesport zur Rundstrecke

13.1 Erklärung

Grundsätzlich sind die Trainingsmethoden sehr ähnlich, da die Anforderungen mit den Belastungen vergleichbar sind und doch nimmt der Rallyesport im Vergleich zur Rundstrecke eine Sonderstellung ein.

Der Einstieg ist zumindest zeitlich gesehen, meist ein späterer. Die Gründe dafür sind unterschiedlich, wie auch die „Wahl" zum Copiloten. Selbst die Orientierung zum Piloten führt öfters über den „Umweg" Rundstrecke zum Rallyesport.

Die ***Belastungsfelder*** wie Beschleunigung, Geschwindigkeit, Muskelarbeit, Vibrationskräfte, Temperatur und Stress sind ähnlich der Rundstrecke.

Es ist mir bewusst, dass je nach Klasse, die Geschwindigkeiten auf der Rundstrecke höher sind, trainingsmethodisch dies jedoch nicht DEN Unterschied ergibt. Ich verzichte bewusst auf eine detaillierte Unterscheidung dieser beider Sportarten. Wichtig bei der Betrachtung sind die Unterschiede, welche bei der Trainingssteuerung relevant sind.

FAHRER – COPILOT

Trainingsmethodisch sind die Anforderungen für Fahrer und Copiloten vergleichbar und deshalb sind die Trainingsmethoden fast dieselben. Einige trainingsspezifische Unterschiede werden in diesem Kapitel angeführt.

BELASTUNGSZEIT / RENNDAUER RALLYE

Die Renndauer einer Sonderprüfung reicht von 4/5 Minuten bis etwa 20 min. Die Anzahl der Sonderprüfungen variieren, national zu international, aber ca. 16 bis 18 Sonderprüfungen sind in zwei Tagen zu absolvieren. Die Rennen als Gesamtbelastung verteilen sich häufig von früh am Morgen bis teils spät in die Nacht.

Selbst bei einer Aufteilung auf einen Tag ergeben das 150 bis 300 min reine Rennbelastung. Dies erfordert ein ***mehr an Grundlagenausdauertraining*** im Rallyesport.

Die ***Konzentrationsleistung*** muss zu 100%, beginnend mit vielen Starts, bis zum Ende der Sonderprüfung aufrechterhalten werden. Die vielen Kurven erfordern unzählige Lenkbewegungen mit vielen Pedalbetätigungen. Viele zyklische und azyklische Bewegungen in Verbindung mit reflexartigem Reagieren sind nötig. Keine Kurve gleicht der vorigen, weshalb ein Art Vorbereiten (Rhythmisierung) auf das nächste Belastungsfeld (= nächste Streckenabschnitt) schwierig und anders ist.

Der unmittelbare Konkurrent fehlt zwar, aber der Rennstress baut sich im Rallyesport verstärkt durch das Fahren am Limit auf „Ansage" ohne „Auslaufzone" auf. Das zweimalige Besichtigen der Sonderprüfungen im „gemütlichen" Tempo macht es keinem Team möglich, sich die gesamten Sonderprüfungen einzuprägen und dadurch das Limit perfekt einordnen zu können. Die Einschätzung des Fahrers wird von seinem Copiloten zu Papier gebracht und später nochmals überarbeitet.

Beim Rallyesport gibt es nicht die Möglichkeit eines „Herantastens" in mehreren Runden an die physikalischen Grenzen. Damit ist nicht gemeint, dass auf der Rundstrecke womöglich auf den ersten paar Runden „gebummelt" wird, es ist jedoch leichter seinen Rhythmus am Limit zu finden.

Siehe auch Kapitel 4.6 Koordination.

Dies ergibt auch den zeitlichen Unterschied der Konkurrenten zur Rundstrecke, wo hundertstel bis wenige Zehntel entscheiden. Im Rallyesport wird um mehrere Zehntel bis Sekunden mit den Konkurrenten gefightet. Es ist ein Kampf gegen die Uhr, wo häufig erst nach ein zwei Sonderprüfungen „seine" Performance eingeschätzt und bewertet werden kann.

Unterschiede zur Rundstrecke

- viele, einzelne kürzere Belastungszeiten
- lange Gesamtbelastungszeit
  (Zeitmanagement / Frühetappen und Nachtetappen)
- ständig unmittelbare situationsbedingte Entscheidungen
- reduzierteres peripheres Sehen
- keine „Zweikämpfe“ mit Konkurrenten*
- intensive und lange Konzentrationsleistung
- Zusammenspiel Fahrer mit seinem Copiloten
  (Teamwork, Timing, Phonetik etc.)
- schwierige Rhythmisierung
- nicht unmittelbar messbar zu Konkurrenten

* Ausnahmen sind Wüstenrallyes, Baja, bzw. vergleichbare Bewerbe

Unterschiede bzw. eine andere Art der Trainingsgewichtung der Rallyesportler zur Rundstrecke wird im ***Abschnitt 13.2*** auf der nächsten Seite gesondert dargestellt und zusätzlich die Trainingsaufteilung von Co Piloten im Vergleich zu Fahrer in einer Übersicht gegenübergestellt.

Bei dieser Auflistung möchte ich keinesfalls eine Art „Ranking“ aufstellen. Es soll nur ein paar wesentliche Unterschiede von den zwei Sportarten aufzeigen.

Trainingsunterschiede Rundstrecke zur Rallye / Fahrer

Auf die vergleichbaren Belastungsfelder von Rallye zur Rundstrecke wurde bereits verwiesen. Auf Grund sehr ähnlicher Anforderungen der motorischen, kognitiven und psychischen Zubringerleistungen beider Sportarten, sind auch die Trainingsformen und deren Methodik gleichzusetzen.

Die hohe Nettorennzeit mit der immer wieder zu wiederholenden Konzentrationsfähigkeit in Verbindung mit dem langen Renntag der Rallyefahrer, erfordert eine etwas andere Gewichtung der Trainingsinhalte.

13.2 Trainingsplan Rallyefahrer

- ident zur Rundstrecke

zusätzliche Anforderungen

- 15 – 20% mehr an Ausdauerleistung
- längere Konzentrationseinheiten
- Sehtraining
- Entwicklung eines optimalen Aufwärmprogrammes körperlich / kognitiv / mental
  am Renntag: morgens bzw. nach langen Pausen: ganzheitliches Aufwärmen (ca. 30 – 40 min)
  vor den Stages: individuelles Kurzprogramm (einige Minuten)
- optimale regenerative Maßnahmen am Renntag
- ausgewogene Ernährung und Flüssigkeitsaufnahme am Renntag

Planen Rundstreckenfahrer jedoch die ***Teilnahme an Langstreckenrennen*** (6h und länger), sind die geänderten Anforderungen dem der Rallyefahrer ***gleichzusetzen.***

RALLYE RAID, BAJA, DAKAR

Rallye Raid – Unterschiede zur „normalen" Rallye

Neben den hohen körperlichen Belastungen durch den Offroaduntergrund (Senken, Rillen, Schläge etc.) sind auch die kognitiven Fähigkeiten stark gefordert.

Das Fahren auf Sicht im Renntempo fordert die Wahrnehmung, das Sehen und die Verarbeitung im Gehirn in Verbindung mit einer sehr langen Konzentrationsleistung enorm. Selbst kleinere Fehler bzw. Fehleinschätzung wie zum Beispiel der vermeintliche Verlauf einer Düne, kann fatale Folgen auslösen.

Fahrer als auch Co Driver müssen deshalb körperlich, psychisch und mental top fit in die Rallye starten, um deren Leistungsniveau bis zum Ende der mehrtätigen Bewerbe aufrecht erhalten zu können.

Unterschiede zur Rallye

- sehr lange Belastungszeiten im Renntempo (Stunden bis zu einem Tag)
- hohe Gesamtbelastungszeit
- Positionskämpfe mit Konkurrenten
- keine „Besichtigung“ der Sonderprüfungen möglich
- ständig unmittelbare situationsbedingte Entscheidungen durch Fahren auf Sicht über lange Zeiträume
- starke Belastungen durch weitere objektive Einflüsse wie: Sand, Staub von Konkurrenten, Wettereinflüsse,
- Hitze in Verbindung mit Reparaturarbeiten, Sonneneinstrahlung
- hohe körperliche und mentale Belastungen bei Reparaturarbeiten (besonders Co Driver)
- sehr lange Konzentrationsleistung
- Streckenführung wird erst unmittelbar vor dem Start bekannt gegeben
- Fahren auf Sicht - aktives Navigieren des Co- Piloten mittels GPS
- Fähigkeiten des technischen Verstehens des Rennautos bzw. Bikes sowie die Fertigkeiten Reparaturen selbst durchzuführen
- 3. Co Driver bei LKW`S– Mechanikerausbildung fast ein „must have“

Der Trainingsplan der Rallyefahrer mit den zusätzlichen Anforderungen (s. oben) dient als solide Basis zur Zusammenstellung der Trainingsfelder.

Die Aufgabenstellung des Copiloten ist nicht nur das Finden der „Waypoints“ und ein perfektes Navigieren, sondern sie unterstützten aktiv durch Suchen, Erkennen und Ansagen der Route mit diversen Zusatzinformationen, den Fahrer beim Finden der besten Rennlinie.

Wie auch bei der Rallye sind die zusätzlichen Aufgaben an die Co Driver umfangreich:

Technische Prozesse, Vorbereitung des Rennautos mit der Crew, Details zur Streckenbeschaffenheit, Beschaffung nützlicher Zusatzinfos, Servicepoints, sowie das gesamte Zeitmanagement während der Rallye, liegen im Verantwortungsbereich der Co Driver.

Anmerkung:
Die Teilnahme an Wüstenrallyes, wie zum Beispiel die Dakar Rallye, mit fast 3000 Rennkilometer (sowie ca. 5000 km Verbindungsetappen) in nur 14 Tage, stellen wiederum eine andere Dimension an Belastungen dar. Die spezielle Vorbereitung sollte deshalb individuell geplant werden und Monate (min. 12 Wochen) davor beginnen.

Vergleich Trainingsplanung Co Pilot mit Fahrer

Training Zubringerleistung	**% Gewichtung Co Pilot**	**% Gewichtung Fahrer**
Ausdauer	+++++	+++++
Beweglichkeit	+++	+++
Koordination	+++++	+++++
Kraft – Core Muskeln Agilitytraining Kraftausdauer Maximalkraft Schnelligkeitsausdauer Bewegungsgeschwindigkeit	+++++ +++++ +++ + + +	+++++ +++++ ++++ +++ ++++ +++++
Schnelligkeit motorische Komponente	+++	+++++
Konzentration	+++++	+++++

\+ gering +++++ sehr hoch

Zusatz Co Pilot

Belastungen auf den Oberkörper können nicht wie beim Fahrer, wenn auch nur kurz und unvollständig, durch das Lenkrad abgefangen werden. Die Stabilität des gesamten Körpers baut sich durch die Fixierung am Fußbrett als untere Verankerung über die unteren Extremitäten zur Körpermitte nach oben auf. Kräftige und ausdauernd entwickelte Bein- und Hüftmuskeln ermöglichen eine stabile Sitzposition und aktivieren weitere wichtige Muskeln der Körpermitte zum „Verstreben" der Wirbelsäule und des Oberkörpers (siehe Agilitytraining u. Core Training).

Durch die Unterstützung der geformten Sitze und der Gurtsysteme kann eine optimale „Arbeitsposition" erreicht und gehalten werden.

Ganzheitliches Aufwärmen:
körperliche Ebene: 15 – 20% kürzer als beim Fahrer

Aufwärmen mit der Faszienrolle:
10 – 15 % länger als beim Fahrer

Fahrer und Co Pilot sollten neben dem ganzheitlichen Aufwärmen ein Kurzprogramm des Aufwärmens entwickeln. Ressourcen schaffen, welche bei „Bedarf" den Körper in kürzester Zeit, vor allem kognitiv und mental, zur 100 % Leistungsbereitschaft zur Verfügung stehen.

Mein Tipp für Raid Rallyes

Neben den bereits beschriebenen Trainingsfeldern empfehle ich für die Fahrer als auch für die Copiloten ein zusätzliches und erweitertes Sehtraining Siehe auch Kapitel 7 Mit Gehirnathletik zur Topleistung in Verbindung mit einem Konzentrationstraining.

Ich verwende dazu meine Eigenentwicklung – „Initio" - ein Gerät zum Koordinations- und Konzentrationstraining in Kombination mit einem Sehtraining (je nach Leistungsniveau mit oder ohne Druckfaktoren).

13.3 Quereinsteiger / Späteinsteiger

In all den Jahren ist mir eines aufgefallen:
Neueinsteiger, Quereinsteiger sowie Späteinsteiger verlieren im Verhältnis zu ihrer Leistung in den schnellen Kurvenpassagen ***mehr an Zeit*** wie in „langsameren Abschnitten“.

Ohne dieses „Phänomen“ von der speziellen Renntechnik beurteilen zu können, liegen hier die ***möglichen Trainingsfelder*** bei: Coretraining, Gleichgewichtssinn, visuelles Training, mit Augenmotorik (Blickwechselsprünge) und der Handlungsschnelligkeit. Eine spezielle Leistungsdiagnostik kann diese Trainingsfelder eingrenzen.

Die frühe Entwicklung der Sensor Motorik sind erste entscheidende Schritte.

Kapitel 14
Der langfristige Leistungsaufbau

14 Der langfristige Leistungsaufbau

14.1 Erklärung

Der Leistungsaufbau von Anfänger bis zum Hochleistungssportler sind entwicklungsmäßige Trainingsanpassungen, um das jeweilige Leistungspotential optimal zu entwickeln.

Die Einteilung der „Modelle" im englisch sprachigem Raum nennt sich Long-Term-Athlete-Develeopment (LTAD) und unterscheidet sich durch die Einteilung in 6 Etappen, im Gegensatz zum deutsch sprachigem Raum (DOSB), welches in das 4 Etappen Modell untergliedert ist.

Ähnlich wie bei der Ernährung, lässt sich der Motorsport nicht wie bei anderen Sportarten „klassifizieren", um diese Etappen 1:1 anzuwenden.

Je schwieriger und komplexer die Sportart ist, wie in Form von verschiedenen Bewegungsabläufen sowie zum Beispiel die unterschiedliche Form der Schnelligkeit, desto früher müssen die einzelnen Etappen beginnen und umso individueller und variantenreicher muss der Aufbau erfolgen.
Die Etappen des langfristigen Leistungsaufbau können deshalb nicht verallgemeinert werden, dienen aber als Orientierung.

Das Voraussetzungstraining = frühzeitige Ausbildung zum Motorsport
Das Voraussetzungstraining dient zur Bewältigung der komplexen Aufgaben im Motorsport. Zunächst werden grundlegende konditionelle Fähigkeiten wie Kraft, Ausdauer, Beweglichkeit, Koordination und Schnelligkeit entwickelt und in weiterer Folge die Handlungsschnelligkeit weiterentwickelt.

Dem Alter und dem Können entsprechend wird das spezifische Techniktraining = die Renntechnik und das Rennfahren mit dem Instruktor entwickelt.

Dieses Buch dient zur Planung und Umsetzung des Voraussetzungstraining für jugendliche Einsteiger. Für bereits aktive Rennfahrer soll es Möglichkeiten zur weiteren Verbesserung ihrer Fähigkeiten, welche durch neue Trainingsformen und oder noch ungenutzter Trainingsfelder entwickelt werden, aufzeigen.

14.2 Die einzelnen Etappen der Leistungsentwicklung

GRUNDAUSBILDUNG 0 bis 5/6 Jahre	tägliche Bewegungseinheit 1 x / Woche geplant	Aufbau für breite Bewegungserfahrung, vielseitige Bewegungsmöglichkeiten erfahren und entwickeln
GRUNDLAGENTRAINING 1 5/6 bis 8/9 Jahre	tägliche Bewegungs-einheit 3 organisierte Sporteinheiten / Woche Familie, Schule, Verein, vereinsübergreifende Trainings	Freude am Sport wecken, abwechslungsreiche Trainingsreize nicht sportartspezifsich, variantenreiche und zielgerichtete Training, Überleitung[1] zu sportartspezifischen Techniken
GRUNDLAGENTRAINING 2 8/9 bis 11/12 Jahre	3 – 5 Trainingseinheiten pro Woche Schule, Verein, vereinsübergreifende Trainings | zusätzlich 10 – 30% Wettkampf bzw. wettkampfnahe Trainings	1. Stufe sportartspezifische Grundlagen Aufbau / Entwicklung der „Zubringerleistungen" zielgerichtete Vielseitigkeit, mit vielseitiger Bewegungserfahrung Weiterentwicklung der Schnelligkeit, Kraft und Koordination,Heranführen psychisch/mentale Fähigkeiten (Willenskraft, Zielstrebigkeit, Konzentration)
AUFBAUTRAINING 11/12 bis 13/15 Jahre	5 – 8 Trainingseinheiten pro Woche 60 – 80 % Training 20 – 40 % Wettkampf	2. Stufe sportartspezifischer Aufbau kontinuierliche Steigerung von Umfang und Intensität Entwicklung der individuellen Qualität, Weiterentwicklung der Schnelligkeit, Kraft und Koordination, Transfer von Wahrnehmung mit Schnelligkeit (mit spezifischer Bewegungsgeschwindigkeit) Entwicklung der psychisch/ mentalen Fähigkeiten Wichtig: Spaßfaktor muss im Vordergrund sein
ANSCHLUSS TRAINIG 13/15 bis 20 Jahre	8 – 12 Trainingseinheiten pro Woche, Training und Wettkampfzeiten individuell	3. Stufe sportartspezifischer Leistungsaufbau, Weiterentwicklung aller Fähigkeiten von Stufe 2 Entwicklung Spezialtraining[2]
HOCHLEISTUNGSTRAINING 15/16 bis 20 Jahre	12 – 20 Trainingseinheiten pro Woche	Herantasten an die individuelle Leistungsgrenze Weiterentwicklung aller Fähigkeiten von Stufe 3

[1] hier gilt es besonders die individuellen Entwicklungsbesonderheiten zu erkennen (Früh- Spätstarter etc.)

[2] konsequente Weiterentwicklung aller motorischen und kognitiven Fähigkeiten. Je nach Entwicklungsstand ist hier die Unterstützung eines Renninstruktors zum Einstieg in den Formelsport, Formel 4 oder vergleichbare Serien bzw. kurz davor, sinnvoll.

Mein Tipp für junge Einsteiger:
zur früheren Entwicklung der Bereiche Gehirntraining, Sensormotorik, Reflexentwicklung und dem Gleichgewichtssinn, eignen sich die folgenden Sportarten hervorragend:

Auswahl der Trainingsgeräte nach Entwicklung-- und nach Steigerungsstufen:

ENTWICKLUNG MIT DEM RAD:
1. Einrad, 2. BMX-Fahren, 3. Trail fahren, 4. Downhill fahren

ENTWICKLUNG MIT DEM MOTORBIKE:
1. Trail fahren, 2. Enduro Fahren, Motocross fahren

ENTWICKLUNG MIT DEM PFERD:
1. Reiten, 2. Dressur, 3. Sprungreiten, 4. Vielseitigkeit (Military), Voltigieren, Polo

ERGÄNZENDE VARIANTEN:
Slackline, Inlineskaten, Skateboard, Waveboard, Skyrunner (Kängeruschuhe), Surfen, Snowboard, Freestyle, Turnsport (z.B. Trampolin), Motorik Parks etc.

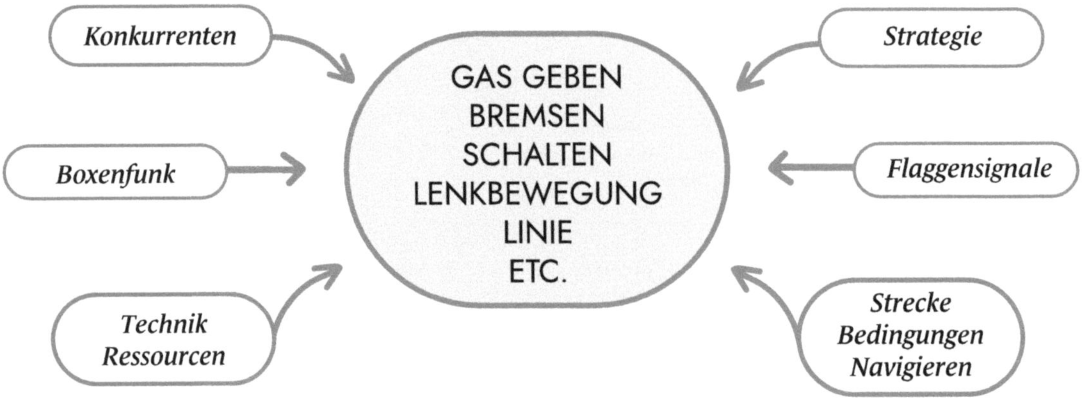

Erlernen der speziellen Renntechnik mit dem Instruktor
Anmerkung: Einfache Darstellung der Trainingsfelder der Instruktoren - dient als Übersicht der Aufgabenverteilung der Coaches.

Die Familie

Wesentlichen Einfluss auf die Leistungsentwicklung hat die Familie. Ohne deren Engagement ist kein Leistungssport bzw. Hochleistungssport möglich – zumindest nicht in der Anfangsphase.

Neben der in der Anfangsphase notwendigen finanziellen Unterstützung sind auch die umfangreichen organisatorischen Anforderungen nicht unwesentlich. Auch bei der sogenannten Talententwicklung - ***der Frühförderung*** (= Grundausbildung), sind die Eltern bzw. häufig ein Elternteil ***DER Faktor*** zum frühen Einstieg. Bei der weiteren Entwicklung (= Grundlagentraining 1) verteilt sich die Aufgabenverteilung durch die Möglichkeit des Schulsport bzw. die Aussicht im Vereinssport und durch individuelles Training, eine vielseitige und variantenreiche Leistungsentwicklung zu erfahren. Immer in Verbindung mit dem Spaßfaktor werden die nächsten wichtigen Schritte eingeleitet.

Aufgrund des vielfältigen Anforderungsprofils im Motorsport eignen sich für die Grundausbildung und die Grundausbildung 1 der Einstieg für die Mädchen und Burschen, Sportarten wie Fußball und Bereiche der Leichtathletik.

Einfluss der Entwicklung durch die Familie

- vielseitige und breite Bewegungserfahrung
- unbemerkte und variantenreiche Bewegungsmuster in Verbindung mit dem Spaßfaktor
- Entwicklung der motorischen und kognitiven Fähigkeiten
- früh beginnende Leistungsentwicklung
- Verkürzung der Leistungsentwicklung
- positive Charakterausbildung

Zusammenfassung:
Die gesamte Entwicklung der Leistungsentfaltung aller motorischen und kognitiven Fähigkeiten mit der Persönlichkeitsentwicklung erfordert ein altersadäquates Konzept unter Berücksichtigung der Altersstufen und der jeweiligen Belastbarkeit.
Bei optimaler Entwicklung kommt es zu (zeitlichen) Verkürzungen durch einen **steileren Leistungsanstieg** und zur **Überlegenheit in denselben Altersgruppen**. Idealerweise sind somit alle wichtigen Voraussetzungen zum „Rohdiamant" zum Einstieg in eine Rennakademie geschaffen, oder durch individuelle Varianten die nächsten Schritte des „Feinschliffs" zur Profikarriere zu setzen.

14.3 Der Einstieg für etablierte & professionelle Fahrer

DER QUEREINSTIEG – ERMITTLUNG DER PERSÖNLICHEN TRAININGSFELDER
Grundsätzlich ist dieses Buch so aufgebaut, um es von der Einleitung beginnend, bis zum letzten Kapitel zu lesen.

Für bereits erfahrene Fahrer ist es aber unter Umständen vorteilhaft, sich zuerst eine Erstübersicht seines persönlichen Trainingsplans im Vergleich zum „Beurteilungsbogen der Trainingsplanung“ von Kapitel 16, zu verschaffen. Durch Ankreuzen des Beurteilungsbogen kann ein Status quo erhoben werden, zu vergleichen und die eine oder andere persönliche Notizen hinzuzufügen. Die Variante ein bestimmtes Kapitel vorzuziehen, ist dazu individuell zu entscheiden.

Der Hintergrund dazu:
In Gesprächen bzw. bei Trainingsplanungen stelle ich immer wieder fest, dass selbst etablierte Fahrer zum Teil „weiße“ Trainingsfelder aufweisen. Trainingsbereiche, welche als solche nicht bekannt sind und deshalb in Trainings nicht berücksichtigt werden oder teilweise werden wichtige Trainingsmodule unterschätzt und deshalb nicht angewandt.

Interessanterweise sind es oft die im Motorsport so wichtigen Zubringerleistungen, wie zum Beispiel das Training der Schnelligkeit, das Athletiktraining für das Gehirn oder das Augentraining, um nur 3 Trainingsfelder zu nennen, diejenigen, welche oft nicht trainiert oder gerade mal bei Trainingseinheiten „gestreift“ werden.

Nach diesem Check „Übersicht der Trainingsplanung“ ist es für Profifahrer leichter deren aktuellen Status zu ermitteln und daraus die nächsten Schritte der Trainingsplanung einzuleiten.

Die teils physiologischen Unterschiede der Frauen sind in Summe kein leistungslimitierender Faktor im Motorsport.

Kapitel 15
Die Leistungsfähigkeit der Frau

15 Die Leistungsfähigkeit der Frau

15.1 Geschlechtsspezifische Unterschiede

Frauen haben im Motorsport die Voraussetzungen zum Gewinnen.

Bis zur Pubertät ist die körperliche Differenz von Mädchen zu Burschen sehr gering. Ab der Pubertät ändert sich dies. Durch Testosteron entwickeln sich bei den Burschen kräftigere Knochen, größere Muskelmassen und auch ein höheres Körpergewicht zum Unterschied bei den Mädchen (durch die Abgabe von Östrogen). Die Pubertät liegt bei Mädchen früher als bei den Burschen und überragen die gleichaltrigen Burschen um ca. 10 cm.

Die Entwicklung bei den Burschen dauert länger, bis der vorhin beschriebene physiologische Unterschied abgeschlossen ist. Frauen haben wegen der hormonellen Veranlagung etwa 10% mehr Fett als Männer, die Muskelmasse ist um ca. 7% verringert. Die geringere Muskelmasse der Frauen und eine kleinere relative Herzgröße erfordert eine Pulserhöhung. Ein größerer Unterschied ergibt sich bei der Atemfunktion, bei der Sauerstoffaufnahme und deren Verwertung. Frauen haben einen um 10% geringeren Grundstoffwechsel.

AUSDAUER
Frauen besitzen eine geringere Ausdauerleistung aufgrund der beschriebenen Unterschiede.

KRAFT
Der Unterschied bei der Maximalkraft ist um ca. 1/3 geringer. Frauen können jedoch mit konsequenten Krafttraining die Differenz bezogen auf den Muskelquerschnitt verkleinern.

SCHNELLIGKEIT
In Bezug auf das neuromuskuläre Zusammenspiel sind Frauen den Männern ebenbürtig.

BEWEGLICHKEIT
Aufgrund geringerer Muskelmasse und einer geringeren Gewebsdichte sind Frauen beweglicher als Männer und besitzen eine schnellere Entspannungsfähigkeit.

KOORDINATION
Frauen besitzen eine bessere Feinmotorik. Männer haben nur dann Vorteile, wenn mehr Kraft aufgewendet werden muss.

Wegen der beschriebenen Unterschiede (nicht im Detail aufgelistet) von der Natur geregelt, sind teils durchgeführte Vergleiche zwischen den Geschlechtern, zumindest aus meiner Sicht, nicht zielführend.

15.2 Frauen im Motorsport

Die gute Nachricht für Mädchen und Frauen und für alle die mehr weibliche Beteiligung im Motorsport sehen möchten:

Im Motorsport sind konditionelle Fähigkeiten wie Ausdauer oder Kraft zwar eine wichtige „Zubringerleistung", aber nicht wie am Beispiel Marathon oder in der Leichtathletik EIN bestimmender Hauptleistungsfaktor.

Dazu ein Beispiel:
Bei gut entwickelter Ausdauer und Kraft wird eine weitere Steigerung dieser motorischen Grundfähigkeiten keinen schnelleren Rennfahrer produzieren.

Die Dimension „Schnelligkeit" im Motorsport wird von einer Vielzahl von unterschiedlichen „Zubringerleistungen" erbracht, weshalb Frauen trotz dieser beschriebenen Unterschiede keine „leistungslimitierenden Faktoren" für den professionellen Motorsport im Vergleich zu Männern aufweisen.

Mit zielgerichtetem Training können Mädchen die gleiche Leistung wie Burschen erbringen, diese auch übertreffen, um später als Jugendliche und im erwachsenen Alter um Titel in den Rennklassen zu fahren.

aufbauend
Belastung
REGENERATIONSFÖRDERUNG
Zeit
1
2
Leistungsfähigkeit
Regenaration
abbauend
Durchschnittliche Belastung & Regeneration
Zeitlich früherer angesetzte und optimal ausgeführte Regenerationsmaßnahmen
idealer Zeitpunkt des nächsten Trainingsreizes
Belastungsreiz ohne optimaler Regeneration
Belastungsende
Überschiessende Wiederherstellung → Trainingseffekt
GLUCOSE
TYROSIN
SERIN
VALIN
Leistungsfähigkeit
Leistungsanpassungsgrenze

Kapitel 16
Trainer Aufgaben und Funktionen

16 Trainer Aufgaben und Funktionen

16.1 Erklärung

- Trainingsplanung / Konzept
- Training – Durchführung / Kontrolle / Auswertung
- Wettkampfcoach
- Assistenzdienste
- Bezugsperson

Anhand der Auflistung wird ersichtlich, dass die Aufgabenstellung vielfältig sein kann. Wichtig ist dabei die Aufteilung der Kompetenzen zu definieren und bei Bedarf nachzujustieren.

KOMMUNIKATION

Für die Umsetzung seiner Trainingsformen ist die Art der Kommunikation ebenso von großer Bedeutung - nicht nur um Fehlerquellen auszuschließen, sondern auch die Art der Übermittlung muss auf die Sportler zugeschnitten sein. Kein Sportler gleicht dem anderen, weshalb die individuelle Anpassung von großer Bedeutung ist.

Hilfreich ist, sich mit Persönlichkeitsmerkmalen und deren unterschiedlichen Charakterausprägungen näher auseinanderzusetzen.

Um im Hochleistungssport erfolgreich zu sein, sind stark ausgeprägte Motive DIE Antriebsfeder für Erfolg. Im Kapitel Talent wurde der Faktor WOLLEN bereits angeschnitten.
Die Motivstruktur ist vielfältig und deren Individualität wird später betrachtet, doch vorab ist zu erwähnen: muss ein jugendlicher Sportler regelmäßig zum Training „ermuntert" werden und ist häufig nicht „motiviert", werden Spitzenleistungen wohl ausbleiben bzw. die Sportler bleiben immer unter deren Möglichkeiten.

Die Individualität im Bereich der Persönlichkeitspsychologie wird gerne mit dem Big 5 Modell untersucht. Dieses besteht aus den Faktoren Gewissenhaftigkeit, Offenheit, Extraversion, Verträglichkeit und Neurotizismus.

GEWISSENHAFTIGKEIT

Misst die Zuverlässigkeit einer Person und die Neigungen, eigene Impulse zu kontrollieren.

OFFENHEIT

Umfasst die Vorstellungskraft einer Person, das Verlangen und die Neugierde, Neues auszuprobieren. Menschen mit niedrigerem Wert sind gerne konventionell und bleiben gerne in ihrer Komfortzone.

EXTRAVERSION

Die Eigenschaft Extravertiertheit zeigt an, wie gesprächig bzw. gesellig eine Person ist. Dies weist in der Regel auf ein allgemeines höheres Durchsetzungsvermögen und ein proaktives Handeln hin.
Introvertierte Menschen benötigen bei längeren sozialen Kontakten mehr Energie und deshalb ein mehr an Erholung „danach", eignen sich aber genauso für Führungsaufgaben.
Extrovertierte Menschen neigen zu stärkeren impulsiven Handeln, im Gegensatz zu eher nüchternen Verhalten von Introvertierten.

VERTRÄGLICHKEIT

Zeigt an, wie gut jemand mit anderen Menschen auskommen kann. Solche Personen sind in der Regel beliebter und werden eher als sympathisch wahrgenommen. Menschen mit geringerer Ausprägung werden als sarkastisch oder eher unhöflich wahrgenommen, sind aber durchsetzungsfähiger.

NEUROTIZISMUS

Dieser Wert signalisiert die emotionale Stabilität. Ein starkes emotionales Verhalten deutet auf ein geringeres Selbstwertgefühl hin. Eine hohe emotionale Stabilität signalisiert eine hohe Lebenszufriedenheit und ein niedriges Stressniveau. Die emotionale Stabilität erlaubt ein besseres Umgehen mit neuen Anforderungen und Veränderungen.

Interessant sind auch die Zuordnungen der „Modell der 18 Grundmotive (MSA)

Diese Einteilung in 18 Lebensmotiven stellen keinen statischen „Zustand" fest, sondern ist als dynamischer Zustand zu sehen. Vereinfacht ausgedrückt, steht dem Suchen nach „Intellektualität" – nach neuem Wissen und Unbekannten, auf der anderen Seite ein Pragmatismus gegenüber, welcher geringeres praktisches und nutzenorientiertes Denken und Handeln zur Folge hat.

Überblick - die 18 Grundmotive (alphabetisch gereiht)

- Anerkennung
- Beziehung
- Ehre / Moral
- Essen
- Familie / Umfeld
- Freiheit
- Hilfe / Fürsorge
- Idealismus
- körperliche Aktivität
- Macht
- materielle Sicherheit
- Ordnung
- Prinzipientreue
- Risiko
- Sinnlichkeit
- Spiritualität
- Status
- Wissen

SUCCESS INSIGHTS

Das success insights Verfahren wird gerne von Unternehmen zur Einordnung neuer Mitarbeiter für spezifische Anforderungen, zusätzlich zum Bewerbungsprofil, eingesetzt. Das Analyseverfahren geht von 8 Verhaltenstypen aus, die in 60 Untertypen differenziert werden können. Aus der Sicht der Trainer sind vor allem die persönlichen Ausprägungen zwecks guter Kommunikation von größerer Bedeutung.
Das Analyseverfahren unterteilt Personen in 4 Farben (und deren Mischformen) nach der Art der idealen Kommunikation.

Merkmale ROT:
ehrgeizig, kraftvoll, entschlossen, willensstark, unabhängig, zielorientiert;

Merkmale GELB:
enthusiastisch, begeisternd, freundlich, offen, kommunikativ;

Merkmale GRÜN:
geduldig, zurückhaltend, zuverlässig, beständig, entspannt, bescheiden;

Merkmale: BLAU:
zuverlässig, ordentlich, konservativ, perfektionistisch, sorgfältig, präzise;

Dazu ein Beispiel:
Ein Sportler mit überwiegend „blauer Ausprägung“ benötigt viel Detailwissen mit spezifischen Unterlagen. Es ist ratsam den Sportler bei der Trainingsplanung, deren Methodik und die genaue Wirkung im Detail miteinzubeziehen und das selbst bei Jugendlichen.
Das konträre Beispiel ist der überwiegend gelbe Typus. Zu viele Fakten und Daten sind kontraproduktiv, ein freundliches Umfeld mit persönlichen Fragen und gutem Gesprächsklima ist fördernd. Die Unterlagen nur unterstützend mitgeben.Es soll hier jedoch keinesfalls der Eindruck entstehen, dass bestimmte Ausprägungen weniger gut wären und andere wiederum „vorteilhafter“ wären, diese zu besitzen oder sich anzueignen.

Ich möchte damit die Individualität der Sportler aufzeigen. Ein guter Trainer beschäftigt sich mit Persönlichkeitsmerkmalen, um gemeinsame Ziele besser erreichen zu können.

Beurteilunsbogen Trainingsplanung

0 = trifft nicht zu | 5= trifft am meisten zu	**0**	**1**	**2**	**3**	**4**	**5**
bei Jugendlichen und Einsteiger: langfristige Leistungsentwicklung	O	O	O	O	O	O
Jahrestrainingsplan	O	O	O	O	O	O
Konditioneller Teil	O	O	O	O	O	O
Maximalkraft	O	O	O	O	O	O
Schnellkraft	O	O	O	O	O	O
Ausdauer Grundlage	O	O	O	O	O	O
Kraftausdauer	O	O	O	O	O	O
Schnellkraftausdauer	O	O	O	O	O	O
Core Training spezifisch	O	O	O	O	O	O
Beweglichkeit	O	O	O	O	O	O
Aufwärmkonzept Körperlich / psychisch / emotional	O	O	O	O	O	O
Regeneration aktiv / passiv / psychisch	O	O	O	O	O	O
Koordination	O	O	O	O	O	O
mit Transfer kognitive Fähigkeiten	O	O	O	O	O	O
Reaktionstraining	O	O	O	O	O	O
Wahrnehmung	O	O	O	O	O	O
Entscheidungstraining	O	O	O	O	O	O
Reflextraining	O	O	O	O	O	O
mit Transfer Gehirnathletik	O	O	O	O	O	O
visuelle System	O	O	O	O	O	O
Augenmotorik	O	O	O	O	O	O
Gleichgewichtssinn	O	O	O	O	O	O
propriozeptives System	O	O	O	O	O	O
Konzentration	O	O	O	O	O	O

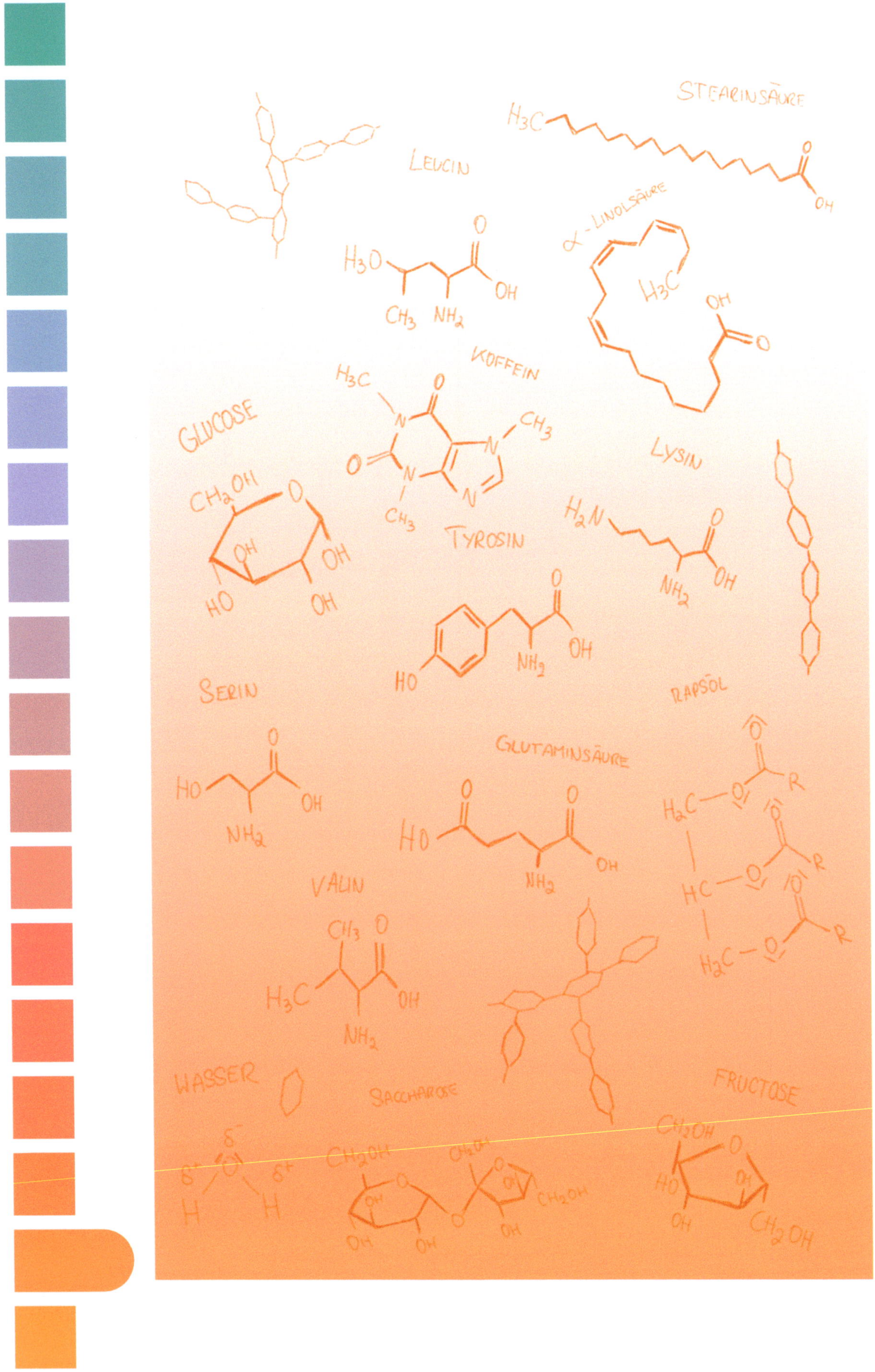
STEARINSÄURE
LEUCIN
α-LINOLSÄURE
KOFFEIN
GLUCOSE
LYSIN
TYROSIN
SERIN
RAPSÖL
GLUTAMINSÄURE
VALIN
WASSER
SACCHAROSE
FRUCTOSE

Kapitel 17
Ernährung

17 Ernährung

17.1 Erklärung

Im Laufe seines Lebens nimmt der Mensch ca. 45 Tonnen Lebensmittel, etwa 85000 Mahlzeiten und mehr als 40000 Liter Flüssigkeiten zu sich. Alles, was wir Essen und Trinken hat seine Wirkung.

Bei meinen Seminaren im Bereich der Gesundheitsförderung ist die Aufgabenstellung eine andere. Die Stabilisierung und die Förderung der Gesundheit durch eine Veränderung und/oder Anpassung von Ess- und Trinkverhalten stehen hier im Vordergrund.

Im Leistungssport ist eine stabile Gesundheit die Basis. Im Hochleistungssport ist der Fokus auf Performance und spezifische Faktoren ausgerichtet. Vor dem Kapitel der Sporternährung ist es hilfreich, sich ein paar Gedanken über die Einflüsse zur Auswahl der Ernährung und unseren unterschiedlichen Motiven zu machen.

EINFLÜSSE DER LEBENSMITTELAUSWAHL (ALPHABETISCHE REIHUNG)

- Beruf
- Erfahrungen mit bestimmten Lebensmitteln
- Ernährungsempfehlungen
- Erziehung
- Feste
- Gesundheitsaspekt (Unverträglichkeiten, Allergien etc.)
- Leistung
- Prestige
- Religion
- Saison
- Selbstbestimmtheit
- Sport
- Tageszeit
- Tradition
- Werbung
- Wirkung der Lebensmittel
  andere Umstände

MOTIVE ZUR NAHRUNGSAUFNAHME (ALPHABETISCHE REIHUNG)

- Belohnung
- exogene Reize
- Frust
- Geschmack
- Gesellschaft
- Hunger
- Klima
- Langeweile
- Lust
- Spontanverhalten
- Stress
- Tageszeit
- Witterung

etc.

Sehr viele Faktoren beeinflussen unser Ess- und Trinkverhalten. Das Bewusstmachen dieser Faktoren ist für Sportler und Trainer hilfreich. Dieses Auseinandersetzen mit all diesen unterschiedlichen Faktoren unterstützt den Sportler auf deren Weg.
Die Sporternährung mit Zahlen, Fakten und Tabellen zu betrachten ist zwar wichtig, aber allein nicht ausreichend. In Abstimmung mit den Motiven und den anderen (persönlichen) Einflüssen, ist die Sporternährung nicht nur leistungsfördernd, sondern auch geschmacklich hochwertig.

Das Essverhalten des Sportlers, ist ein positiv zu betrachtender Prozess, welcher sich dynamisch verändert.

Frage: Wer tankt freiwillig minderwertigen Treibstoff in sein Rennauto?

Bei dem „Treibstoff" Ernährung und Flüssigkeit zeigt die Praxis, dass die Bandbreite von „Fusel" bis hochwertig variiert ...
All diese Einflüsse sollen Bezugspersonen (Eltern, Trainer etc.) in die Planung für das Ess- und Trinkverhalten, dem Alter und den Zielen zugeordnet, einfließen lassen.
Persönlich bin ich kein „Fan" von Gerichten zum „Nachkochen" – zu viele unterschiedliche Faktoren beeinflussen unser Verhalten zur Auswahl. Die Praxis zeigt, dass die individuelle Zusammenstellung (auf Basis der Sporternährung) mit dem Sportler die bessere und erfolgreichere Wahl ist.

17.2 Allgemeine Sporternährung

Als Grundlage für die langfristige Gesundheitserhaltung und der Verletzungsprophylaxe dient die ***Basisernährung, dessen Grundlage auch für den Sport gelten***.

Basisernährung

wichtige Richtlinien

- Ausgewogenheit und abwechslungsreich
- frische und natürliche Lebensmittel
- hohe Nährstoffdichte
- Regelmäßigkeit

5 X TÄGLICH	3 X GEMÜSE	2 X OBST
4 X TÄGLICH	4 PORTIONEN KARTOFFELN & GETREIDE	3 PORTIONEN MILCHPRODUKTE
WÖCHENTLICH	MAXIMAL 3 X FLEISCHPRODUKTE	1 - 2 X FISCH 3 EIER
SPARSAM	1 - 2 EL PFLANZLICHE ÖLE	NÜSSE ODER SAMEN
SELTEN	GENUSSMITTEL	

Trainingsspezifische Anpassung

Ab 5 h Sport bei mittlerer Intensität pro Woche ist ein Mehrbedarf von Flüssigkeit, Kohlenhydrat und Fett notwendig.

NÄHRSTOFFVERTEILUNG NACH SPORTARTEN

Nach der Makronährstoffverteilung wird zwischen klassifizierbaren und nicht klassifizierbaren Sportarten unterschieden.

Motorsport zählt neben Golf, Segeln und Schießen zu den nicht klassifizierbaren Sportarten.

Es ist deshalb wichtig, im Motorsport die Ernährung individuell nach dem Alter, dem Leistungsniveau, den Trainingsphasen und den unterschiedlichen Wettkämpfen, anzupassen.

Eiweißempfehlung

pro Tag	Proteinaufnahme
Nichtsportler	0,8 g / kg Körpergewicht
Hobbysportler	0,8 - 1,0 g / kg KG
Kraftsportler (Aufbauphase)	1,5 - 1,7 g / kg KG
Kraftsportler (Erhaltungsphase)	1,0 - 1,2 g / kg KG
Ausdauersportler	1,2 - 1,6 g / kg KG
Jugendlicher / adoleszente Sportler	1,5 - 2,0 g / kg KG

EIWEISSPRÄPARATE – VORTEILE

- Enthalten essenzielle Aminosäuren, Vitamine und Mineralstoffe, aber kaum bzw. kein Fett, Cholesterin und Purin
- sind leicht verdaulich
- genau dosierbar und einfach einzunehmen

Eiweißpulver: Molke Protein (Whey Protein)
- 1 von 2 Proteinfraktionen der Milch (Kasein 80% + 20% Molke Protein)
- Proteingehalt meist über 80%
- eher geringer Fett- und Kohlenhydratgehalt
- vollständiges Protein – alle essenziellen AS
- leicht verdaulich und schnelle Aufnahme + rascher Anstieg im Blut
- Anwendung: Vor / nach dem Training

Eiweißpulver: Milchpulver (Kasein)
- enthalten geringeren Anteil an Eiweiß im Vergleich zu Molke Protein
- höherer Fett- und Laktoseanteil
- wird langsamer verdaut und langsamer aufgenommen (längere Eiweißversorgung)
- Verwendung als „Nachtprotein“

Eiweißpulver: Sojaprotein

- 1 einzige Proteinfraktion
- Ist ein vollständiges Protein, aber geringerer Gehalt an essenziellen Aminosäuren und Leuzin
- geringere Wertigkeit als tierische Proteine
- relativ schnelle Verdauung, schnelle Aufnahme

Eiweißpulver: vegane Proteinpulver

- Reis- Erbsen, Hanf- und Lupinenproteinpulver
- geringerer Anteil an Eiweiß im Vergleich zu tierischen Proteinen
- meist höherer Kohlenhydrat- und Ballaststoffgehalt
- geringerer Gehalt an Cholesterin und Fett bzw. bessere Fettsäure-zusammensetzung

Kohlenhydratempfehlung

Trainingsbelastung	Training / Tag	Kohlenhydrate / Tag
kein Training oder leichte Belastung		3 - 5 g / kg KG
moderat	1 Stunde	5 - 7 g / kg KG
hoch	1 - 3 Stunden	5 - 10 g / kg KG
sehr hoch	4 - 5 Stunden	8 - 12 g / kg KG

Fettempfehlung

Aktivität	Fettaufnahme / Tag	Fettaufnahme % / Tag
Nichtsportler	1,0 g / kg KG	max. 30 % Eiweiß
Hobbysportler	1,0 g / kg KG	max. 30 % Eiweiß
Leistungssportler	1,0 g / kg KG	max. 33 % Eiweiß

HOHE QUALITÄT, AUFTEILUNG

10 Eiweiß % einfach ungesättigte Fettsäuren
13 Eiweiß % ungesättigte Fettsäuren,
7 Eiweiß % mehrfach ungesättigte Fettsäuren

17.3 Das Gehirn - Was benötigt unser Gehirn?

- *Flüssigkeit (s. auch Kapitel 17.7 Flüssigkeit)*
- *Sauerstoff: ca. 75 Liter / Tag (1.200 Liter Blut)*
- *Glucose: verbraucht den Großteil der Glucose um Energie (ATP) herzustellen*
- *Eiweiß: ersetzt seine Proteine alle 3 Wochen*
- *Fette: ungesättigte Fettsäuren (z. b. Omega 3 FS)*
- *diverse Vitamine: Folsäure, Vitamin B1, Vitamin B12*
- *diverse Mineralstoffe: Eisen, Zink etc. u.a. notwendig für die Bildung von Neurotransmittern **

* Neurotransmitter sind biochemische Botenstoffe. Sie befinden sich in der Verbindungsstelle zwischen den Synapsen und sind für die Signalübertragung zuständig.

Neurotransmitter

Neurotransmitter	**Wirkung**	**Quellen**
Acetylcholin	Abrufen von Informationen aus dem Gedächtnis, Merkfähigkeit	gebildet u.a. aus Colin (Aminoalkohol) enthalten in: Soja, Sprossen, Eier, Hülsenfrüchte, Vollkorngetreide, ...
Noradrenalin, Adrenalin	„Wachmacher“ für schnelle Reaktionen, gute Konzentration und Aufmerksamkeit	abgeleitet von den Aminosäuren Phenylalanin bzw. Tyrosin, enthalten in: Eier, Milch- und Milchprodukte, Fleisch, Geflügel, Fisch, ...
Serotonin	beruhigend, entspannend, unterstützt Konzentration, Merk- und Denkfähigkeit	abgeleitet von der Aminosäure Tryptophan enthalten in: Fleisch, Haferflocken, Bananen

Nährstoffe für die allgemeine Gehirnfunktion

FLÜSSIGKEIT

Nährstofftransport, Bestandteil von Gehirn- und Nervenzellen

Flüssigkeitsmangel – Wirkung
Gedächtnisstörung, verringerte geistige Leistungsbereitschaft, koordinative Defizite, Müdigkeit

geeignete Flüssigkeiten
Wasser, stilles Mineralwasser, ungesüßte Früchte- und Kräutertees, verdünnte Fruchtsäfte

KOMPLEXE KOHLENHYDRATE

als Glucose Lieferant für die Energiegewinnung. Werden im Rahmen des Stoffwechselprozesses zu Einfachzucker (Glucose) abgebaut und ist DIE entscheidende Energiequelle für den Körper (und das Gehirn).
Die Kohlenhydrate teilen sich in:

- Einfachzucker
- Zweifachzucker
- Vielfachzucker

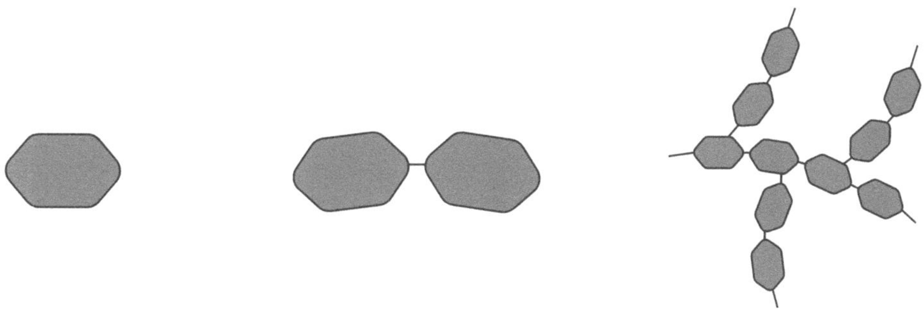

EINFACHZUCKER *Monosaccaride* **ZWEIFACHZUCKER** *Disaccaride* **VIELFACHZUCKER** *Polysaccaride*

KOHLENHYDRATE AUS EINEM MOLEKÜL (MONOSACCHARIDE)

Traubenzucker (Glukose)
Vorkommen in vielen Obst- und Gemüsesorten, Honig
Baustein von Doppel- und Vielfachzucker

Fruchtzucker (Fruktose)
Vorkommen in Obst- und Honig, Bestandteil des Rohr- und Rübenzuckers.
Baustein des Vielfachzuckers Insulin

Schleimzucker (Galaktose)
Vorkommen: Bestandteil des Milchzuckers und einiger Vielfachzucker

KOHLENHYDRATE AUS ZWEI MOLEKÜLEN (DISACCHARIDE)

Rohr- und Rübenzucker
Vorkommen: Zuckerrübe und Zuckerrohr. Wird in Knollen und Früchten gespeichert.

Malzzucker
kommt in keimenden Getreidekörnern, Bier- und Malzextrakt vor.

Milchzucker
kommt in der Kuhmilch und in Milchprodukten vor.

KOHLENHYDRATE MIT VIELEN MOLEKÜLEN (POLYSACCHARIDE)

Stärke
deren Molekül sich aus Hunderten von Glukosemolekülen zusammensetzt und ist der wichtigste Nahrungskohlenhydrat
Vorkommen:

Getreide:	Roggen, Dinkel, Hafer, Mais, Reis, Quinoa, Amaranth
Knollen:	Kartoffeln, Topinambur
Hülsenfrüchte:	Bohnen, Linsen, Erbsen, Soja

Dextrine

Sind aus kurzen Traubenzuckerketten und ein Abbauprodukt der Stärke und des Glykogens. Entsteht durch trockene Erhitzung der Stärke (Rösten und Backen).
leicht verdaulich, deshalb bedeutend im Bereich der Diät und der Sporternährung (Vorwettkampfessen, Zwischensnack)

Glykogen

Aus stark verzweigten Traubenzuckerketten aufgebaut. Wird in der Leber und der Muskulatur gespeichert.

Speicherkapazität Durchschnittsperson:

Muskulatur:	200 – 300 g
Leber:	10 – 90 g

Speicherkapazität Sportler:

Muskulatur:	300 – 900 g
Leber:	90 – 150 g

Die Hälfte der täglichen Kohlenhydrataufnahme wird vom Gehirn benötigt (davon 80% für die Energiebereitstellung)

Eine optimale Gehirnleistung ist von einem konstanten Blutzucker abhängig.

Besonders günstig sind deshalb Lebensmittel mit komplexen KH (Vollkornprodukte, Gemüse, Hülsenfrüchte, Reis, Salat).

Schwankungen bewirken koordinative Mängel, geistige Erschöpfung, Schwindel etc.

VIELFACHZUCKER NICHT VERWERTBAR

Zellulose
Aus sehr langen Traubenzuckerketten aufgebaut.
Vorkommen in Obst, Gemüse, Hülsenfrüchten und Getreiderandschichten
unverdauliche Füllstoffe im Darm, regt die Darmtätigkeit an

Pektine
Aufgebaut aus verschiedenen Einfachzuckern.
Vorkommen in ungereiften Früchten, Kernen, Apfelschalen und Beeren
binden Giftstoffe im Darm

Inulin
Aus Fruchtzucker aufgebaut
Kommt in Chicorée, Topinambur, Knoblauch und Artischocken vor
Unverdaulich, probiotischer Ballaststoff

Mangelerscheinungen – Wirkung
fehlende Energie, gestörter Wasserhaushalt

Vorkommen
Hafer, Vollkorngetreideprodukte, Hartweizenteig-waren, Vollkornreis, Vollkornnudeln, Vollkornbrot, Kartoffeln, Hülsenfrüchte (Bohnen, Erbsen), in vielen Gemüsesorten und in Obst.

Kohlenhydratpräparate

Pulver, Flüssigkeiten, Gel, Riegel

hoher Kohlenhydratgehalt (energiereich)
Verträglichkeit testen und individuell einsetzen

Kohlenhydratgels
sind Kohlenhydratkonzentrate (Natrium, B-Vitamine, Koffein)
die Fructose erhöht die KH-Aufnahme pro Zeiteinheit
sind schnell verfügbare KH mit hohem glykämischen Index

- für intensive Dauerbelastungen ab 60 min

Beispiele Inhaltsstoffe:

Powerbar (41 ml):	27 g KH (+Fructose + Koffein)
Peeroton Energizer (35ml):	27 g KH (+Fructose)

Gel Shots: 5 Shots sind ca. der Energiegehalt von 1 Gel

Kohenhydratpulver (Sportgetränke)

liefern KH, Vitamine, Mineralstoffe + Koffein, Taurin
dienen der Flüssigkeits- und Energieversorgung
Einsatz vor, während und nach dem Training

Beispiel Inhaltsstoffe:

Powerbar Isoactiv 1 l:	6 g KH (+ Fructose)
Isostar 1 l:	70 g KH (- Fructose)

Fertiggetränke

Arriba: 1 l:	42 g KH (+ Fructose)
Gatorade 1 l:	41 g KH (- Fructose)

Kohlenhydratpulver plus Zusätze

Maltodextrin 6 bzw. 19: hydrolysierte Maisstärke
ist geschmacksneutral

M6: enthält einen höheren Anteil an längerkettigen KH
langsamere Verdauung und längerfristige Versorgung

M19: enthält einen höheren kurzfristigen KH Anteil
gewährleistet eine schnelle, aber kürzere Versorgung

Der Einsatz eignet sich gut, um den KH-Gehalt von Sportgetränken zu erhöhen und im Alltag Speisen und Getränke anzureichern.

zum Muskelaufbau, Steigerung der Pufferkapazität (Leistungserhaltung), Konzentrationsfähigkeit etc.

Kapseln
Pulver
Kreatin - Wirkung

- Ist eine schnell verfügbare Energiequelle
- Energiebereitstellung für kurze, intensive Belastungen (schnelle ATP-Synthese)
- Muskelhypertrophie: kann den Muskelaufbau unterstützen
- erhöht das Köpergewicht (durch Wassereinlagerungen)
- Synthese im Körper vorwiegend in der Leber (aus Arginin, Methionin, Glycin)
- Körperpool: 120 – 150 g (davon über 90% im Skelettmuskelt gespeichert)
- 1 – 2 g selbst synthetisiert
- Bedarf mindestens 3 g / Tag

Nebenwirkungen:
Krämpfe (Magen, Darm, Muskulatur)
Körpergewicht steigt

Lebensmittel	**Kreatingehalt in g / kg**
Milch	0,1 g
Preiselbeeren	0,2 g
Kabeljau	3 g
Thunfisch	4 g
Rindfleisch	4,5 g
Lachs	4,5 g
Schweinefleisch	5 g
Hering	6,5 - 10 g

Beta Alanin
Bildet mit Histidin das Carnosin = Puffersubstanz im Muskel
Macht 10% der Pufferung im Muskel aus (bessere Laktatpufferung)
bessere Leistung bei kurzen hochintensiven Belastungen
längeren Durchhaltevermögen bei kurzen, hochintensiven Belastungen (1 – 5 min)

Studienergebnisse:
1,6 g – 6,4 g pro Tag führten zu Muskelcarnosinsteigerung

Bsp.:
1,6 g pro Tag über 2 Wochen zeigen erste Wirkungen
5 g pro Tag über 5 – 7 Wochen 20 - 30%iger Anstieg

Nitrat – rote Rüben

Wirkung:
erweitert die Blutgefäße
verbessert die Muskelkontraktion
Sauerstoffverbrauch bei Belastung reduziert sich
Die Leistung erhöht sich

Anwendung:
bis 2,5 h vor Belastung: 0,5 l roter Rübensaft oder Shots (80 ml)

Probiotika
sind lebende Mikroorganismen

Wirkung:
sind immunstabilisierend
reduzieren gastrointestinale Beschwerden

Anwendung:
Mono- oder Duo Spezies, Multi- Spezies Präparate (4-10 Stämme)

17.4 Koffein - Wirkung

Einflüsse auf physiologischer und psychologischer Ebene!

- aktiviert das zentrale Nervensystem
- das Herzkreislaufsystem und den Respirationstrakt
- verbessert die Aufmerksamkeit und die Reaktionsfähigkeit
- Erweiterung der Gefäße und Bronchien (atemstimulierend)
- belebend durch Adrenalin- und Dopaminausschüttung
- sowie stimmungsaufhellend
- Leistungssteigerung
- gesteigerte Lipolyse und
- Stimulation des Zentralnervensystems

Nebenwirkungen:
bei Dosierung von 300 bis 800 ml/ Tag
motorische Unruhe
Übelkeit, Erbrechen
Schlafstörungen

bei höheren Dosen:
Herzrasen
Kopfschmerzen
unregelmäßiger Puls
Muskelzuckungen
Ängstlichkeit

Koffein – Empfehlung

Ausdauer- und Konzentrationssportarten
- entweder 3 – 6 mg/kg 1 h vor der Belastung
- oder 0,75 – 3 mg /kg während der Belastung

~ 200 mg vermutlich die optimale Dosis

Koffeingehalt von diversen Lebensmitteln, Nahrungsergänzungsprodukten und Getränken:

50 ml Espresso	50 – 150 mg	
150 ml Kaffee	50 – 85 mg	
200 ml Tee	14 – 61 mg	(Pfefferminz zu Schwarztee)
250 ml Cola	25 – 62 mg	
250 ml Energydrink	80 mg	
55 g Riegel	33 mg	
41 ml / 70 ml Gel	50 – 100 mg	
25 ml Koffein – Trinkampulle	200 mg	
Koffeintablette	50 – 200 mg	

17.5 Eiweiß

Voraussetzung für das Lernen

Mangelerscheinungen – Wirkung
Müdigkeit, Unkonzentriertheit

Vorkommen
fettarme Milchprodukte, Hafer, Hülsenfrüchte, Sojaprodukte, Nüsse, mageres Fleisch, Fisch

BIOLOGISCHE WERTIGKEIT (BW)

Die biologische Wertigkeit der ***Proteine*** gibt den Wert wieder, mit welcher Effizienz diese in körpereigene Proteine umgesetzt werden können.
Durch eine variantenreiche Lebensmittelkombination lässt sich die biologische Wertigkeit erhöhen (= biologischer Ergänzungswert).
Eine biologische Wertigkeit von zum Beispiel 120 bedeutet nicht, dass 100 g Nahrungsprotein 120 g Körpereiweiß bilden können, sondern lediglich, dass dem Körper in diesem Fall mengenmäßig weniger Protein zugeführt werden muss.

Hintergrund: tierisches Eiweiß besitzt eine höhere biologische Wertigkeit als pflanzliches, da deren Aminosäuren Zusammensetzung dem Körperprotein ähnlicher ist. Der Referenzwert ist das Vollei, mit der Wertigkeit 100.

Proteine sind unerlässlich für den Erhalt und den Aufbau von Muskeleiweiß. Neben anderen wichtigen Aufgaben sind sie vor allem auch für die Wundheilung zuständig. Die adäquate Versorgung mit Protein ist vor allem bei Sportverletzungen gegen den Muskelabbau, zur optimalen Wundheilung und dem Muskelaufbau während der Rehabilitation von großer Bedeutung.

pflanzlich	BW	tierisch	BW
Brot	70	Hühnereier	100
Bohnen	70	(Voll)Milch	90
Mais	55	Käse	85
Reis	70	Rindfleisch	90

Erhöhung der biologischen Wertigkeit durch Kombinationen (BW > 100)

Hühnerei und Mais	114
Fleisch und Kartoffeln	114
Hühnerei und Weizen	123
Hühnerei und Kartoffeln	136

17.6 Muskelproteinsynthese (MPS)

Steht für den Aufbauprozess von Muskelmasse

abhängig von:

- Proteinqualität (Zusammensetzung)
- Menge
- Proteinaufnahme / Verdauung
- Timing der Proteinaufnahme
- zusätzliche Kohlenhydrat Aufnahme

PROTEINQUELLEN MIT HOHER BIOLOGISCHER WERTIGKEIT

Beispiele:
Getreide mit Ei (Palatschinken, Omelett, Spätzle, Kaiserschmarren)
Getreide mit Milch (Palatschinken, Milchreis, Müsli und Joghurt)
Kartoffeln mit Milch/Ei (Kartoffeln und Spiegelei, Kartoffelauflauf, Ofenkartoffeln und Käse/Joghurt)

ERNÄHRUNGSEMPFEHLUNG BEI SPORTVERLETZUNGEN

wichtige Faktoren:

- Immobilisation
- optimale Wundheilung
- Muskelmasse erhalten
- Fettzunahme verhindern

Protein ist das Substrat für Heilung

Abhängig von der Schwere der Verletzungen gilt als Richtwert mindestens 1,6 g Protein pro kg KG/ Tag.

Achtung: übermäßige Kohlenhydratzufuhr und Alkohol meiden
(hemmt die Wundheilung, plus Gewichtszunahme)

EISEN

Blutbildung, Sauerstofftransport zum Gehirn, Produktion von Hormonen und Botenstoffen

Mangelerscheinungen – Wirkung
Haarausfall, Wachstumsstörungen, Muskelschwäche

B-VITAMINE

Neurotransmitterbildung, Energiebereitstellung

Mangelerscheinungen – Wirkung
Müdigkeit, Schlaflosigkeit, Gedächtnisprobleme

Vorkommen
Weizenkeime, Hefe

17.7 Flüssigkeit

Der Flüssigkeitsbedarf beträgt, abhängig vom Wasserverlust (durch Harn, Stuhl, Lunge und Haut) 35 – 40 ml / kg Körpergewicht pro Tag.

Unser Körper besteht zu 55 bis 65% aus Wasser und ist das wichtigste Element des Lebens. Die Aufgaben sind wie folgt:

- Reaktionsmedium
- Zellbestandteil
- Transportmedium
- Temperaturregulator
- Kühlungsfunktion

MEHRBEDARF VON FLÜSSIGKEIT DURCH SPORT

Der Trainingsbedarf beträgt das 1,5 fache des Schweißverlusts

Tipp: Abwaage vor und nach dem Training

FLÜSSIGKEITSBEDARF – SCHWEISSBILDUNG

Der Schweiß hält die Körpertemperatur konstant – Schwitzen ist lebensnotwenig!

Die Schweißmenge hängt ab von:

- dem Trainingszustand
- der Intensität der Tätigkeit
- der Umgebungstemperatur

Menge:

Untrainierter:	0,8 l / h
Trainierter:	bis 3 l / h

FLÜSSIGKEITSDEFIZITE

Toleranz für Dehydration
am Beispiel: Jugendlicher 60 kg

Flüssigkeitsverlust (Wasserverlust im Bezug auf das Körpergewicht)	**Symptome**	**Menge**
1 %	leichter Durst	0,3 l
2 %	Ausdauerleistung ↓ Sensomotorik ↓ Muskelkrämpfe	1,2 l
5 - 10 %	erhöhter Puls Schwindel Kopfschmerzen Blutvolumen	3 - 6 l
15 %	tödlich	9 l

Flüssigkeitsaufnahme – Prähydration

AUFFÜLLEN DER FLÜSSIGKEITSSPEICHER VOR DEM TRAINING
2 h vor dem Training: 100 bis 500 ml
5 – 10 min vor dem Training: 150 bis 300 ml

Getränkeauswahl:
Leitungswasser, stilles Mineral, Sportgetränke, verdünnter Fruchtsaft, Suppe

zu beachten:
individuelle Verträglichkeit (und Menge)
sportartspezifische Besonderheiten berücksichtigen
(z.B. Erschütterung – Magen/Darm)
Dauer und Intensität

Flüssigkeitsaufnahme während dem Training: alle 15 – 20 min

Durstlöscher mit keinem oder wenig Elektrolytgehalt:

Leitungswasser
stilles Mineralwasser
Kräutertees
ungezuckerte Molke Getränke

Bei langen Trainingseinheiten (über 1 h)

Zufuhr von Flüssigkeit und Energie (in Form von Kohlenhydraten)

Auswahl:
Sportgetränk – richtige Auswahl!
Sportgel, Riegel
Banane (gereift)
Kekse
Shake

Bei längeren, intensiven Trainings (über 1 h)

Ziel ist es, den Blutzucker konstant zu halten, um die kontinuierliche Versorgung der Muskeln (und dem Gehirn) zu gewährleisten.
Durch Zuführen von Kohlenhydraten werden die (begrenzten) Glykogen Speicher „geschont“.

Bei unzureichender Kohlenhydratzufuhr kommt es zu einer Unterzuckerung.

Die Auswirkungen sind Symptome wie Schwäche, Benommenheit bis zur Bewusstlosigkeit.

DIE AUSWAHL VON SPORTGETRÄNKEN

- Verträglichkeit
- keine Kohlensäure
- Geschmack
- Auswahl: hypo oder isoton
- Koffein nur gezielt einsetzen

Auswahl Sportgetränke – Bestandteile

Natrium
bindet Wasser im Körper (- Harndrang)
beschleunigt Flüssigkeits- und Kohlenhydrataufnahme
230 – 1380 mg Na/l = 0,6 – 3,5 g NaCI /l (1 g Salz = 0,4 g Natrium)

Kalium
Rolle im Flüssigkeitshaushalt
In Glykogenspeichern gebunden – Freisetzung bei Belastung
~ 700 mg /l beeinflusst die Leistung
< 225 mg /L

Magnesium
nur 35 % sind verwertbar
65% nicht absorbierbar
Achtung – Belastung für den Darmtrakt – Verdauungsprobleme!
<<100 ml / L

KOHLENHYDRATZUFUHR DURCH SPORTGETRÄNKE – IN ABHÄNGIGKEIT DER BELASTUNG

Belastung	Kohlenhydrat Zufuhr	KH - Art
< 1 h	10 - 30 g / h	alle Arten
2 h geringere Intensität	30 g / h	alle Arten
2 h höhere Intensität	60 g / h mittlere Belastung	1 Transporter Glocose, Saccharose, Maltodextrin
> 2,5 h	60 - 90 g / h intensive Belastung	2 Transporter + Fructose

ISOTONISCHE FLÜSSIGKEIT

Von einem ***isotonen*** Getränk spricht man, wenn die Teilchenkonzentration der Flüssigkeit ***gleich groß*** ist wie die des Blutes. Folglich kann unser Körper eine solche Flüssigkeit sehr leicht aufnehmen.

HYPOTONISCHE FLÜSSIGKEIT

Hypotone Getränke weisen einen ***geringeren*** osmotischen Druck auf als der des Blutes. Sie liefern vorwiegend Flüssigkeit und halten damit den Flüssigkeitshaushalt konstant.

HYPERTONISCHE FLÜSSIGKEIT

Als ***hyperton*** wird ein Getränk bezeichnet, wenn es ***zu viele*** gelöste Teilchen (Zucker) besitzt und damit einen höheren osmotischen Druck als Blut aufweist.

Die Auswahl des Sportgetränkes bzw. der Flüssigkeit (nach der Zusammensetzung – isoton oder hyperton) unbedingt nach der Intensität des Trainings/Wettkampfs und der Dauer mit der individuellen Verträglichkeit auswählen und abstimmen.

Achtung: EIN Getränk deckt nicht alle unterschiedlichen Anforderungen ab!

OSMOLARITÄT

Osmolarität ist die Anzahl der osmotisch aktiven Teilchen pro Liter Flüssigkeit. (im Sportgetränk Gehalt der KH und Na)

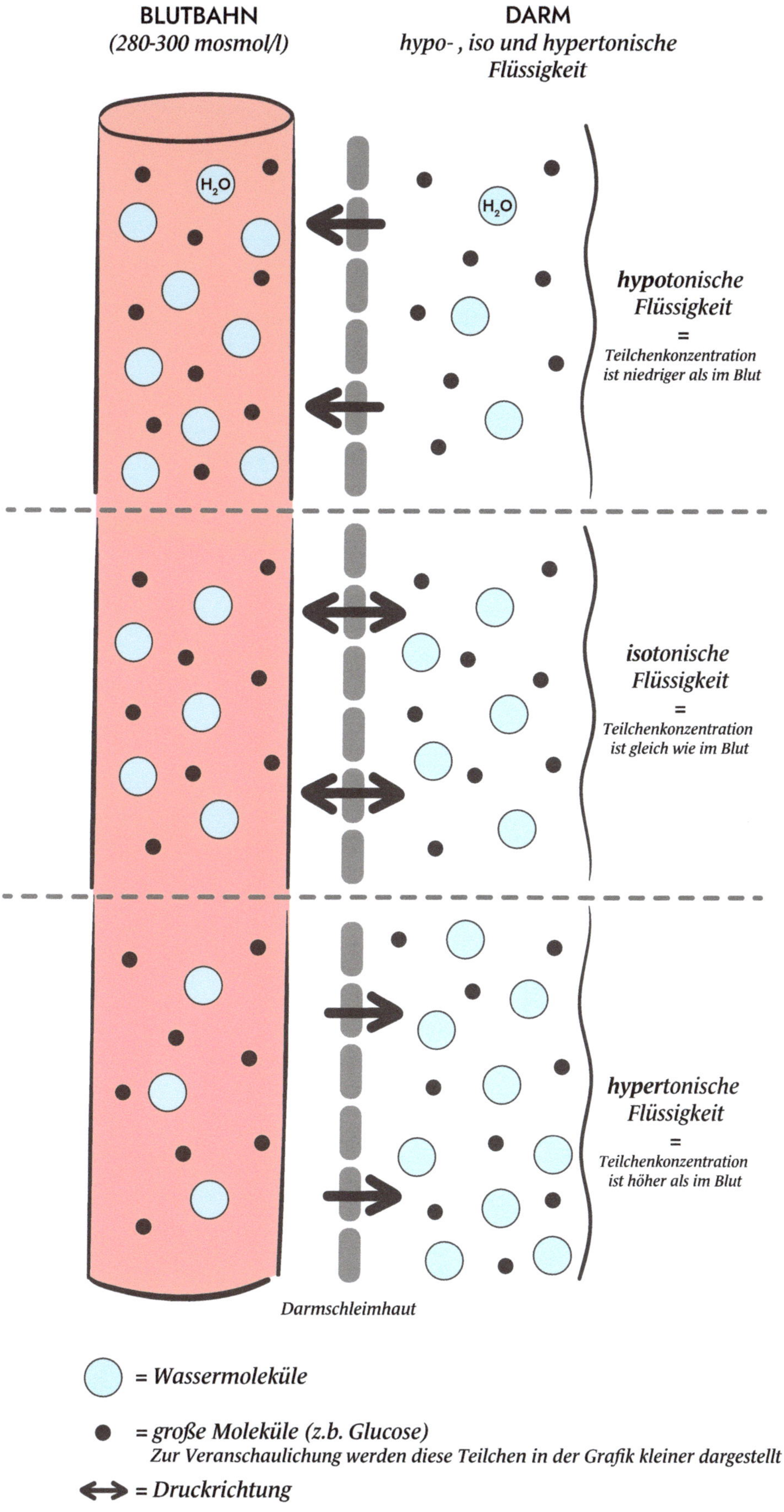
BLUTBAHN
(280-300 mosmol/l)
DARM
hypo- , iso und hypertonische
Flüssigkeit
H₂O
H₂O
hypotonische
Flüssigkeit
=
Teilchenkonzentration
ist niedriger als im Blut
isotonische
Flüssigkeit
=
Teilchenkonzentration
ist gleich wie im Blut
hypertonische
Flüssigkeit
=
Teilchenkonzentration
ist höher als im Blut
Darmschleimhaut
= Wassermoleküle
= große Moleküle (z.b. Glucose)
Zur Veranschaulichung werden diese Teilchen in der Grafik kleiner dargestellt
= Druckrichtung

17.8 Ernährung

- vor dem Training
- Vorwettkampfernährung
- Wettkampfernährung
- Ernährung nach dem Wettkampf
- Ernährung nach dem Training
- Nahrungsergänzungsmittel / Supplemente

ERNÄHRUNG VOR DEM TRAINING

Zwischenmahlzeit 1 – 1,5 h vor dem Training

Hauptmahlzeit mindestens 3 h vor dem Training

Zwischenmahlzeiten: 1 – 1,5 h Abstand
Auswahl:
Semmel, Weißbrot, Zwieback, Laugenstange, Biskuit
Joghurtdrink, Buttermilch, Fruchtschnitte
Pudding, Cornflakes
Kohlenhydrat-Eiweißpräparat

Hauptmahlzeiten: 3 h Abstand
Auswahl:
Reis, Kartoffeln, Couscous, Quinoa
Nudeln, Kartoffelpüree, Spätzle
Gemüse, Salat, Obst
Gebäck mit Käse oder Wurst
Milchreis, Kaiserschmarren

ERNÄHRUNG VOR DEM WETTKAMPF – CHECKLISTE

-
- generell keine Experimente!
- Individuelle Abstimmung:
- Physische und psychische Belastungssituation berücksichtigen
- nervöser Magen? - Banane und oder Sportprodukte bevorzugen
- körperwarme Speisen bevorzugen
- nicht nüchtern an den Start gehen

ERNÄHRUNG VOR DEM TRAINING

Auffüllen der Flüssigkeitsspeicher – Prähydration
Auffüllen der Kohlehydratspeicher und Versorgung mit Eiweiß und Mikronährstoffen – leicht verdauliche Kost

leicht verdauliche Kost - allgemein

- mager
- gekocht oder gedünstet
- reif, geschält
- mild
- ballaststoffarm
- langsam essen und gut kauen

Leicht verdauliche Kost verhindert ein Druckgefühl und Völlegefühl, Blähungen, Krämpfe und Sodbrennen.

schwer verdaulich - allgemein

- roh
- fett
- paniert, frittiert
- scharf, würzig
- ballaststoffreich, blähend
- unreif, ungeschält
- schnell essen und wenig kauen

MAGENVERWEILDAUER

reife Banane, weiches Ei, helles Gebäck	1 - 2 h
gekochtes Gemüse, Reis, Kartoffeln, Nudeln, mageres Fleisch, Fisch	2 - 3 h
Bratkartoffeln, Rohkost, Obst, Wurst, Käse, Vollkorngebäck	3 - 4 h
Brathuhn, Rindfleisch, Wild, Geselchtes, Hülsenfrüchte, Gebackenes	4 - 5 h
Thunfisch in Öl, Pilze, Speck, Heringssalat	6 - 7 h
Kohl, fettes Fleisch, Ölsardinen, Gans	8 - 9 h

VORWETTKAMPFERNÄHRUNG ALLGEMEIN

- letzte kleine Mahlzeit 1 – 1,5 vor dem Start
- letzte Hauptmahlzeit mindestens 3 h vor dem Start
- leicht verdaulich (ballaststoffarm, fettarm)
- Kohlenhydratreich (als Leistungsgrundlage)
- langsam essen und gut kauen
- bei längeren Dauerbelastungen: 30 min vor dem Wettkampf – KH-Snack wie ein Sportgetränk (100 – 200 ml)
- ausreichend Flüssigkeitsversorgung (S. Kapitel Flüssigkeit)

VORWETTKAMPFERNÄHRUNG – SPEZIFISCH

Carboloading
kein Carboloading
(Kampf-, Kraft-, Konzentration- und Schnellkraftsportarten)
1 Tag Loading – Ziel:
Glykogenspeichervorräte in der Muskulatur und in der Leber auffüllen
im Motorsport:
Langstreckenrennen, Rallyesport, Baja, Rallye Raid
2 – 6 Tag Loading (Ausdauersportarten)

VORWETTKAMPFERNÄHRUNG SPEZIELL

mehrere kleine Kohlenhydratmahlzeiten
kaliumreich, fettarm und ballaststoffarm
viel trinken (Prähydration)
zu beachten: Körpergewicht steigt an!

WETTKAMPFERNÄHRUNG

genügend, früh und regelmäßig Trinken (0,5 l bis 1 l) – je nach Verträglichkeit und alle 10 bis 20 min 150 – 200 ml
Beachtung eines konstanten Blutzuckerspiegels
< 1 h Belastung KH vor dem Wettkampf
> 1 h Belastung 30 – 60 g KH / im Wettkampf

WETTKAMPFERNÄHRUNG – WETTERANPASSUNG

Hitze und hohe Luftfeuchtigkeit

- Akklimatisierung einige Tage davor
- Trinkmenge dem Schweißverlust anpassen
- auf „Vorrat“ trinken
- größere Mengen vor und nach dem Wettkampf
- Zugabe von etwas Kochsalz* (isoton, Natrium reiches Mineralwasser)

*bindet Wasser im Körper

Kälte

- Energiebedarf beachten
- Wasserverlust
- warme Getränke und warme Zwischenmahlzeiten
- Sportgetränke, Instantsuppen etc.

Die Art des Rennens bestimmt den Versorgungsaufbau

Zwei unterschiedliche Beispiele zur Wettkampfernährung: die Vorwettkampfernährung bzw. die Ernährung für ein Sprintrennen mit etwa 40 Rennminuten und anschließend in der Regel ausgezeichneten Versorgungsmöglichkeit ist anders aufgebaut wie bei einer Wüstenrallye. Die lange Renndistanz, die Versorgungsstelle erst am Abend zu erreichen, die Temperaturunterschiede, etwaige intensive Reparatur arbeiten, und dazu womöglich tausende Rennkilometer zu absolvieren, benötigen ein ausgeklügeltes Konzept, um die Leistungsbereitschaft der Sportler auf zwei Wochen gewährleisten zu können.

ERNÄHRUNG NACH DEM TRAINING

abhängig von der Trainingsintensität und dem nächsten geplanten Training bei intensiven Trainingseinheiten am nächsten Morgen: rasche KH- und EW-Versorgung

0,5 h bis 1 h nach dem Training

lockeres Training und nächste Trainingseinheit erst in 24 h oder später geplant: KH- und EW- Versorgung in den nächsten Stunden

17.9 Energiebedarf

Der Energiebedarf ergibt sich aus:

Grundumsatz = Grundstoffwechsel + Körpertemperatur

Leistungsumsatz = Beruf + Training

Grundumsatz (GU):
ist die benötigte Energiemenge: im Liegen, 12 h nach der letzten Nahrungsaufnahme bei 20° C

Einflussfaktoren Grundumsatz:

- Geschlecht
- Körpergewicht
- Körpergröße
- Alter
- Trainingszustand

Bedingung	steigert den GU	Bedingungen	senkt den GU
Sportler	abhängig vom Trainingszustand	Aufenthalt in den Tropen	-10 bis -20 % gegenüber arktischen Gebeiten
Schwangerschaft	+ 10 %	Schlaf	- 7 bis -10 %
Schilddrüsenüberfunktion	+ 10 bis + 15 % und mehr	längeres Fasten	-16 % bei - 10 % des KG - 30 % bei - 24 % des KG
Fieber	bis + 40 %		
bevorstehende Menstruation	vor der Menstruation		währendessen am niedrigsten

BERECHNUNG GRUNDUMSATZ

Der Grundumsatz wird idealerweise über wissenschaftlich basierende Formeln errechnet.

Frauen:
GU (kal/Tag): 655,1 + (9,6 x Körpergewicht kg) + (1,85 x Körpergröße cm – (4,68 x Alter Jahre)

Männer:
GU (kal/Tag): 66,47 + (13,75 x KG kg + 5 x Körpergröße cm – (6,76 x Alter Jahre)

Nach WHO für Kinder und Jugendliche

Mädchen (Alter)	Formel
3 – 10 Jahre	0,085 x KG (kg) + 2,033
10 – 18 Jahre	0,056 x KG (kg) + 2,898

Burschen (Alter)	
3 – 10 Jahre	0,095 x KG (kg) + 2,110
10 – 18 Jahre	0,074 x KG (kg) + 2,754

LEISTUNGSUMSATZ

Ist die Energie, welche zusätzlich über den Grundumsatz hinweg verbraucht wird.

Einflussfaktoren:

- Beruf und Wärmeregulation
- Sport: Trainingsintensität, Trainingsumfang, Trainingszustand

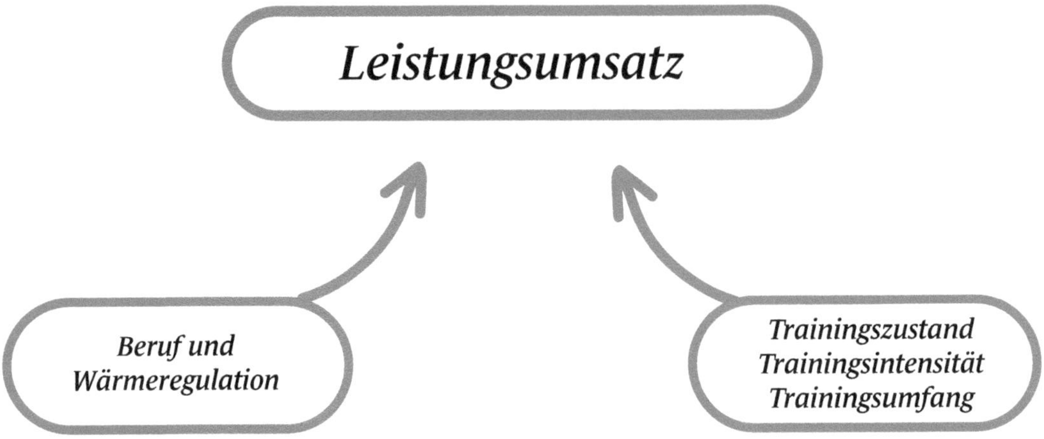

LEISTUNGSUMSATZ – PHYSICAL ACTIVITY LEVEL (PAL)

Tätigkeit	**PAL**
ausschließlich sitzende Tätigkeit, Büroangestellter mit wenig anstrengender Freizeitaktivität	1,4 – 1,5
sitzende Tätigkeit, Kraftfahrer, Laboranten, zusätzlicher Energieaufwand durch Studierende gehende und stehende Tätigkeit	1,6 – 1,9
überwiegend gehende oder stehende Arbeit, Hausfrauen, Verkäufer, Mechaniker, Handwerker	1,8 – 1,9
körperlich anstrengende berufliche Arbeit, Bauarbeiter, Landwirte, *Leistungssportler*	2 – 2,4

Achtung: + 0,3 PAL-Einheiten bei zusätzlich 5 h Sport wöchentlich!

wissenswertes: Proteinaufnahmen, welche die empfohlene Tagesdosis übersteigen (1,6 – 2,4 g E), schützen die fettfreie Masse bei kurzfristigen Gewichtsverlusten

Gewichtsmanagement

Die ausgewogene und abwechslungsreiche Mischkost gewährleistet eine gesunde Ernährung.

Wie in anderen Sportarten ist das Erreichen einer bestimmten Gewichtsklasse nicht das Thema. Leistungssteigernde Aspekte wie zum Beispiel beim Langstreckenlauf (durch Gewichtsreduktion) sind im Motorsport nicht an erster Stelle. Je nach Rennserie bzw. Reglement ist das Mindestgewicht (Auto + Fahrer) zu berücksichtigen. Es ergibt jedoch genug „Toleranz" um ein „Gewichtemachen", wie zum Beispiel im Skisprung essenziell notwendig, nicht im Trainingsplan einplanen zu müssen.

17.10 Nahrungsergänzungsmittel (NEM) Vorteile und Risiken

Die gute variantenreiche Basisernährung ist die Grundlage einer gesunden und vitalen Ernährung und wichtiger als alle Supplemente!

Die Verwendung von Supplementen ist immer gut abzuwiegen – es gibt tausende Produkte am Markt ohne nachgewiesenen Nutzen!

möglicher Einsatz bei:

- intensiven Trainingslagern
- Wettkämpfe
- Blocktrainingsarten
- Sportarten mit Gewichtsklassen („Gewichtmachen")
- bei Veganer (u.a. Eiweißversorgung)

Supplemente sind ein kleiner Baustein der Sporternährung

A Supplemente können zum richtigen Zeitpunkt eingesetzt, unterstützend wirken.

wichtig: Anwendung nur individuell, gezielter Einsatz durch Arzt, Diätologin, Ernährungswissenschaft, immer kontrollierte Produkte, eigenverantwortlicher Umgang

KLASSIFIKATION VON SUPPLEMENTEN (NACH SWISS SPORTS NUTRITION SOCIETY)

A	B
Einsatz in spezifischen Situationen im Sport gestützt durch gute Evidenz.	*Noch nicht ausreichend erforscht. Einsatz bedarf spezifischer, individualisierter Protokolle.*
C	**D**
Kein oder kaum Nutzen im Sport. Einsatz nicht empfohlen.	*Verboten oder hohes Risiko an Kontamination mit verbotenen Substanzen.*

A SUPPLEMENTE

Der Einsatz kann in spezifischen Situationen im Sport sinnvoll sein. Entscheidend ist die Anpassung auf die individuelle Situation.
Bei unsachgemäßem Einsatz wird diese Supplementierung automatisch zu einem C- Supplement und ist somit nicht zu empfehlen.

Kein A Supplement ist pauschal für jede Person und alle Situationen geeignet – die Supplementierung muss maßgeschneidert auf den Sportler und auch auf die jeweilige Situation abgestimmt sein.

Wir unterscheiden 3 Gruppen von A Supplemente:

Sportnahrung wie:
Gels, Riegel, Proteinpräparate, Sportgetränke und Produkte zur Regeneration

Supplemente wie:
Eisen, Probiotika, Calcium Multivitamin/Multimineralstoffe und Vitamin D Supplemente

Performance Supplemente wie:
Bicarbonat/Natriumcitrat, B-Alanin, Kreatin und Koffein

B SUPPLEMENTE

In dieser Gruppe werden Supplemente klassifiziert, die Potential für den Einsatz haben, aber für die teils (noch) nicht ausreichend aussagekräftige Untersuchungen durchgeführt wurden. Diese B Supplemente sind zum Zeitpunkt ihrer Evaluierung nicht in der A Gruppe, aber auch nicht in der C oder D Gruppe klassifizierbar. Die Einnahme sollte außer zu Forschungszwecken nur spezifisch und individuell abgestimmt erfolgen.

Dazu zählen Produkte wie:
Carnithin, Glucosamin, rote Rübensaft/Nitrat und Fischöl.

C SUPPLEMENTE

Sind Supplemente, die häufig Sportler offeriert werden. Eine positive Leistungsbeeinflussung ist unwahrscheinlich und negative Effekte können nicht ausgeschlossen werden.
Supplemente die nicht in die Kategorie A, B oder D eingestuft sind, werden höchst wahrscheinlich der Kategorie C zugeteilt.

D SUPPLEMENTE

Alle auf der Dopingliste stehenden Substanzen gehören automatisch in die Kategorie D. Diese verbotenen Substanzen werden gezielt zu manipulativen Zwecken eingesetzt.
Achtung: durch verunreinigte Präparate können auch D Supplemente unbeabsichtigt aufgenommen werden!

Land	**Anzahl**	**Anzahl positiv**	**% Anzahl**
Niederlande	31	8	26 %
Österreich	22	5	23 %
USA	240	45	12 %
England	37	7	19 %
Italien	35	5	14 %
Spanien	29	4	14 %
Deutschland	129	15	12 %
Frankreich	30	2	7 %
Schweiz	12	0	0 %

Vor Einnahme von Präparaten und Medikamenten zur Sicherheit immer die Verbotsliste überprüfen - Unwissenheit schützt nicht vor Strafe!

Am Beispiel Aspirin wird ersichtlich, dass nicht alle unter diesem Namen erhältliche Substanzen unbedenklich einzunehmen sind.*

Anmerkung: ein Produkt welches häufig so „nebenbei" gerne eingenommen wird. Die sorgfältige Prüfung durch den Sportler und oder dem Trainer ist notwendig.

** Seit 1.1. 2010 ist die Substanz Pseudoephedrin wieder in der Verbotsliste geführt. Deshalb steht Aspirin Complex 500 und Aspirin Complex Heißgetränk auf der Verbotsliste.*

Aspirin Akut 500 kann wiederum legal eingenommen werden.

Präparate bzw. Medikamente unter:
www.nada.at, www.nada.de bzw. www.sportintegrity.ch bezüglich Legalität abfragen. Für andere Länder kann mit den Suchbegriffen „Medikamentenabfrage bzw. Dopingliste" die jeweilig offizielle Seite besucht werden

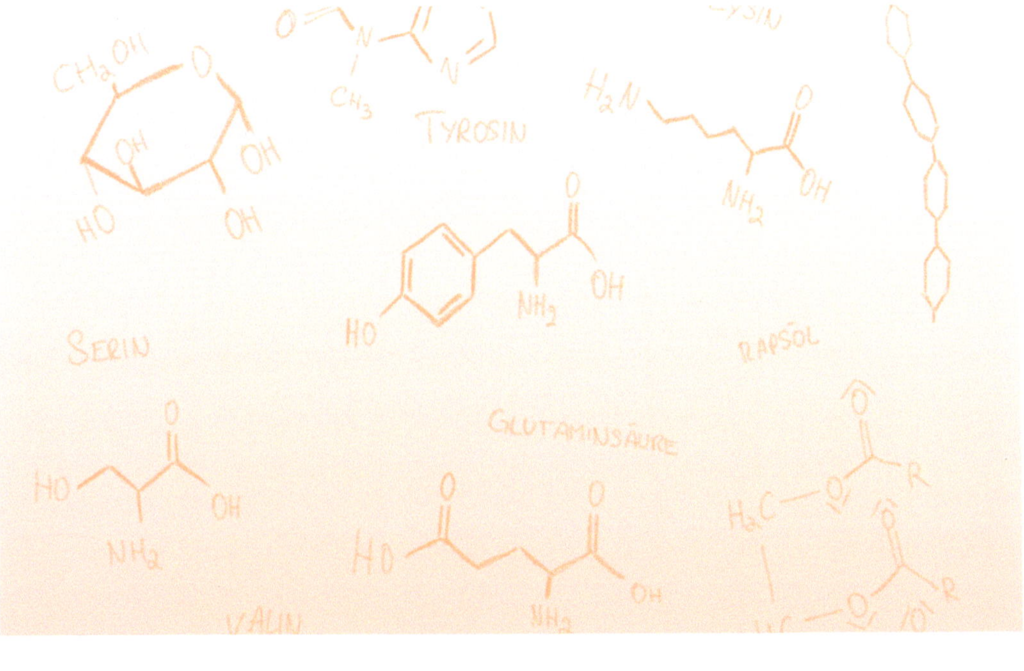

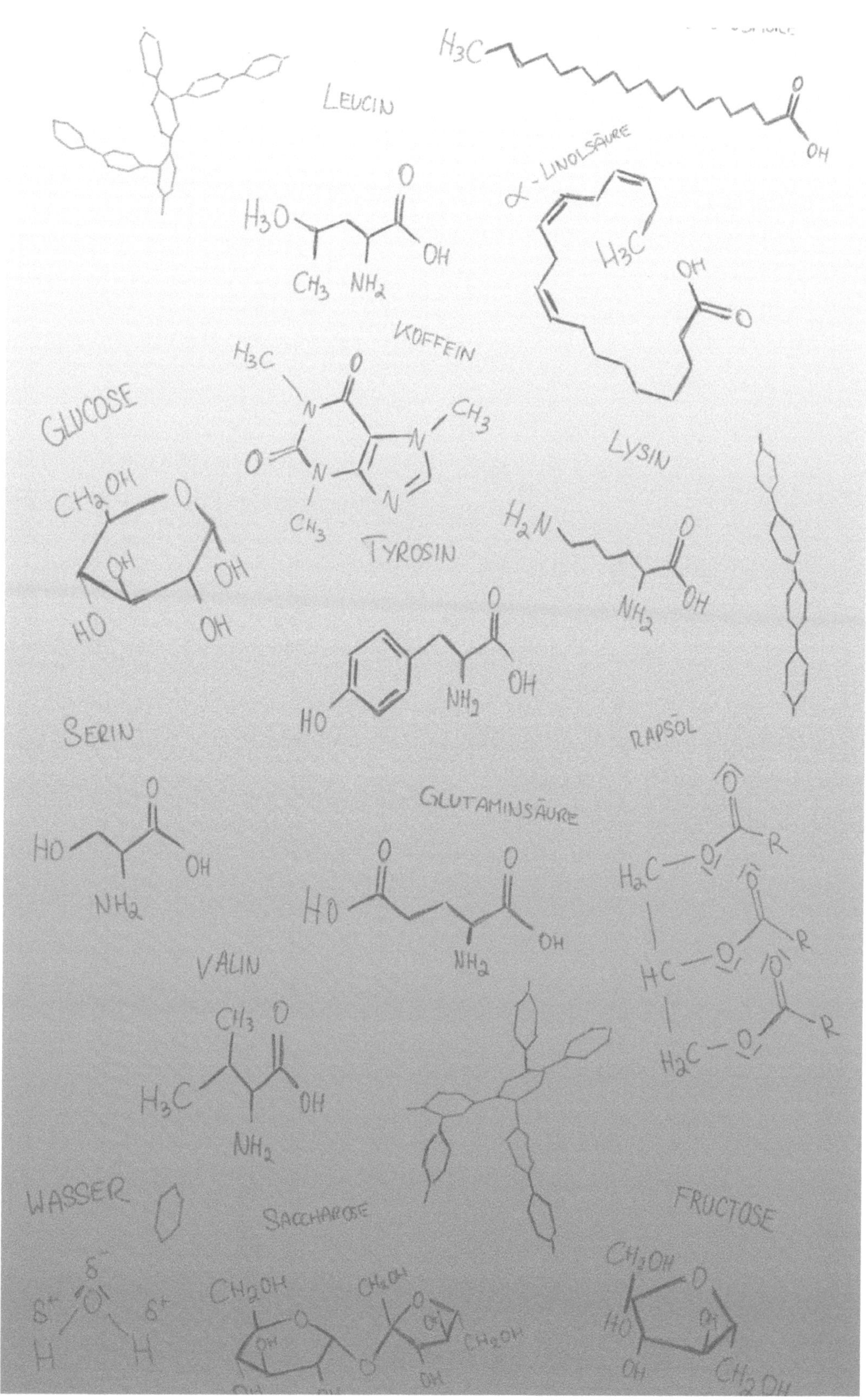
LEUCIN
α-LINOLSÄURE
KOFFEIN
GLUCOSE
LYSIN
TYROSIN
SERIN
RAPSÖL
GLUTAMINSÄURE
VALIN
WASSER
SACCHAROSE
FRUCTOSE

Kapitel 18
Praxis – Übungen und Trainingsgeräte sportartspezifisch

18 Praxis – Übungen und Trainingsgeräte sportartspezifsich

18.1 Agilitytraining

Bessere Leistung, weniger Verletzungen und schnellere Entscheidungen

Eine Trainingsform, im modernen Fußball nicht mehr wegzudenken, ist auch im Motorsport eine wichtige Trainingsmethode.

Agility wird eigentlich dem Training der Schnelligkeit zugeordnet, welche sich in speed (Geschwindigkeit), Agility (Wendigkeit) und quickness (Schnelligkeit) aufteilt.

Das Agilitytraining führt neben der besseren muskulären Stabilität, zum rascheren Erfassen von Situationen, einem Vorwegnehmen von Situationen und zum schnellstmöglichen Umsetzen von Aktionsentscheidungen.

AGILITYTRAINING WIRKT AUF 3 BEREICHE

PHYSISCH	KOGNITIV	TECHNISCH
muskuläre Rumpfkraft Beinachsenstabilität reaktive Kraft lineare Schnelligkeit change of direction - Schnelligkeit/ Richtungswechsel	visuelles scannen Entscheidungsfindung Antizipieren Mustererkennung Erfahrungsaufbau	Fußtechnik Fußaufsatz Körperposition Körperschwerpunkt Anpassung der Schrittbeschleunigung Koordination

Im Kapitel *2 **Belastungen im Motorsport***, wurde der Leitsatz „dort, wo hohe Kräfte auftreten, die wir nicht vermeiden können, leiten wir sie auf Strukturen ab, die sie aushalten", verwendet. Gemeint ist damit die Muskulatur (mit Band- und Sehnenapparat).

Dieses „Ableiten" bzw. Umlenken der Kräfte auf die ***Muskulatur*** durch gezieltes Agilitytraining erhöht somit die Belastungsverträglichkeit unseres Stütz- und Bewegungsapparates. Gerade im ***Kindes- und Jugendalter können die hohen G Belastungen im Kartsport viel besser toleriert werden***, wirken verletzungsprophylaktisch und sind ein wirksames Mittel gegen degenerative Veränderungen der juvenilen Wirbelsäule.

DIE ANPASSUNGSREAKTION DURCH AGILITYTRAINING

- Verletzungsprophylaxe durch Adaption der Muskulatur
- Verarbeitung hoher mechanischer Kräfte
- Beinachsenstabilität
- Verbesserung des Körpergefühls (Schwerpunkt, räumlich)
- technisch / koordinative Verbesserung der Bewegungsabläufe
- leistungsmäßiger Kapazitätsaufbau
- Sensormotorik
- schnelle kognitive Wahrnehmung
- Vernetzung der motorischen und kognitiven Reaktion
- Entscheidungsfähigkeit
- Aktionsentscheidung
- Handlungsschnelligkeit

Die allgemeine Trainingsmethodik und die Trainingsprinzipien dienen als Orientierung

vom Leichten zum Schweren
vom Einfachen zum Komplexen
vom Langsamen zum Schnellen
vom Bekannten zum Unbekannten

und werden dem speziellen Trainingsziel angepasst.

Diese spezielle Trainingsform soll den Anforderungen entsprechend, vielfältig, zielgerichtet, fähigkeitsorientiert und überproportioniert aufgebaut werden.

Methodik - closed skill und open skill

CLOSED SKILL

Die Übungen werden unter vorgegebenen und geplanten Bewegungsmustern vom Sportler schnellstmöglich und korrekt ausgeführt. Durch die geplanten Manöver, wie zum Beispiel das Abbremsen, wieder beschleunigen des Körpers, stoppen oder seitliche Schritte, wird der Parcours nach einem vorgegebenen Bewegungsmuster absolviert. Unter kontrollierten Bedingungen wird die Ausrichtungsposition des Rumpfes, einschließlich der Hüfte und der Mitnahme der Arme, immer wieder verändert und neu positioniert (Schwerpunktverlagerung).

OPEN SKILL

Der Sportler reagiert zusätzlich auf visuelle, auditive und/oder taktische Reize schnellstmöglich unter korrekter Ausführung. Die closed skill Methode kann auch als Teil des Aufwärmprogrammes (bei langsamer Ausführung) eingesetzt werden und eignet sich sehr gut als Einstieg zur open skill Methode.

Der ***Mehrwert*** der open skill Variante entsteht durch den Einsatz von visuellen, auditiven und/oder taktischen Zusatzreizen. Es kommt, aus der Sicht des Sportlers, zu nicht vorhersehbaren und unplanbaren Aktionen, welche schnellstmöglich und korrekt ausgeführt werden müssen. Die ***Vernetzung*** von ***motorischen Reizen*** mit denen der ***kognitiven***, trainiert die ***Entscheidungsfindung*** und entwickelt in hohem Maß die ***Handlungsschnelligkeit***.

Trainingsstätte: Rasen, Fußballfeld (Kleinfeld), Halle etc.
Trainingsmittel: Markierungen
(Hütchen, Koordinationsleiter, Minihürden etc.)
Tafeln, Lichtsignale, Signalgeber für auditive Reize etc.

PRAXIS ÜBUNGEN

Aufwärmen
Siehe auch Kapitel *11 Aufwärmen*

Anmerkungen:
Alle Fotos sind aus Trainingseinheiten entstanden, die Übungen werden gezielt barfuß ausgeführt
Tipp: Einsteiger verwenden Hallenschuhe

SEITSPRÜNGE (SKATING SPRÜNGE):
nach links und rechts im Wechsel mit aktivem Armeinsatz

Ausführung:
im Wechsel dynamische seitliche Sprünge durchführen

Wichtig:
Beinachse, Balance, Oberkörperkontrolle mit aktiver Armunterstützung

2. TAPPING* BEINE:
länge 5 m vorwärts / lockeres zurücklaufen

3. TAPPING SEITWÄRTS:
5 m seitwärts / links / rechts

Varianten
4. LINEDRILLS

5. KOORDINATIONSLEITER
verschiedene Varianten

** Tapping - kleine schnellstmögliche Schritte durchführen - maximale Frequenzgeschwindigkeit (all in)*

Darstellung einiger von unzähligen Varianten zum Training mit der Koordinationsleiter. Die Auswahl wird nach den jeweiligen Trainingszielen getroffen.
Erweiterungsmöglichkeiten z. B. mit Druckfaktoren wie:
Pelonen, Stangen, Hütchen, Hürden oder Farbtafeln mit extra Kommandos

Variante 1

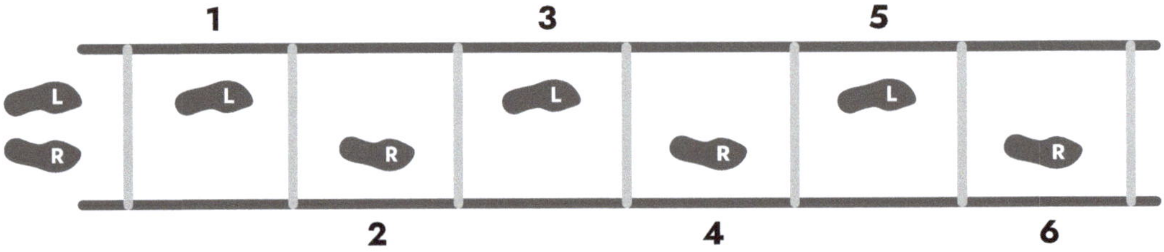

Variante 2

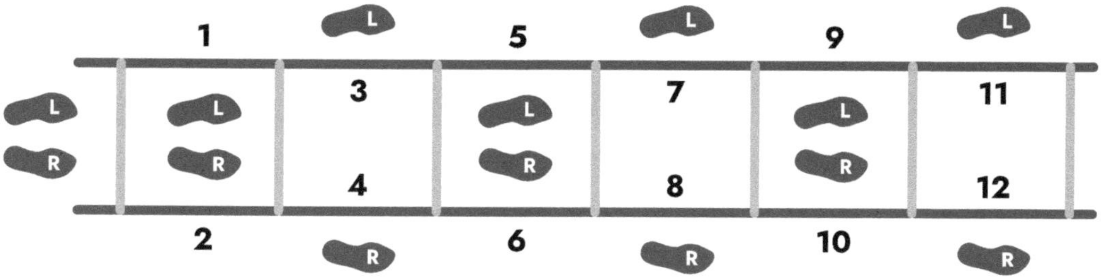

Variante 3

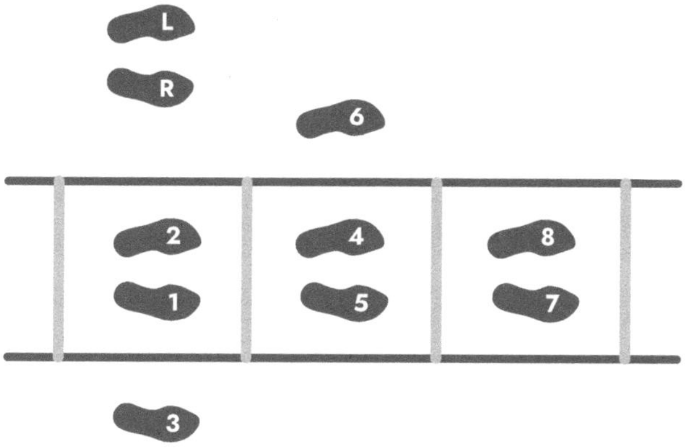

Variante 4

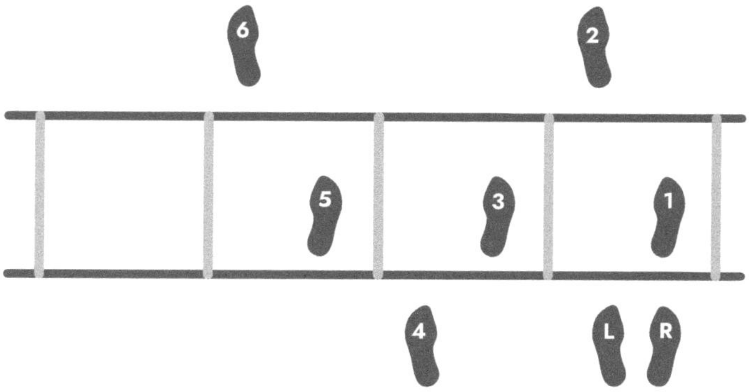

Variante 5

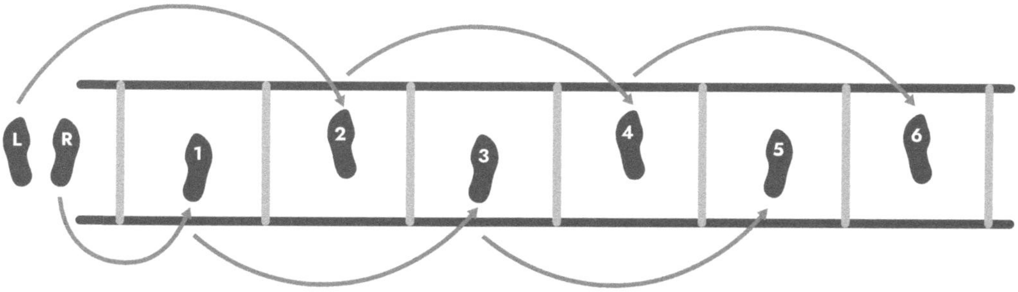

Variante 6

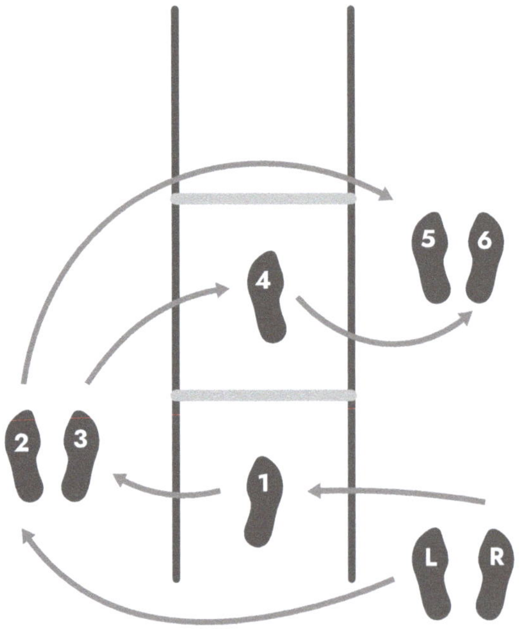

TRAINING MIT DER KOORDINATIONSLEITER MIT ZUSATZGEWICHTEN

TRAINING REAKTION / FARBHÜTCHEN

Ausgangsposition:
mittig der Hütchen

Ausführung:
berühren der Markierung nach Farbkommando und Retourlaufen zur Ausgangsstellung

verschiedene Varianten wie:
nur Ablaufen im Uhrzeigersinn, mit der Hand berühren, mit dem Fuß berühren, Umlaufen, akustische Zusatzkommandos etc.

Zusatzhinweis:
eignet sich sehr gut als Teamtraining / im Wechsel Co Pilot mit Fahrer

TAPPING ARME

Ausgangsposition – mit kurzen Lenkbewegungen

TAPPING ARME MIT STÄRKEREN LENKBEWEGUNGEN

Ausführung:
Endposition zur linken Seite

Ausführung:
Endposition zur rechten Seite

18.2 HIT - Training (High Intensive Training)

HOCHINTENSIVES UND ZEITLICH KURZES KRAFTTRAINING

Ist eine Möglichkeit des Hypertrophie Trainings. Bietet sich zur Trainingsabwechslung bzw. als neue Reizvariante an. Wiederholungen werden bis zum Muskelversagen durchgeführt.

Achtung: für Einsteiger ungeeignet

Übungen:	Bankdrücken, Latziehen, Beinbeuger etc.
Übungsanzahl:	6 - 10 Übungen
Übungsauswahl:	mindestens 1 Zug- und Druckübung / Muskelgruppe große Muskelgruppen vor Kleinen trainieren

Sätze pro Muskelgruppe:	1 (maximal 2)
Intensität:	90% der Maximalkraft
Wiederholungszahl:	7
Sätze pro Muskelgruppe:	1 – 2
Ausführungsgeschwindigkeit:	langsames Tempo*
Satzpausen:	2 min
Erholungszeit:	48 – 72 h bis 100% Regeneration
Trainingshäufigkeit:	1 – 2 x Woche
Wirkung:	Vergrößerung des Muskelquerschnitts, intramuskuläre Koordination
Zusatzvariante:	Supersatz der gerade trainierten Muskelgruppe folgt nach 1 Minute Pause ein 2. (unvollständiger) Satz bis zum Muskelversagen

Wichtig:

HIT Training nur bei guter Technik durchführen, wird die letzte Wiederholung noch als relativ „leicht“ wahrgenommen, das Gewicht um 10 – 15% erhöhen

Vorteile:

Zeitersparnis, Setzen neuer Reize, zusätzliches Willenstraining

** z.B. 2 - 3 sec. bei Druckbewegungen (Bankdrücken) – Position 1 sec. halten, 3 - 4 sec. nachgebend*

18.3 HIIT-Training (high intensive Interval Training)

Wird wegen der ähnlichen Schreibweise bzw. bei abgekürzter Aussprache gerne mit dem HIT-Training verwechselt.

Das High intensive Interval Training (HIIT) ist je nach Anwendung, eine variable Trainingsform zur Setzung spezieller Reize für Trainierte.
Je nach Anwendungsmethode kann die lokale Muskulatur oder bei einer Belastung von mehr als 1/7 der Muskulatur, die allgemeine Kurzzeitausdauer trainiert werden.

Beispiele:
Eine Laufeinheit im Grundlagenbereich (GA1) wird durch den mehrmaligen Tempowechsel (Sprints) von 35 sec. bis 2 min (anaerobe Kurzzeitausdauer 60 – 80% / anaerobe Energiebereitstellung) und oder 10 bis 20 sec. (rein anaerob) geprägt. Nach den Sprints folgt ein lockeres Traben, gefolgt mit dem Lauftempo im Grundlagenbereich.

Ziel ist die Verbesserung der allgemeinen Ausdauer, Erhöhung der Laktatleistungsschwelle, die Erhöhung der maximalen Sauerstoffaufnahmefähigkeit und die Verbesserung der Laktattoleranz.

Mit dem Handergometer oder anderen speziellen Übungen kann die ***lokale Kurzzeitausdauer*** einer Muskelgruppe trainiert werden. Mit Intervallen von 10 bis 20 sec. wird die lokale Kurzzeitausdauer einer Muskelgruppe verbessert und die Laktattoleranz erhöht.

Mit einem Zirkeltraining können einzelne Stationen festgelegt werden und sowohl die ***lokale als auch die anaerobe*** allgemeine ***Kurzzeitausdauer*** trainiert werden.

Die Pausen variieren je nach Trainingsziel bzw. Leistungsniveau (z.B. 10 sec. Belastung / 20 sec. Pause; 15/15 etc.).

Die Beispiele sollen nur einige Varianten zeigen. Die Steuerung dieser speziellen Einheiten müssen im Hochleistungssport individuell abgestimmt werden.

18.4 Neuromechanisches Aufwärmen

Im Zuge des allgemeinen Aufwärmens ist es vorteilhaft, die Nerven bzw. die peripheren Nervenbahnen in das warm up Programm, miteinzubeziehen. Durch ein leichtes, kürzeres Dehnen und Mobilisieren können diese aktiviert werden, um die neuromechanischen Bedingungen des Informationsaustausches zu verbessern.

AKTIVIERUNG DES SCHIENBEINNERVS

Ausgangsposition:
aufrechte Position, rechtes Bein gebeugt und abgestützt, linkes Bein ist gestreckt, linkes Bein von der Hüfte nach innen drehen, Fußschaufel heranziehen (Fuß Rist), die Außenkante des Fußes nach außen ziehen und dabei die Zehen in Richtung zum Schienbein führen und die Position kurz halten.

Ausführung:
den Oberkörper rhythmisch nach vor und zurück wippen – ca. 7 – 10 x, die Übung mit dem rechten Bein wiederholen

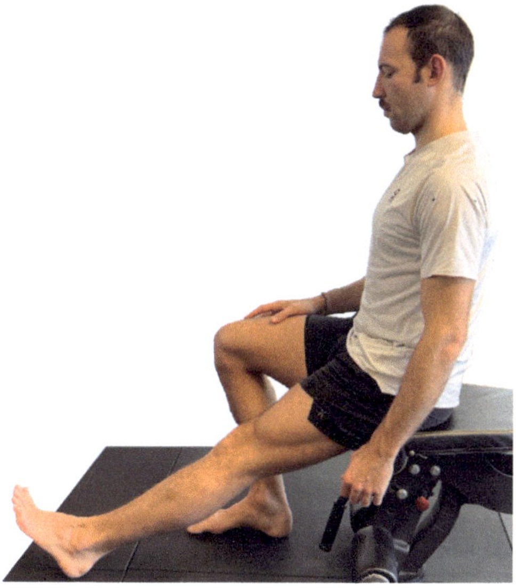

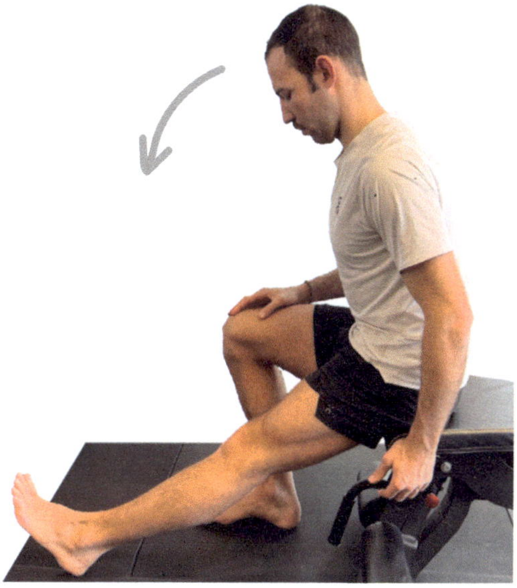

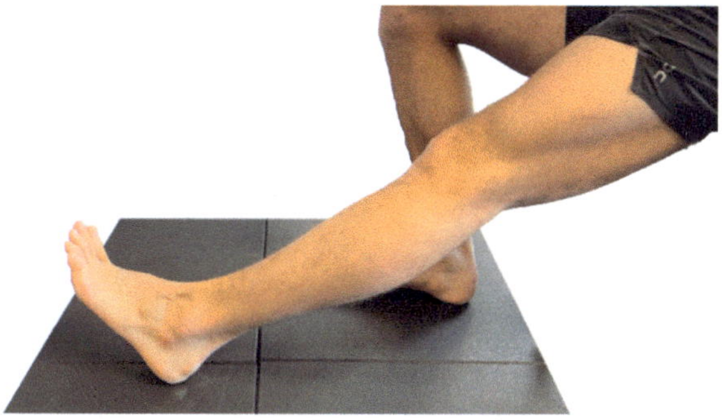

Detailfoto

AKTIVIERUNG DES BECKEN- OBERSCHENKELNERVS

Ausgangsposition:
aufrechte Position Knie leicht gebeugt

Ausführung:
Becken nach vorschieben (Hohlkreuzstellung im Lendenbereich) Position kurz halten. Becken aufdrehen – ca. 7 – 10 x pro Position

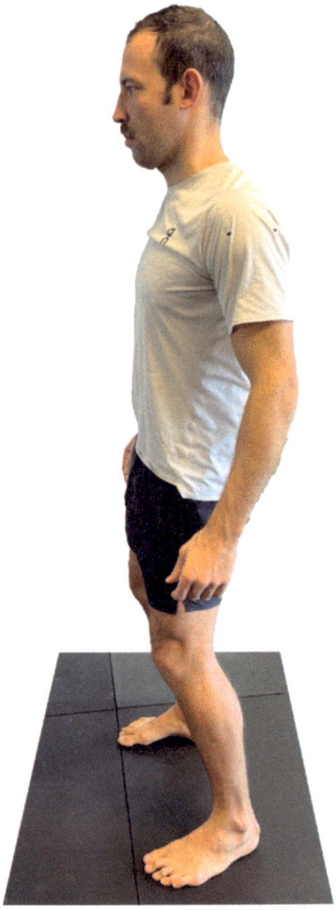

hintere Endposition

AKTIVIERUNG DES OBERSCHENKELNERVS

Ausgangsposition:
linken Fußschaufel auf einen Stuhl/Hocker legen

Ausführung:
Oberkörper nach hinten führen bis sich ein dehnender Zug (Oberschenkel) einstellt, Oberkörper rhythmisch nach vor und zurück schieben, ca. 7 – 10 x Beinwechsel

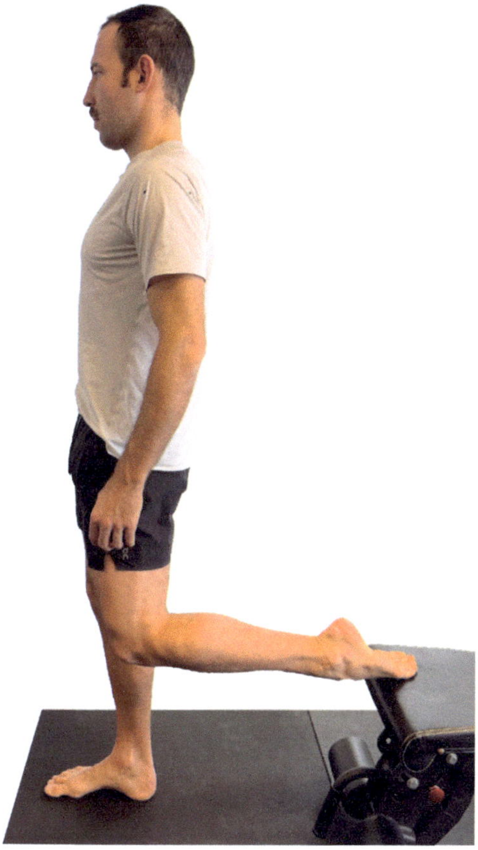

hintere Endposition

AKTIVIERUNG DES UNTERARMNERVS

Ausgangsposition:
aufrechte Position, rechten Ellbogen ca. 90° beugen, Handfläche in eine waagrechte Position bringen

Ausführung:
den Ellbogen nach hinten rotieren und die Finger dabei gestreckt halten, Rotationsbewegung vom Ellbogen und der Handfläche 7- 10 x durchführen, Schulterblatt dabei nicht anheben, ev. den Kopf nach links neigen, Handwechsel

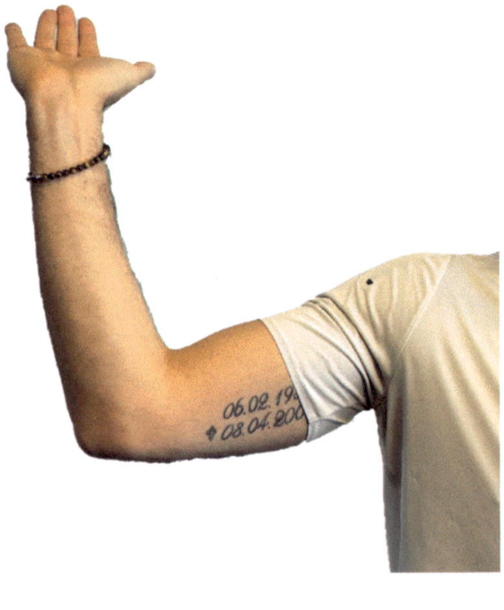

AKTIVIERUNG DES SPEICHENNERVS

Ausgangsposition:
rechte Hand mit dem Daumen nach innen drehen, Schulter nach unten führen

Ausführung:
Arm nach hinten führen (Schulterblatt nicht anheben), ev. den Kopf nach links neigen und den Zug verstärken, Position ca. 20 sec halten.
2 x wiederholen, Armwechsel

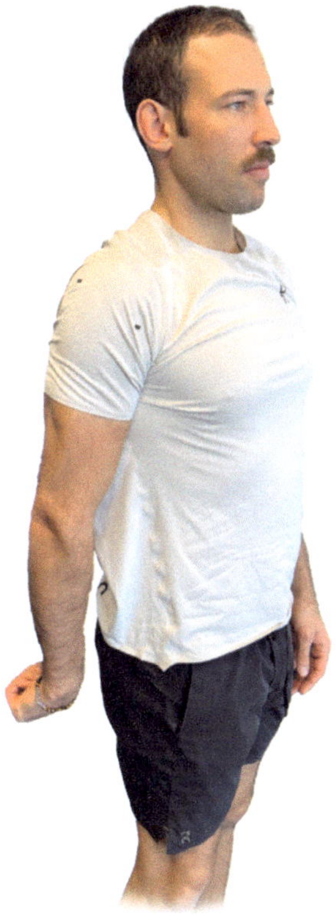

Endposition

Ausführung:
Marschieren am Stand, mit aktiver Armbewegung – im diagonalen Wechsel durchführen

Ausführung:
rechtes Bein anheben und dabei die Finger der linken Hand auf das rechte Knie führen – im diagonalen Wechsel durchführen

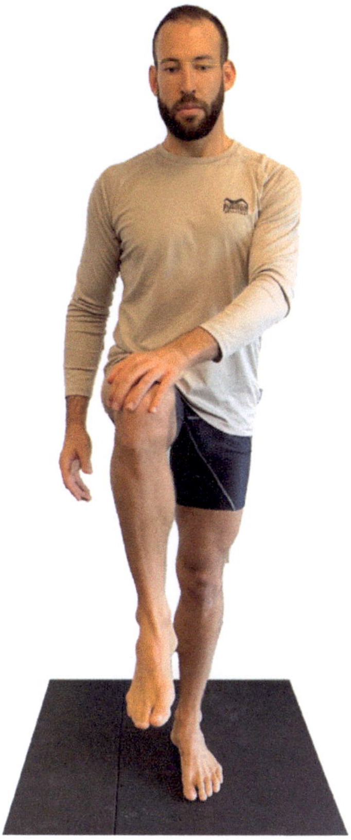

Ausführung:
rechtes Bein anfersen und dabei mit den Fingern der linken Hand die Fußsohle berühren – im diagonalen Wechsel durchführen

Spezielle Trainingsgeräte

18.5 Training mit der Vibrationsplatte

Die Rüttelplatten sind eine sehr gute Trainingsvariante, ursprünglich für die Raumfahrt entwickelt, dienen neben den bekannten Vorzügen, im Motorsport aber vor allem zur besseren Gewöhnung an die Vibrationskräfte in Verbindung mit einem intramuskulären Koordinationstraining.

Die besten Ergebnisse werden mit Geräten eines triaxialen Systems erzielt. Dabei werden in alle 3 Achsrichtungen mittels Motoren die Grundlatte und wenn vorhanden, die Standsäule mit Halterungen in eine links nach rechts, oben nach unten und eine nach vorne und hinten Schwingung versetzt.

Diese 3-dimensionalen Schwingungen ermöglichen eine stufenlose Einstellung von 25 bis 50 Hertz bei einem vertikalen Hub von 2 bis 4 mm und können mit der Verwendung einer Matte noch verstärkt werden. Der Trainingseinstieg beginnt mit 5 bis 10 min. und wird kontinuierlich gesteigert und in das Trainingsprogramm integriert.

Anmerkung:
Mit ähnlichen Parametern sind alle am Markt angebotenen Geräte eine sinnvolle Trainingsform. Meine Erfahrungen beziehen sich auf die Marke Power Plate, welche in größeren Studios recht häufig angeboten werden.

18.6 Training mit dem Rudergerät

Den Belastungen im Motorsport entsprechend, sind Trainingseinheiten mit dem Rudergerät sehr empfehlenswert. Je nach Einsatz können unterschiedliche Trainingsformen, welche immer auf die gesamte Muskulatur der unteren und oberen Extremitäten wirken, durchgeführt werden.

Trainingsformen wie:
Grundlagentraining
Grundlagenausdauer 2
Schwellentraining
Aktivierung der tiefen Muskulatur
Sensormotorik
lokale Ausdauer (der Arme)
anaerobe Kurzeinheiten

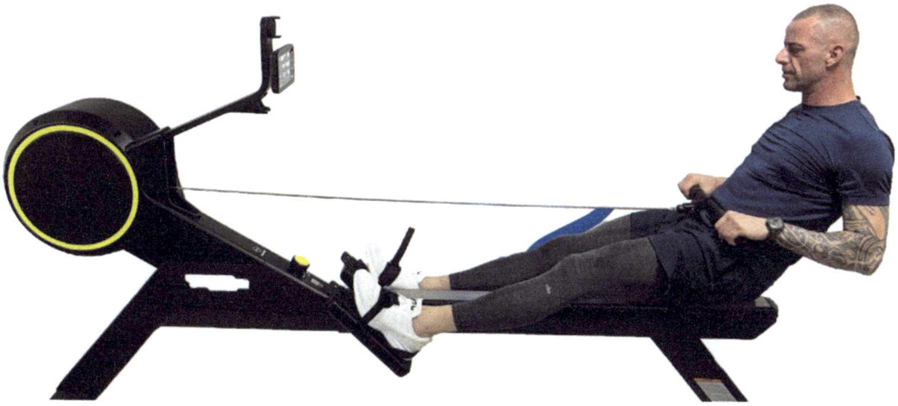

18.7 Training mit dem Handergometer / der Grinding Maschine

Ein professionelles Training sollte ebenso den Einsatz des Handergometers beinhalten. Neben einer guten Stabilisierung des Schultergürtels, erzielt das Training beim Einstieg vorerst eine Verbesserung der lokalen Muskulatur (Armmuskulatur).

In weiterer Folge kommt es zu einer Anpassung der Armmuskeln und die weiteren Reize führen zur Verbesserung der allgemeinen Ausdauerleistung der Arm- und Schultermuskeln und ist als Ausdauertraining einzustufen. Ist dieses Niveau erreicht, können die unterschiedlichsten Trainingsarten der Ausdauer, welche üblicherweise mit dem Laufband, dem Rad oder mit dem Rudergerät durchgeführt werden, absolviert werden. Ausgenommen der Co Piloten, sind Trainingsformen auf dem Handergometer für alle Rennfahrer sehr empfehlenswert.

Der Leistungstest auf ***Seite 51*** des Weltklasse Parasportler zeigt eindrucksvoll das Potential.

Mein Tipp:
Für Langstreckenfahrer, Rallyefahrer, Baja und Rallye Raid Fahrer: die Durchführung eines Leistungstest am Handergometer.

Zielsetzung für eine optimale Grundlagenausdauer~ Die Fähigkeit 20 bis 30 min mit 150 Watt im Grundlagenausdauerbereich 2 zu kurbeln.

Anmerkung:
Die Verfügbarkeit der Handergometer ist, zumindest in Österreich, begrenzt, meist in Leistungszentren oder größeren Fitnesscentern verfügbar (Herstellerfirmen Handergometer: Monark, Ergoline). Handbikes sind schwer verfügbar und wegen der anfangs nicht einfachen Handhabung und der erhöhten Unfallgefahr mit Vorsicht zu „genießen“.

Bei der Zusammenstellung eines Heimfitnesscenters sind der „Water Grinder“ (die Firma ist auch durch das Rudergerät „Waterrower bekannt) oder von Technogym der Excite Top 700 eine interessante Alternative, für diese sinnvolle Trainingsform. Diese Geräte sind auch in ausgewählten Fitnesscentern verfügbar bzw. werden auch als Trainingsgeräte für das Hochleistungssegeln eingesetzt und in Segelclubs verwendet.

TRAINING AN DER GRINDING MASCHINE STEHEND

Trainingstipp:
Als Vortraining ist der Einsatz des Rudergerätes mit einer dominanteren Widerstandseinstellung der Arme hilfreich.

18.8 Trainingsgerät Initio

Ist ein Trainingsgerät, welches ich nach meinen Vorgaben, den komplexen Anforderungen im Motorsport entsprechend, entwickeln ließ. Ich setzte das Gerät für Tests* und zur Feststellung von leistungslimitierenden Faktoren ein und in weiterer Folge zur Bestimmung der Trainingsmodule. Das Trainingsgerät kann variantenreich und individuell eingesetzt werden.

ALS TESTGERÄT

Testung / Auswertung - spezifische Fähigkeiten
Bestimmung einzelner Trainingsfelder

* Feinkoordination (Augen/Arme; Augen/Beine; Augen/Arme/Beine)
- ohne Druckfaktoren / mit Druckfaktoren
Reflexe, Rhythmisierung, Umstellungsfähigkeit, Kopplungsfähigkeit, Augenmotorik / peripheres Sehen, Blickwechselsprünge

ALS TRAININGSGERÄT

Je nach Trainingsziel - Trainingsformen wie:
Feinmotorik von: Koordination Augen mit Arme; Augen mit Beine; Augen mit Arme und Beine
visuelles Training (peripheres Sehen, Blickwechselsprünge, Scharfsehen)
visuelles Training verknüpft mit spezieller Koordination
Aufmerksamkeitslenkung, Entscheidungsfindung
Reaktionsgeschwindigkeit (Reflexentwicklung)
Konzentrationsfähigkeit mit und ohne Zusatzaufgaben (unter Druckbedingungen)
Rhythmisierung, Umstellungsfähigkeit, Kopplungsfähigkeit
Automatisierung von Bewegungsmustern
verschiedene Ausführungen mit konditionellen Zusatzaufgaben (alaktazide, laktazide Trainingsformen)

TRAININGSMASKE MIT ARM BUZZERS UND BEINPEDALE

TRAININGSMASKE MIT DIVERSEN OPTIONEN

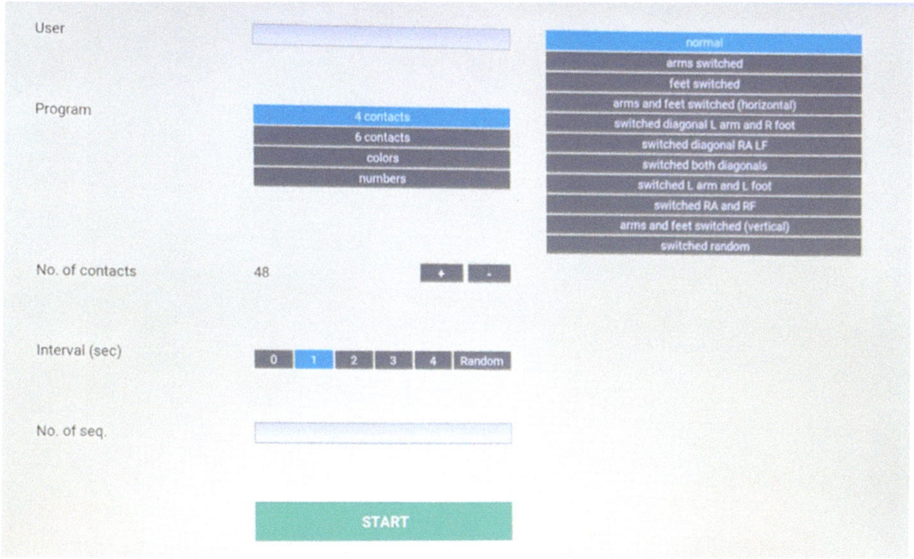

18.9 Training der Arme - tapping

VERBESSERUNG DER FREQUENZGESCHWINDIGKEIT

Ausführung:
Eine 20 bis 25 kg Hantelscheibe (mit Ausnehmungen) als „Lenkrad“ verwenden.

Aufrechte Position:
die Ausnehmungen zur Fixierung der Hände verwenden, kurze Bewegungen nach links und rechts ausführen

Ausführungsgeschwindigkeit:	maximales Tempo
Belastungszeit:	10 - 20 sec.
Pause:	40 – 60 sec
Sätze:	5 - 10
wichtig:	Atmung

Grundposition

Anmerkung:
mit Veränderung des Gewichtes und stärkeren „Lenkbewegungen“ können ***Kraftausdauereinheiten*** für die Arme und dem Schultergürtel ausgeführt werden. Findet die Ausführung am „Pezziball“ statt, werden verstärkt die Core Muskeln aktiviert.

Kraftausdauer strukturell

Intensität:	60 – 70%
Ausführungsgeschwindigkeit:	zügig
Wiederholungen:	12/15 – 12/15 – 12/15 (3 Sätze)
Satzpause:	60 sec

Kraftausdauer energetisch

Intensität:	30%
Ausführungsgeschwindigkeit:	zügig
Wiederholungen:	45/50 – 45/50 – 45/50 (3 Sätze)
Satzpausen:	90 sec

18.10 Training der Unterarme

Mit der am Griff fixierten Schnur wird das Gewicht (z.B. Hantelscheibe) ab- und aufgewickelt. Das gezielte Training dieser Muskelgruppen ist die perfekte Grundlage der Kraftausdauer und in weiterer Folge eine wichtige Zubringerleistung für das Fingertraining für schnelle Schaltvorgänge.

Beispiel: Kraftausdauer energetisch

Intensität:	30 – 40% der Maximalkraft
Wiederholungszahl:	je 10 x Auf- und Abrollen (bis 20 x)
Ausführungsgeschwindigkeit:	zügig
Sätze:	2 - 5

Satzpausen: 1fache Belastungszeit / Hälfte der Belastungszeit
Wirkung: Verbesserung der lokalen, aeroben und anaeroben Kraftausdauer
Erholungszeit: 24 – 36 h bis 100% Regeneration
Trainingshäufigkeit: 2 – 3 x

18.11 Fingertraining

Die Schaltvorgänge des automatischen Schaltgetriebes mit Fingerwippen sind inzwischen auf einem zeitlichen Niveau, dass der Mensch, auf die Dauer der Renndistanz bezogen, der leistungslimitierende Faktor beim Schaltprozess ist.

Durch gezieltes Fingertraining kann, auf einer Renndauer, im Vergleich zu Konkurrenten Zeit rausgeholt werden.

Anmerkung:
Im Rallyesport wird in der Regel sequenziell geschalten oder ein automatisiertes Getriebe verwendet, weshalb dann ein Fingertraining für Rallyefahrer nicht notwendig ist.

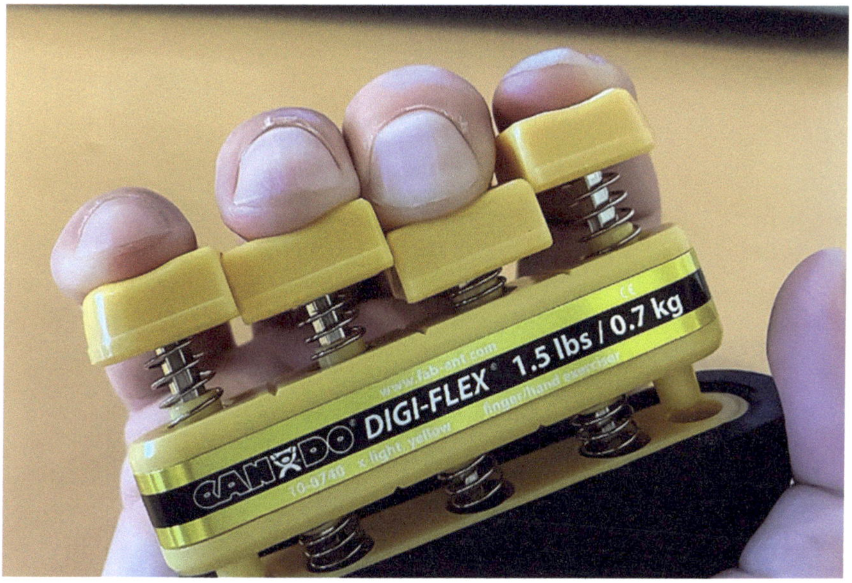

Fingertraining mit dem Digiflex

18.12 Ideale Trainingskombinationen

TRAINING KRAFTAUSDAUER

Wie beim Unterarmtraining kann dazu die Kraftausdauer der Fingermuskeln, trainiert werden. Zwar für die Therapie entwickelt, lassen sich mit dem speziellen Fingertrainer die Finger einzeln ansteuern und trainieren. Je nach Trainingsform wird die passende Federstärke eingesetzt.

TRAINING SCHNELLIGKEIT

Mittels IK-Training wird die intramuskuläre Koordination (Frequenzschnelligkeit, Sequenzschnelligkeit) trainiert. Das Fingertraining wird mit geringem Widerstand ***(s. Foto Seite 343)*** mit maximal schnellen Bewegungen ausgeführt Siehe auch ***Kapitel 4.3 Kraft Seite 74***.

Einige Beispiele von Trainingskombinationen:

1. Fingertraining
2. Tapping Arme
3. Tapping Beine
4. Unterarmtraining

1. Training Augenmotorik
2. Fingertraining
3. Tapping Arme
4. Kraftausdauertraining am Handergometer (energetisch und / oder strukturell)

1. Aufwärmen Wettkampf (all in)
2. Agilitytraining
3. Kraftausdauereinheit am Handergometer, Rudergerät, Rad etc.

Anmerkung:
Voraussetzung für jedes Training ist ein Aufwärmen nach den Anforderungen und nach der Trainingseinheit die passenden regenerativen Maßnahmen.

Aufwärmen Wettkampf:
Es ist ratsam diese Form des Aufwärmens in das Training zu integrieren, sozusagen ein Training im Training. Bei Trainingseinheiten wie zum Beispiel dem Agilitytraining, welche körperlich, psychisch und mental die volle Vorbereitung verlangen, bietet sich diese Kombination als win win Situation an.

Diese Beispiele zeigen nur einige Varianten der Steuerung im spezifischen Trainingsbereich. Entscheidend ist immer die richtige ***Reihenfolge der Belastung*** (***Siehe Kapitel 12 Trainingsplanung***). Diese Trainingseinheiten sind Teilziele einer mittel- und langfristigen Leistungsentwicklung.

Trainingsmittel – weitere Varianten
Slackline, stand up paddle, Boxbirne, Speedball, Trampolin etc.

aufbauend
Belastung
Leistungsfähigkeit
REGENERATIONSFÖRDERUNG
Zeit
Regeneration
abbauend
Durchschnittliche Belastung & Regeneration
Zeitlich früherer angesetzte und optimal ausgeführte Regenerationsmaßnahmen
idealer Zeitpunkt des nächsten Trainingsreizes
Belastungsreiz ohne optimaler Regeneration
Belastungsende
Überschiessende Wiederherstellung
Trainingseffekt

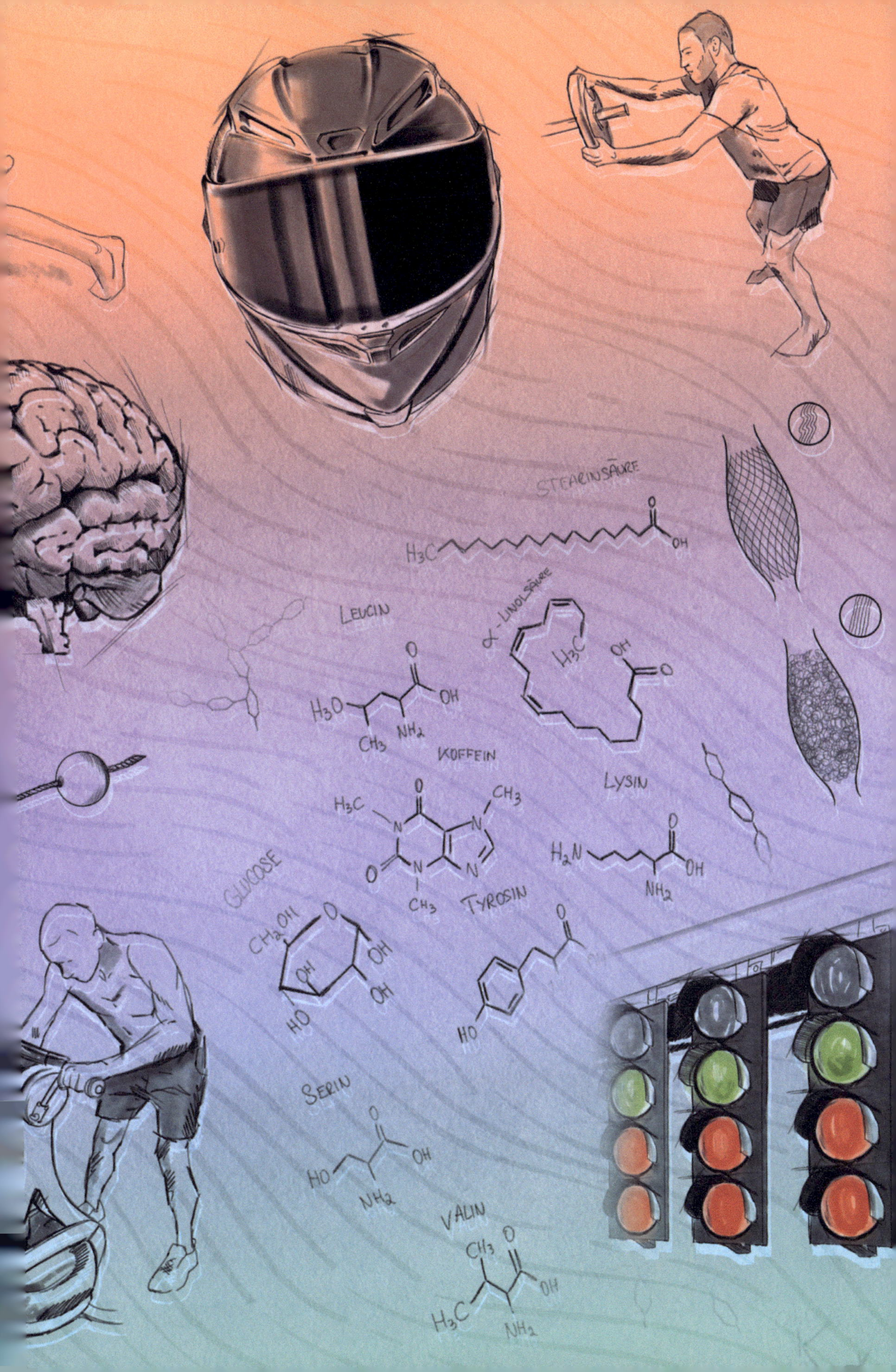
STEARINSÄURE
LEUCIN
α-LINOLSÄURE
KOFFEIN
LYSIN
GLUCOSE
TYROSIN
SERIN
VALIN

Gedanken und Anmerkungen

TRAININGSPROGRAMME

Sportler sollen zumindest die Grundzüge ihres Trainingsprogrammes verstehen. Je nach Persönlichkeitsmerkmalen, Alter, Ziele etc., kann das Einbeziehen der Sportler in das Trainingsprogramm durchaus detailliert erfolgen. Häufig konnte ich beobachten, dass sich dadurch die Trainingsqualität verbesserte.

AUFWÄRMEN / WETTKAMPFVORBEREITUNG

... beim Aufwärmen vor Rennen oder vor Etappen sieht man die unterschiedlichsten Varianten der Vorbereitung. Vom lockeren Einlaufen, ein paar Sprünge, sit ups, Seilspringen, Jonglieren, (ein paar) Reaktionsübungen oder kein Aufwärmen – die Bandbreite ist sehr groß.

Um hier nicht missverstanden zu werden, die persönliche Vorbereitung ist gut und wichtig. Ich vermisse jedoch das Konzept der Vorbereitung, den Organismus körperlich, psychisch und emotional optimal auf die bevorstehenden Aufgaben, vorzubereiten.

MÄDCHEN UND FRAUEN IM MOTORSPORT

Persönlich wünsche ich mir mehr weibliche Beteiligung im Motorsport und hoffe, durch die Ausführungen zusätzliche Anreize für den Einstieg in diesen Sport, geschaffen zu haben.

ENTWICKLUNG ZUM RENNFAHRER

.... nur Kraftfahren und Simulatorfahren ist zur Entwicklung zum perfekten Rennfahrer zu wenig

..... 2- bis 3-mal im Fitnesscenter zu trainieren und diese mit 1 bis 2 Laufeinheiten pro Woche zu kombinieren, sind im Freizeitsport vernünftige Ansätze. Die Entwicklung im Hochleistungssport benötigt jedoch ein gezieltes Langzeitkonzept.

Vergleicht man die Qualität der Trainingspläne mancher Rennfahrer mit denen von Topsportlern aus den Bereichen wie zum Beispiel dem Triathlon, Fußball oder Eishockey, wären damit in diesen Sportarten wohl nur nationale Leistungen im vorderen Mittelfeld erreichbar ......

PERFORMANCEFAHRER / PROFIFAHRER

...... mancher erfolgreiche Rennfahrer ist sich nicht seines ungenutzten Entwicklungspotentials bewusst.

MEIN INSPIRATIONSTIPP: NATUR UND BEWEGUNG

Bewegungsformen aller Art in der Natur im Grundlagenausdauerbereich haben mich beim Schreiben dieses Buch besonders inspiriert ....

An alle jungen Einsteiger:

Widmet Euch diesem rasanten und spannenden Sport mit Engagement und Leidenschaft. Vertraut bekannten Trainingsmethoden, seid aber offen für neues Trainingswissen und kombiniert diese - vergesst nicht „nur unterschiedliche Ansätze machen richtig schnell“....

Entwickelt sich „aus eurer Sache“ eine „Herzensangelegenheit“ werden harte Trainingseinheiten viel leichter toleriert, besser umgesetzt und unterstützen eine erfolgreiche Entwicklung im Motorsport.

Keep on pushing

Werner Biro

Werner Biro

Werner Biro ist staatlich geprüfter Trainer und seit Ende der 90er Jahre in der Sportbetreuung tätig. Neben dieser Tätigkeit war er mehr als 20 Jahre in der betrieblichen Gesundheitsvorsorge aktiv. Der national certified Trainer für Athletik, Fitness und Koordination widmete sich die letzten Jahre fast ausschließlich der Betreuung von Leistungssportler.

Seine Leidenschaft war und ist die Betreuung im Motorsport. Seit Ende der 90er Jahre trainiert er Fahrer aus dem GT-, Formel- und dem Rallyesport. Das Fehlen von ganzheitlichen Trainingsformen und deren Methoden hat ihn dazu bewegt, seine persönlichen Trainingsunterlagen zu erweitern. Die Einstufung der Sportwissenschaft und der Ernährungswissenschaft, diesen Sport als nicht klassifizierbar und nicht einordnen bar zu bezeichnen, hat ihn weiter motiviert, sich diesem komplexen Thema von Grund auf zu widmen und seine Erfahrungen von über 20 Jahren in Motorsport einfließen zu lassen, um dieses Trainingsbuch zu verfassen.

KONTAKT
Werner Biro
Leistungsanalyse | Trainingsplanung | Sportbetreuung | Vorträge
biro.ergonomics@gmail.com | werner.biro

Eine Herzensangelegenheit

BIRO
ERGONOMICS

Quellen & Inhalte

Bartonietz K. (2008) Gehirn, ein Organ, mit dem wir denken, dass wir Denken, Leistungssport 38 S 55-62

Bundesministerium für Bildung (2017) Angewandte Trainingslehre

Boyle M. (2017) Functional Training; riva Verlag

Brown, L.: Ferrigno.V. (2005, Training for Speed, Agility and Quckness;

Cissik, J.&Barnes, M. (2004), Sport, Speed and Agility Training; Moneterey: coaches choice

Dargatz, T. (2005), Fußballkoordinationstraining; Copress Verlag

Delavier, F.(2014), Der neue Muskel Guide, Gezieltes Krafttraining, Anatomie, BLV-Buchverlag; Auflage:13

DelavierDelavier; F. (2011), Muskel- Guide speziell für Frauen: Gezieltes Training, BLV-Bucherlag

Deutscher Fußball-Bund, Der weite Weg zum Erfolg, Ausbildungskonzeption der DFB, www.dfb.de

DOSB, Nachwuchsleistungssportkonzept 2020, Unser Ziel: Dein Start für Deutschland, www.dosp.de

Deutscher Sportbund (2012) Nachwuchs-Leistungsport-Konzept 2012, DSB; Frankfurt am Main

Faude, & Meyer (2012) Regeneration im Leistungssport; Im Leistungssport 3/2012

Friedrich, W. (2014) Optimale Regeneration im Sport; Spitta; Auflage:2

Fukunaga et al (2002); muscle and tendon interaction during human movements; Sport Sci rev 2002

Fröhner, G. (2007) Sportmedizinische Ratschläge für die Belastungssicherung im Nachwuchsleistungssport, Teile 1 – 7, Leistungssport 6/2007 bis 6/2008

Geese, R.& Hillebrecht, M. (2006) Schnelligkeitstraining; Aachen: Meyer und Meyer Verlag

Gottlob, A. (2013) Differenziertes Krafttraining; mit Schwerpunkt Wirbelsäule, Urban & Fischer Verlag/Elsevier Gmbh

Grosser, M. (1991), Schnelligkeitstraining, Grunlagen, Methoden, Leistungssteuerung, Müchen: BLV Verlagsges

Haber, P. & Tomasits, J. (2015) Leistungsphysiologie: Lehrbuch für Sport- und Physio-Therapeuten; Springerverlag; 5. Auflage

Hollmann, W. Hettinger, Th. (2000) Sportmedizin Stuttgart/NewYork

Hüter-Becker, A. (2011) Biomechanik, Bewegungslehre, Leistungsphysiologie, Trainingslehre, 2. Auflage, Georg Thieme Verlag KG, Stuttgart

Issurin, V. (2008) Block Periodisation: Fundamental Concepts and trainings designs; Ultimate athlete concept

Lames (20089) Der „relative age effekt"; In: Leistungssport/2008, S.7

Lühneschloss, D. & Dierks, B. (2005) Bewegungskompetenzen: Schnelligkeit; Schorndorf; Karl Hofmann Verlag

Mujika,I. (2009), Tapering and Peaking for Optimal Performance, Human Kinetics

Neumann, G. & Hottenrott, K. (2005) Das große Buch des Laufens, Meyer & Meyer Sport; Auflage: 2. Überarbeitete Auflage

Pampus, B. (2001), Schnellkrafttraining: Theorie – Methoden – Praxis, Aachen, Meyer und Meyer Verlag

Platonov, V. (1999), Belastung-Ermüdung-Leistung: Der moderne Trainingsaufbau, Philippka Sportverlag

Schnabel, H. (2011), Trainingslehre – Trainingswissenschaft, Meyer + Meyer Fachverlag

Schleip, R. (2014) Lehrbuch Faszien: Grundlagen, Forschung, Behandlung, Urban&Fischer Verlag/Elsevier

Schwind, P. (2014) Faszien- und Membrantechnik – Handbuch für die Praxis mit 20 Behandlungsvideos; Urban & Fischer Verlag, München

Thienes, G. (1998), Motorische Schnelligkeit bei zyklischen Bewegungsabläufen, Münster; LIT – Verlag

Verstegen M. (2019) Core Perfomance

Voss, G. & Witt, M. Werthner, R. (2007), Herausforderung Schnelligkeitstraining, Aachen: Meyer und Meyer Verlag

Watking S. (1996) Life at the Limit, Triumpf and Tragedy in Formula One, London

Watkins S. (2006) The Physiology and Pathology of Formula One Grand Prix Motor Racing, Clinical Neurosurgery, Volume 53, S. 145-152

Weineck, J. (2009) Optimales Training, Spittaverlag, 16. Auflage

Zintl, F. Eisenhut, A. (2013) Ausdauertraining: Grundlagen – Methoden - Trainingssteuerung, BLV-Buchverlag; Auflage: 8

Bilder, Grafiken & Illustrationen

Die im Werk *"Erfolg im Motorsport - Der Leitfaden zur optimalen Leistungsentwicklung"* verwendeten Bilder und Aufnahmen stammen von *Werner Biro* welcher als Urheber gilt.

Die verwendeten Grafiken und Illustrationen stammen vom Unternehmen *Sabrina Rieß Grafik, Design, Illustration* welches als Urheber gilt.

Sie sind urheberrechtlich geschützt und wurden für das Werk *"Erfolg im Motorsport - Der Leitfaden zur optimalen Leistungsentwicklung"* erstellt und dürfen nur mit ausdrücklicher Zustimmung des Urhebers verwendet werden.

Sabrina Rieß
GRAFIK | DESIGN | ILLUSTRATION | KUNST

Kontakt:
Sabrina Rieß
Grafik, Design, Illustration, Kunst
hello@sabrinariess.com
www.sabrinariess.com

aufbauend
Belastung
Leistungsfähigkeit
REGENERATIONSFÖRDERUNG
Regeneration
Zeit
abbauend
Durchschnittliche Belastung & Regeneration
Belastungsgrenze

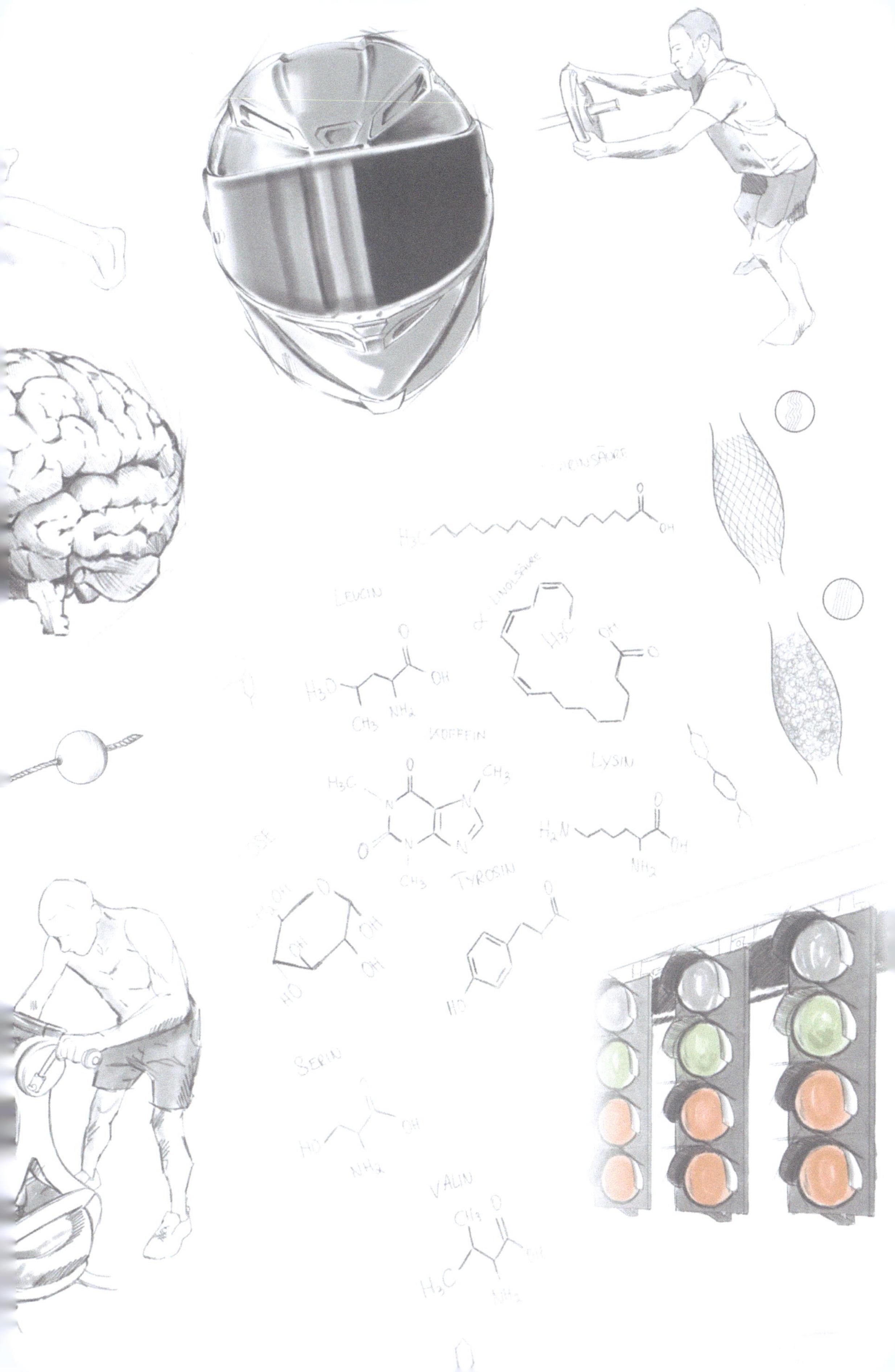
LEUCIN
KOFFEIN
LYSIN
TYROSIN
SERIN
VALIN